잊혀진 실학자 이덕리와 동다기

잊혀진 실학자 이덕리와 동다기

李德履

1725~1797

―

정민

―

東茶記

글항아리

서문: 알 수 없는 일 7
프롤로그: 어둠 속에서 걸어 나온 실학자, 이덕리 11

제1부 이덕리를 찾아서
　　1. 세 명의 이덕리와 만나다 40
　　2. 나를 돌려다오, 제기 하나로 남은 무덤 57
　　3. 이덕사와 이덕리 형제 75
　　4. 끔찍했던 날의 기억 89
　　5. 유배지의 나날과 아무도 기억하지 않는 죽음 107

제2부 이덕리의 저작과 실학 정신
　　1. 국방의 경륜을 담은 대표 저술, 『상두지』 122
　　2. 이덕리의 시문집 『강심』과 『강심만록』 145
　　3. 강력한 금연책 시행을 건의한 「기연다」 160

제3부 이덕리, 차와 만나다
　　1. 이덕리와 차에 얽힌 인연 180
　　2. 표류선이 깨운 미각 191

제4부 『동다기』(「기다」) 이본 검토
　　1 명칭 논란과 3종 이본 -『동다기』인가 「기다」인가? 204
　　2. 법진본 『다경(합)』에 대하여 209
　　3. 법진본 「기다」의 내용과 구성 223
　　4. 백운동본 「기다」의 내용과 구성 229
　　5. 의암본 「기다」의 내용과 구성 244

제5부 『동다기』(「기다」) 원전 교감 및 주해
「다설」 5조 249
1 황량한 들판의 평범한 초목
2 중국차의 역사와 북방 오랑캐
3 차에 무지한 조선과 차 무역 제안
4 제물을 버는 방법
5 차 무역 정책 건의

「다사茶事」 14조 271

1 우전차와 우후차
2 일창일기
3 고구사와 만감후
4 떡차와 엽차
5 차 맛과 가미
6 우리 차의 효능
7 차의 여러 효능
8 냉차의 해독
9 차는 잠을 적게 한다
10 대숲차의 효험
11 8말의 작설을 달여 고약을 만든 동복 현감
12 차를 따는 시기
13 차의 이익
14 황차와 아차
    소결

「다조茶條」 7조 312

1 보고와 준비
2 인력 동원과 채취 및 보상 방법
3 차의 가격과 예상 수익
4 차 무역이 기회가 되는 이유
5 차시의 운영 방법
6 수익금의 활용 방안
7 잠을 적게 하는 차의 효능
  백운동본 필사자 후기

에필로그_끝나지 않은 이야기 330

부록

    의암본『강심만록』전체 344
    백운동본『강심』중「기다」부분 415
    『다경』중「기다」부분 424

서문
알 수 없는 일

이덕리李德履(1725~1797)란 이름은 낯설다. 그는 시문집『강심江心』과 국방 관련 주요 저작인『상두지桑土志』를 남긴 실학자다.『강심』에 실린「기다記茶」는 초의艸衣의『동다송東茶頌』에『동다기東茶記』란 이름으로 한 단락 인용됨으로써 차계의 오랜 전설이 되었다. 하지만 실물이 나오지 않아 애를 태웠다.

그가 지은『동다기』(「기다」)와『상두지』는 이제껏 다산 정약용의 저작으로 잘못 알려져왔다. 최남선과 문일평, 이능화 등 근대 시기 국학자들은 한입으로『동다기』가 다산의 저술이라고 했다.『상두지』는 다산이 자신의 저술에서 세 차례나 실명을 밝혀 인용했는데도 김윤식金允植과 정인보, 최익한 이래로 계속해서 다산의 저술로 오인되었다. 그는 스스로를 철저히 숨겼다. 이 때문에 이제껏 그는 어느 누구의 관심도 끌 수 없었다. 세상은 그를 완전히 잊었고, 딴 사람으로 혼동했으며, 후손조차 그를 전혀 몰랐다. 왜 그랬을까?

대체 무슨 일이 있었던 걸까?

나는 2006년 강진 백운동에서 필사본 『강심』을 발굴하여 그 책에 수록된 「기다記茶」가 바로 전설의 『동다기』임을 밝혔다. 이 책과 『상두지』의 저자가 다산이 아닌 이덕리라는 사실을 처음으로 확인했다. 하지만 희미한 흔적을 좇아 그를 추적하는 과정에서 1725년생 이덕리가 아닌 1728년생의 동명이인을 『동다기』의 작가로 오인했다. 여러 해가 지나서야 이 사실을 알게 되었다. 2015년 어렵사리 그의 묘소를 찾았다. 문중에서는 여태껏 그를 아무 이력이 남지 않은 처사공處士公 이덕위李德威로만 알았지 『동다기』와 『상두지』를 저술한 실학자 이덕리란 사실은 꿈에도 모르고 있었다. 묘소조차 잃어 그간 다른 사람의 묘에 잘못 제사를 지내오다가, 2013년 이장을 위해 파묘하고서야 그 사실을 알게 되었던 것도 고백했다.

그의 불운은 살아서뿐만 아니라 지금까지 계속되고 있었다. 세상에 무슨 이런 일이 있을까. 무엇보다 그 스스로가 자신을 철저히 숨겼던 데다, 다산이 아니고 누가 이런 글을 지으랴 싶을 만큼 경륜이 담긴 글로 인해 다산의 저술로 오인되었던 것이다. 혼란스런 사실이 이어지는 동안 나는 마음이 어지러웠다.

이덕리의 형 이덕사李德師(1721~1776)는 정조 즉위 직후인 4월 1일에 사도세자 추존 상소를 올렸다가 이튿날 대역부도로 능지처참을 당했다. 이덕리는 단지 그의 아우라는 사실로 연좌되어 진도로 귀양 갔다. 그의 세 아들도 함경도와 경상도, 전라도로 뿔뿔이 흩어졌다. 선대로부터 명망 높던 집안이 하루아침에 풍비박산 났다. 유배 당시 이덕리의 나이는 52세였다. 이들 형제는 명문의 후예로 문명文名이 높아 당대의 선집에 당당히 이름을 올렸던 존재감 있는 문인이었다.

이덕리는 52세 때인 1776년부터 71세 나던 1795년까지 20년간 진도 유배지의 민가 골방에 처박혀 이름을 감춘 채『강심』과『상두지』라는 기념비적 저술을 남겼다. 이후 다시 영암으로 이배移配되어 2년을 더 살다가 1797년 73세의 나이로 자취 없이 세상을 떴다. 그러고는 사람들의 기억에서 완전히 지워졌다.

그로부터 220년이 지났다. 오랜 실명失名과 부재와 오인을 뒤로하고 마침내 그가 돌아왔다. 학계와 필자의 앞선 오류를 바로잡고, 그가 응당 누렸어야 마땅할 자리를 돌려주겠다는 간절한 마음을 담아 이 책을 썼다. 집필 과정과 그간의 굽이굽이 파란만장한 사연은 본문에서 자세히 설명하겠다. 그가 남긴 저술도 부록으로 영인하여 향후 학계의 활발한 연구와 관심을 촉구하고자 한다.

이 책을 내는 과정에서 수많은 도움의 손길이 있었다. 소중히 간직해온 자료를 흔쾌히 제공해주신 분들께 진심으로 감사드린다. 이제 살아서 슬펐고, 죽어서도 불운했던 한 실학자의 영전에 이 책을 삼가 바친다. 지금이라도 그의 넋이 깊은 안식의 영면을 누릴 수 있었으면 좋겠다. 『동다기』주석 부분은 목포대 유동훈 선생이 꼼꼼하게 검토해주었다. 특별한 감사의 뜻을 표한다. 삼가 대방의 질정을 바란다.

2018년 늦가을
행당서실에서 정민 쓰다

어둠 속에서 걸어 나온 실학자,
이덕리

다산 친필을 보러 간 백운동 답사

벌써 13년 전 일이다. 2005년 8월 두 번째 연구년을 맞아 미국 동부에 1년간 머물렀다. 집 근처 프린스턴대학의 유서 깊은 동아시아 도서관에 자리를 얻어 『다산선생 지식경영법』을 집필했다. 다산 관련 자료는 물론 다산이 읽었던 중국 책들까지 없는 게 없는 꿈의 도서관이었다.

당시 강진군에서는 2005년부터 시작해 매년 다산 정약용 선생 유물특별전을 열고 있었다. 출국 준비에 바빠 전시는 직접 못 보고 도록을 구해 짐 속에 넣었다. 도록 안에 다산의 친필 편지 몇 통이 사진으로 실려 있었다. 그중 하나가 강진 백운동에 살던 제자 이시헌李時憲(1803~1860)에게 보낸 편지였다. 내용 중 떡차 만드는 방법에 대한 설명이 나왔다. 세 번 쪄서 세 번 말린 후 곱게 가루를 내어 돌샘물에 반죽해 만들어야 한다고 한 떡차 제법 설명이 인상에 남았다. 떡차라니 그렇다면 다산이 마신 차는 지금 우리가 마시는 잎차가 아니라는 말이지 않은가? 당시 이 한 구절에 막연한 흥미를 느꼈다.

2006년 8월 귀국 후 나는 집필을 마친『다산선생 지식경영법』의 출간을 준비하고 있었다. 새로 낼 책에 들어갈 사진도 찍고, 도록에 실린 다산 간찰의 실물도 직접 보아 다산의 에너지를 전해 받고 싶었다. 2006년 9월 15일, 학기 초 바쁜 와중에 아내와 함께 강진으로 내려갔다. 문화원에는 방문에 따른 협조를 요청하는 연락을 미리 넣어두었다. 강진에 도착하니 점심때가 훨씬 지나 있었다.

집식구를 차에서 잠깐 기다리게 하고 혼자 문화원으로 올라가 책임자와 인사한 뒤 궁금한 내용을 물었다. 도록의 친필을 가리키며 이 편지의 소장자를 만나 실물을 확인하고 싶다는 뜻을 말했다. 대뜸 소장자의 연락처를 알려줄 수 없다는 맥 빠진 답이 돌아왔다. 이유를 묻자 소장자가 원치 않는다고 했다. 이 자료를 보자고 천 리 길을 내려왔으니 소장자와 통화해 본인의 뜻을 직접 확인하고 싶다고 해도 대꾸가 없었다. 학자가 연구를 위해 자료를 보자는 것인데 이렇게 차단하는 일은 이해할 수 없다며 볼멘소리를 했다. 이 사람 저 사람이 소장자를 찾아가 괴롭히기 시작하면 이후 군에서 자료 협조를 받을 수 없게 되므로 어쩔 수 없다는 대답이 다시 돌아왔다. 먼 발걸음이 허망했다. 야속했지만 방법이 없어 그저 물러나왔다.

읍내를 나와 귤동 다산초당으로 건너갔다. 다산 선생의 놀라운 생산 현장을 둘러보자 감회가 새로웠다. 내려가는 길에 초당 어귀 다산명가의 윤동환 선생께 인사차 잠깐 들렀다. 거기서 앞뒤 일을 얘기했다. 강진군수를 지냈던 그이인지라 친필 소장자에 대해 잘 알고 있었다. 내 말을 들은 그는 공부하는 이를 도와야지 어찌 이러 냐면서 대뜸 월출산 아래 성전면 안운 마을의 이효천 선생 댁으로 전화를 넣어주었다. 읍내를 지나 월출산 무위사 가는 길로 접어들 었다. 좁은 마을길을 한참 지나 차밭을 헤치며 물어물어 백운동 골 짜기 동백나무 숲골로 찾아갔다.

오솔길에 접어들어 한참을 더 걸어 들어가자 계곡 물을 사이에 두고 안쪽에 참으로 장한 동백 숲과 대숲에 둘러싸인 고가 한 채가 나타났다. 개 여러 마리가 일제히 짖어댔다. 멈칫하는 사이에 깡마 른 노인 한 분이 방문을 열고 나오더니 개들에게 짖지 말라고 야단 을 쳤다. 주인의 태도는 예상과 달리 전혀 우호적이지 않았다. 윤동 환 선생의 전화 때문에 마지못해 보여준다는 기색이 역력했다. 앞 서 문화원에서 해준 말에는 조금의 거짓도 없었다.

방에 들어가 집주인과 수인사를 나누었다. 좁은 방 안쪽에 글씨 병풍이 서 있고 앉은뱅이책상 뒤편 벽에는 족자가 걸려 있었다. 얘 기 도중 내 눈길이 자주 글씨에 가서 멎었다. 주인은 그런 탐색의 눈길조차 영 탐탁지 않은 눈치였다. 조심스레 강진 전시도록에 실 렸던 다산의 친필을 보고 싶다는 뜻을 말씀드렸다. 그가 시큰둥한 표정으로 마지못해 일어나 방구석으로 가더니 쌓아둔 서책 사이를 뒤적였다. 나는 그사이에 당시 간행된 지 얼마 안 된 내 책 『죽비소 리』와 『국역 기봉집』에 노인의 이름을 써서 서명했다. 자리로 돌아

외 앉는 그에게 내밀었다. "제가 쓴 책입니다. 빈손이 부끄러워 가져왔습니다." 순간 주인이 '죽비소리!' 하며 큰 소리로 외쳤다. 그러더니 자신의 책상 곁 수북이 쌓인 책 더미 속에서 같은 책을 꺼내 드는 것이 아닌가. 그는 서울에 주문해서 읽던 중이라고 했다. 그 순간부터 노인의 태도가 일변했다.

노인은 책을 많이 읽고 있었다. 어지러이 쌓인 책 가운데 『한시미학산책』도 있었다. 다시 말했다. "저 책도 제가 쓴 것입니다만." 노인은 더 놀라는 낯빛이 되어 책을 꺼내 들었다. 책날개에 젊은 날의 내 모습이 새겨져 있었다. 사진을 한번 보고 내 얼굴을 한번 보던 노인이 신기하다는 듯 '맞다, 맞다!' 하셨다. 둘 사이의 경계는 한순간에 허물어졌다.

그 후 노인은 묻지 않은 얘기를 하고, 보여달라고 하지 않은 자료를 내왔다. 다산이 노인의 5대조인 막내 제자 이시헌 집안에 보낸 친필 간찰 세 통을 모두 열람하고 사진을 찍었다. 다산의 친필을 원본 실물로 직접 보기는 이때가 처음이었다. 다산의 제자 이시헌이 받은 편지 여러 통을 자신의 글씨로 다시 써서 묶은 『시간일람 時簡日覽』이란 서간첩도 있었다. 여기에도 다산의 편지가 세 통이나 들어 있었다. 노인은 이 자료를 특히 보배롭게 여기는 눈치였다. 전시에도 출품되지 않은 처음 보는 물건이었다. 모두 촬영했다.

백운동 현판(위). 답사 당시 필자와 이효천 선생(아래). 선생은 2012년에 작고하셨다.

『강심』에서 불쑥 튀어나온 『동다기』

한참 뒤 노인이 자리를 정돈하더니 그제야 생각났다는 듯 자신이 집 둘레 대밭에서 딴 찻잎을 덖어 구증구포의 제법으로 직접 만들었다는 차를 달여 냈다. 처음엔 특별한 맛을 못 느꼈는데 이 뿌리에 남는 뒷맛이 달았다. 차를 마시면서 이런저런 이야기가 이어졌다. 처음에 짜증스러워하던 기색은 간데없고 우리는 어느새 오래 알고 지낸 사이처럼 되었다. 자료를 다 보고 차까지 마신 후 일어서려는데 노인이 잠깐 기다리라면서 다시 방 안쪽의 다락문을 열더니 복사하여 제본한 책 한 권을 가져왔다. "이것은 무슨 책인가 몰라." 뭔가 회심의 카드를 무심한 체 내미는 느낌이었다. 『강심江心』이라고 적은 표제가 눈에 들어왔다. 일어서려다 말고 다시 자리에 앉았다.

얼핏 펼쳐보니 앞쪽에 사부辭賦가 몇 편 있고, 뒤편에는 과체시를 적어두었다. 행초로 흘려 쓴 글은 필치가 미려했지만 언뜻 봐서는 의미가 눈에 들어오지 않았다. 중간에 「기다記茶」, 「기연다記烟茶」라고 쓴 제목의 글이 유독 시선을 끌었다. 노인은 차에 관한 이야기 같은데 무슨 내용인지 잘 모르겠다고 했다. 나는 서울까지 올라갈 시간이 늦어서 더 지체할 수 없으니 복사본을 빌려주면 검토 후 바로 돌려드리겠노라고 말씀드렸다. 노인이 그러자며 선뜻 그 책을 건네주었다.

당시 나는 18세기 조선 지식인의 새로운 지식 정보 경영 방식에 관한 작업을 하고 있었다. 『다산선생 지식경영법』도 이른바 18세기 정보화 사회에서 어떤 방식으로 지식의 재편집과 저술이 이루어

『강심』표지

겼는지 그 작업 과정을 살펴본 책이었다. 노인이 건넨 자료는 18세기적 지식 경영의 방식에 따라 차에 대한 단편 정보들을 집적한 내용으로 보였다. 나는 이때 담배의 재배와 기호를 정리한 이옥李鈺(1760~1815)의 『연경烟經』과, 앵무새에 관한 기록을 적은 이서구李書九(1754~1825)의 『녹앵무경綠鸚鵡經』, 관상용 비둘기 사육법을 기록한 유득공柳得恭(1748~1807)의 『발합경鵓鴿經』 등에 관한 논문을 막 발표한 직후였다. 이 글도 이들 18세기 정보화 시리즈의 하나로 추가할 수 있겠다는 직감이 들었다. 상경 즉시 바로 책을 복사한 뒤 내가 이전에 펴낸 다른 책 몇 권을 함께 넣어 감사의 편지와 함께 이튿날 노인께 보내드렸다.

막상 가져온 자료를 읽기 시작하니 초서 해독이 쉽지 않았고, 무엇보다 내게 차에 대한 사전 지식이 거의 없다는 점이 접근을 막았다. 이 집에 소장된 다산의 편지 속에 적힌 떡차 제다법에 대한 설명도 자꾸 마음을 끌었다. 실마리라도 잡으려는 생각에 서가에 꽂혀 있던 초의草衣(1786~1866)의 『동다송東茶頌』을 펼쳤다. 이를 통해 주변 논의를 가늠해볼 심산이었다. 초의의 『동다송』은 실제로는 말 그대로 시 한 수에 불과한데, 구절마다 해당 전적을 인용해 주석을 달아 별권의 책 형태로 묶었다. 시 중간 중간에 시인이 독자의 이해를 돕는 주석을 끼워넣는 것은 19세기의 일반적인 시작詩作 방식이었다. 농축된 정보가 구절마다 담겨 있어 보충 설명이 없이는 도저히 이해가 안 되었기 때문이다.

그렇게 『동다송』을 읽는데 문득 조금 전 「기다」에서 봤던 것 같은 눈에 익은 구절이 시선을 붙들었다. 제37구에서 40구 아래 달린 주석에서 '『동다기』에 이르기를'이라고 한 바로 그 대목이었다. 깜짝 놀라 「기다」를 다시 펼쳐보니 두 곳의 문장이 차이 없이 동일했다. 전율이 일었다. 그렇다면 이 책이 바로 『동다기』란 말이 아닌가? 두근대는 가슴이 좀체 진정되지 않았다. 이럴 수가 있는가?

『동다기』에 대한 정보를 검색했다. 거의 예외 없이 다산 정약용의 저술로 소개되어 있었다. 자칫 실전失傳되었던 다산의 주요 저술 하나가 세상의 빛을 보게 될지도 모른다고 생각하자 숨 막히는 긴장을 느꼈다. 진행 중이던 다른 작업을 일체 중단했다. 오로지 여기에만 매달렸다. 인터넷을 검색해 『동다기』와 관련된 기존 정보를 수집했다. 작정하고 뒤지자 1992년 월간 『다담茶談』에 용운 스님이 『동다기』를 발굴해 8회에 걸쳐 원문을 소개했다는 내용이 있었다. 이미 한 차례 소개된 적이 있다는 얘기여서 기운이 쭉 빠졌다. 자료를 확인해보려고 차에 대해 잘 아는 제자 임준성 교수에게 연락했다. 이 글이 실린 『다담』지와 그 외 참고할 만한 차 관련 자료를 급히 보내달라고 요청했다. 이미 25년 전에 발굴해 정리가 이루어진 자료임에도 이후 『동다기』는 책으로 간행된 적이 없고, 실물 자료도 확인이 불가능했다. 뭔가 석연치 않았다.

며칠 뒤 임교수가 보낸 『다담』지와 차 고전을 묶어 교재로 만든 책 몇 권이 박스에 담겨 도착했다. 급히 『동다기』에 관한 연재 글을 펴보자 『강심』의 것과 내용이 같았다. 당초의 흥분이 급격히 가라앉았다. 용운 스님이 소개한 『동다기』는 『다경茶經』이란 제목 아래 육우陸羽의 『다경茶經』과 당나라 소이蘇廙의 『다탕茶湯』, 명나라 왕상진王象晉의 『다보茶譜』와 함께 '전의리全義李'가 지은 『다기茶記』와 지

迴齋閒覽達安紫爲天下紫一孫椎
送紫直刑部日晚拜水甘羹十五人遺侍
齋閒以徒乘雷而搞拜水而和益達陽舟
山碧水之鄉月澗雲龕之品慎勿殘用晚
甘度紫名茶山先生乞茗踈朝車始起浮
雲晶乙於晴天午睡初醒明月離乙於碧

澗 東國所產元相同邑香氣味論一功陸
安之味蒙山藥古人高判焉兩宗 東茶記 云或疑
東紫之効不及越產以余觀之色香氣味
以無差異紫書云陸安紫以味膀蒙山紫
以藥膀東紫盖焉之美若有李贊皇陸
皇陸于羽其人必以余言爲然也

枯神驗速八臺顏如天桃紅 李白云玉泉 遠童振
以顏色如桃李唇茗香清異于他 真公年八十 我有乳
以能還童振枯而令人長壽也

泉挹成秀碧百壽湯何以持歸木覓山前

『동다송』중『동다기』가 나오는 대목

은이를 알 수 없는 『다론茶論』, 초의의 『다송茶頌』을 필사해 하나로 묶은 책이었다. 끝에 적힌 발기跋記는 동국東國 백암사白巖寺 사미 법진法眞이 필사한 것으로 되어 있었다. 당시 용운 스님의 연재 첫 회분에 흐리게 찍힌 표지와 목차 사진이 실려 있을 뿐 소장처나 원문 내용 설명은 전혀 없어 도대체 실물을 확인할 길이 없었다.

원문 대조 작업부터 시작했다. 서문 첫 단락 144자를 「기다」와 대조해보니 오자가 8자나 났다. 구두를 엉뚱하게 뗐을 뿐 아니라 글자도 잘못 읽어 의미가 연결되지 않았다. 꼼꼼히 문장을 대조해가면서 읽어보니 내가 백운동에서 찾아낸 「기다」의 내용이 법진본 『다경』 전사본에 실린 「기다」보다 전체 분량으로 3분의 1가량이나 더 많았다. 법진본 『동다기』는 오류와 오자투성이에다 중간과 끝부분의 상당량이 결락된 불완전한 사본이었다.

뿐만 아니라 『강심』에만 실려 있고 법진본 『동다기』에 누락된 부분은 차 무역을 통한 국부 창출 방안을 대담하게 제시한 핵심 내용이란 사실도 새롭게 확인했다. 알아갈수록 이 자료에 대한 흥분과 기대가 커졌다. 차계를 뒤흔들 만한 메가톤급의 발굴임이 점점 분명해졌다.

용운 스님의 자료 소개가 1992년에 이루어졌음에도 대부분의 차 관련 저술과 논문에서 『동다기』는 여전히 다산의 저술로 나와 있었다. 용운 스님의 글에서도 법진본에 적힌 저자 전의리에 대한 정보는 찾아볼 수가 없었다. 이름부터 이상했다. 전의 이씨란 뜻인지, 성이 전씨이고 이름이 의리인지조차 불분명했다. 전의 이씨라면 이름은 어째서 적지 않았을까? 의아한 점이 한두 가지가 아니었다.

꽃과 열매가
스스로 열매맺고

全義李 著
釋義玄 譯

序文 第一節. 原文

茶山箸書：土地之所生,而固有茶,
數衆也,不虛於當 云胡於何, 少牧
四隅而不足 多牧而同生與興. 金銀
珠玉之所盛而何所較也. 有財
而無鄰者也. 現乎金溪 宜識義也
張口自下好胥, 家於家興之家
石如公如下引 古今之財寶. 如歌取
及 今有非布與嘉憂之爲而所下之 金
銀珠玉之爲而如金 皆不布如下以 情
自開而取之. 有茶 而財以山興而興家
布以何 何所以本而與業之其地.

원문교정 (原文校訂)

① 舍여신한(波岸수波)：법신
(法滅名이러·舍여(茶)자가 舍
여(茶)자로 되어 있다. 정자의
혼용이니 고치지 않는다. 그리
고 舍나라인(茶)자도 잘못 쓰여져
있다. 이것을 정자(茶)로 고친다.
② 손이막한은서(茶山之所)：법신
의자가 舍여(茶)로 되어 있다. 법
신본에는 金여한원(木) 木자가 빠져
있는데 이어 이事습本和興之之者也.

序文 第一節. 校訂文

茶山箸書：土地之所生而固有茶,
數衆也,不虛於當 云胡於何, 少牧
四隅而不足 多牧而同生與興. 金銀
珠玉山處之遺而所而所也. 有茶
而無鄰者也. 現乎金溪 宜識義也
張口自下好胥, 金如興之家 石如
金以相和下引 古今之寶 如歌取
及 今有非布與嘉憂之爲而所下之 金
銀珠玉之爲如金 皆不布如下以 情
自開而取之. 有茶而財以山興家
布以何 何所以本而與業之之地.

서문 제1절

모백속주 토지에서스럽이자속성
스라이 엇곳있네 물이어인 조
흔나음주속 나여본인인있도록, 경자
주속 안데지스런이인이엇흔. 중금
서류증주석, 관이리한 장가흥금
습이하런근러이 지여유지저게 의
금이다것 금근제비든. 여야긴음
금속이터라이속아야한빙은소진 금금
주속지위도스이 속어됨원지지 자
계곡아여기 초치가어인간가흐던
생속 화가이사씨파라이각끼락인.

서문 제1절

(茶)로 되어 있다. 정자(茶)가
바로 쓴다이다. 또 다스토보도(止)자
도. 잘못 쓰이기때문에 정치(訂)
로 바로 쓴다.

④ 녹여막환근시저(興와짓)이한과
가 속시(間)로 되어 있다. 정자
(間)로 바로 쓴다이다.

⑤ 초보거이외간가속인 엇곳
(茶木村)과樹卿者村(茶木)·법
신본에는 외부금은(興)자가 되어
(興)로 되어 있다. 정자(興)로
바로 쓴다이다.

▶ 다음과 의 옥자, 다른
여러들, 그러이다 다마요
흐는가 나이나, 경자이오
여하이어 록자이 쓰였다.

백, 여던, 될, 요는 방여이 생
신러 되던것 스스로 결과든 딩일
인이 엇껴(間쁘이가 나타나 렁분에
게 쑵다. 지긋 속러에던 국속(陶器)
여 부주속고 많이 하러만 인십의
생활이 도보여 백신이(陶器)의 분
속, 옥습 옥속 속려 옥(陶)에 러련
서 나요그이레 최스(陶石)에 관련
생성냐나르 글여 습습은 엇이다고 들
여던다 것이다.

천·턴(陶)에 여본 분런 명
(陶)으로 용이(陶)속과 하여 볼
는데 옥운 변변그여 이러타다. 형
(陶)과 형(陶)으로 며여 쓰이던 엑
곱(白陶)과 함께 두가지로 나뉜다.
예나 지긋이나 분부(陶器)와인
본에는, 기운쁜 째, 여던, 된, 흐기

배섯을 위해서 끼들이 써나니, 곧,
곱, 구속, 옥도 나라흘 분흐하게
되느데 있다.

거친 둥이(元綱)이나 번비(陶
能)의 쓴 언어 볼셔 엄때가 스스
럼에 엇고 스스랍 엇맺이러지 사이
에 쓴(白陶)를 손으로, 백살의
정쁜(陶石)은 초보속으로 가여 구
박(白陶)이 든을 쓰고, 백살이
처름(陶)에 되어하여 쌍리(陶)속이
엇나고 말하려든, 엇엇든며.

주[註]

① 台수(嘗水)：자엇으로 설화
럭은 갑작 자여러 못과. 일질잘
상러여 있어러 쑵갑의 경진에 쓰
여난 응물 나너되 수, 일질룬 수음.

② 도핀(陶部)：순양옥 푸이

용운 스님의 발굴 소개 이후 차계가 이에 대해 더 이상의 논의를 진전시키지 못한 것 또한 분명해 보였다. 무엇보다 자료의 공유가 이뤄지지 않았고 인용의 근거를 확인할 수 없었기 때문일 터였다. 차계가 워낙 폐쇄적인 데다 자료를 절대 남에게 보여주지 않는다는 말을 누차 들었던 터라, 용운 스님에게 직접 이 자료에 대해 물을 엄두는 못 냈다.

며칠 뒤 나는 백운동 이효천 선생에게 전화를 걸어 이 책이 바로 『동다기』인 것 같다고 말씀드렸다. 대단히 귀한 자료이니 잘 간수해야 한다는 점과, 일간 복사본이 아닌 원본을 촬영하기 위해 한 번 더 내려가겠노란 소식을 전했다. 혹시 몰라 조심스러워서 딱 부러지게 말은 않고 좀더 살펴본 후 분명하게 말씀드리겠노라고 했다.

이덕리와 그의 저작 『강심』과 『상두지』

이후 아무 일도 못 하고 이 자료를 정리하는 데만 매진했다. 전체 원문을 입력하고 판독이 어려운 몇몇 글자는 주변의 도움을 받아 채워나갔다. 초서 판독 과정에서 책 맨 끝에 적힌 필사자의 흘려 쓴 메모를 통해 『강심』의 저자는 전의리가 아닌 이덕리李德履란 사실이 밝혀졌다. 전의리는 그의 본관이 전의全義여서 벌어진 해프닝이었다. 그렇다면 그는 어째서 자기 저술에 본명을 밝히길 꺼렸을까? 알아갈수록 모를 것이 점점 더 많아졌다.

이덕리의 인적 사항 파악에 들어갔다. 한국역사인물정보 시스

23

템에 접속하고, 여러 문헌을 교차 검색했다. 1763년 조선통신사의 자제군관으로 수행한 이덕리란 인물이 대뜸 포착되었다. 2006년 10월 2일, 전의이씨 대종회에 전화를 걸어 이 인물에 대한 족보 기록을 확인해달라고 요청했다. 얼마 후 석 장의 팩스가 들어왔다. 이덕리의 이름이 있어야 할 자리에 이덕필李德弼이란 이름만 나오고, 경력란에는 첨지僉知로 적혀 있었다. 실록에는 이덕리가 통신사를 다녀온 후 절충장군에 가좌되고 창경궁 위장까지 지낸 인물로 나온 터였다. 그런데 그런 그가 무슨 연유로 귀양을 가게 되었는지는 어떤 기록을 통해서도 확인되지 않았다. 이덕리란 이름으로 그만한 이력을 가진 인물이 달리 없었으므로 나는 그를 『강심』의 저자로 추정했다. 다만 그의 유배 사실이 기록으로 확인되지 않는 것이 얼마간 찜찜했다.

대부분의 내용을 파악하고 난 2006년 10월 14일, 근 한 달 만에 백운동으로 다시 내려갔다. 학교를 가지 않는 토요일이라 중학생 아들과 동행했다. 당시 인기가 높던 나주의 주몽 드라마 세트장에 들르겠다는 약속을 받고서야 녀석은 따라 나섰다. 오후에 출발해서 밤늦게 도착해 월출산 관광호텔에서 미리 하루를 묵었다. 이튿날 아침, 백운동 마을 입구로 가서 광주 사는 제자 임준성과 합류했다.

이때 『강심』의 원본을 처음 봤다. 구면인 데다 자료의 가치를 알아보았기 때문인지 노인은 내게 격식을 내려놓고 스스럼없이 대했다. 교수라 부르던 호칭이 어느새 '자네'로 바뀌어 있었다. 나는 이 자료가 그 유명한 『동다기』임에 틀림없다고 단언했다. 잠자코 듣고 있던 노인에게 특별히 들뜨는 기색은 느껴지지 않았다. 본인은 이미 알고 있는데 내가 공연히 호들갑을 떠나 싶은 생각마저 들었다. 그는 내가 지난번 자료를 가져간 지 하루 만에 복사본을 돌려준 점을 좋게 말했다. 지난 20년간 강진 문화원은 물론 차계 및 학계 인사들에게 여러 차례 『강심』을 보여줬지만 자료만 가져가고 아무도 이 책에 대해 글 한 줄 쓰는 것을 본 적이 없었다고 했다. 자료를 돌려달라고 하면 어디 있는지 못 찾겠다면서 돌려준 이 또한 한 사람도 없었다고 했다. 비록 복사본이지만 내가 약속을 지켜 책도 돌려주고 그 가치를 금세 알아본 것을 칭찬해서 하는 말이었다.

마루 위에 흰 종이를 깔고 이미 해책된 상태의 원본을 한 장 한 장 펼쳐놓고 촬영했다. 사진은 임준성 교수가 찍고 곁에서 내가 거들었다. 나는 노인에게 지금 논문이 거의 다 되어가며 곧 지면에 발표되면 언론에서 상당한 소동이 있을 거라고 얘기했다. 또 논문이 수록되는 책에 이날 찍은 『동다기』 사진을 실어도 되겠느냐며 허락을 요청했다. 자료를 공개해 세상에 알리면 책의 가치가 더욱 높아진다는 점을 되풀이해 강조했다. 허락이 떨어졌다. 오히려 나는 논문이 발표된 후 이 자료를 노려 허술한 시골집에 도둑이라도 들까봐 걱정이 되었다. 만에 하나 불미스러운 일이라도 생기면 모두 내 탓이 되지 않겠는가? 그래서 노인에게 자료를 이렇게 보관하면 안 되고 별도의 장소에 손 타지 않도록 간직해줄 것을 신신당부했다.

노인은 이렇게 아버지를 따라다니는 것을 보니 참 대견하다며 아들 녀석의 머리를 쓰다듬었다. 그러고는 마루에서 말리던 시득시득한 곶감 꿰미를 내려 한 보따리 싸주었다. "아가, 가져가서 어머니 자시라고 헤리." 지난번 함께 왔던 아내가 생각났던 모양이다. 자신이 직접 구증구포의 제법으로 법제했다는 차도 한 봉지 따로 담아주었다. 처음 만났을 때는 까칠해서 좀처럼 곁을 안 주더니 한 번 마음을 열자 속도 없이 부드러운 분이었다. 나는 노인과 기념 촬영을 했다. 마침 식사 때가 지난 터라 노인은 성전면의 한 식당으로 우리를 안내해 맛난 점심을 사주었다. 식사를 마친 후 내가 계산을 하려 하자 노인이 벌컥 성을 냈다.

『강심』에 수록된 글 중 「기다」 외에 「기연다記烟茶」도 흥미로웠다. 농한기 유휴 인력을 활용한 차 생산과 국가 전매를 통해 엄청난 국부를 창출하자고 외친 것이 「기다」라면, 국가적인 금연 정책의 실시로 엄청난 재화가 그저 연기로 사라지고 마는 망국적 현실을 바로잡자고 한 것이 「기연다」였다. 실학자로서 그의 면모가 분명하게 드러나는 지점이었다.

그 외의 사부辭賦 작품에서도 지은이를 특정할 만한 내용은 거의 없었다. 다만 「실솔부蟋蟀賦」란 작품 서문에 자신이 병신년(1776) 4월에 은혜로 옥주沃州에 유배 와서 성 밖 통정리桶井里의 윤씨 집에 머물다가, 3년 뒤 통정리 서편 이씨의 집으로 거처를 옮긴 사연이 잠깐 나왔다.

계속된 조사 과정에서 그의 또 다른 저술인 『상두지』가 포착되었다. 다산 정약용은 『경세유표經世遺表』와 『대동수경大東水經』 및 『민보의民堡議』에서 각각 한 차례씩 이덕리가 지었다는 이 책을 인용하고 있었다. 처음 이 자료를 언급한 필자들에게 물어봤지만 아무도 실물 자료를 보지 못했다. 확인해보고 연락하겠다며 서둘러 전화를 끊을 뿐이었다. 이후 어렵게 수소문해서 찾아보니 『상두지』 또한 다산의 저술로 둔갑되어 1974년에 펴낸 『여유당전서보유與猶堂全書補遺』에 버젓이 수록되어 있었다. 그 내용은 변방의 둔전 경영과 축성築城 및 도로와 수로 운영, 그리고 각종 화포와 수레 제도의 적용을 꼼꼼히 정리한 국방과 관련된 저술이었다. 구한말 김윤식 (1835~1922)도 이 책의 저자를 다산으로 소개하고 있던 것으로 보아 이 책의 저자는 애초부터 다산으로 잘못 알려져 있던 정황이 짐작되었다.

자료를 검토하자, 「기다」와 『상두지』가 자매편에 해당되는 저작임도 밝혀졌다. 『상두지』에서 제안한 제도를 실행에 옮기려면 엄청난 재정이 소요되는데, 그 비용을 「기다」에서 제시한 차 전매를 통한 국제무역으로 마련할 수 있다는 구상이었기 때문이다. 『상두지』 본문에도 자신이 별도로 차에 관한 글을 지었음을 밝히고 있었다.

『상두지』의 서문 끝에는 계축(1793) 정월 상한上澣에 지었다 하고, 그 아래 작은 글씨로 "공이 야인에 이름을 가탁코자 하여 권도 權道로 이 서문을 지어 스스로를 감추었다公欲託名野人, 權爲此序以自晦" 라는 필사자의 추기追記가 있었다. 스스로를 감추었다니, 왜 그랬을 까? 그는 자신의 모든 저술에서 한사코 이름을 드러내길 거부하고 있었다.

『상두지』 해제에는 『상두지』가 두계 이병도 박사의 구장본이라고 소개되었다. 진단학회를 비롯해 여러 경로로 이병도 박사의 장서에 대해 알아보니 접근이 쉽지 않았다. 길이 거기서 꽉 막혀 몇 해의 시간을 흘려보냈다. 그러다가 실로 우연히 이 자료가 현재 국

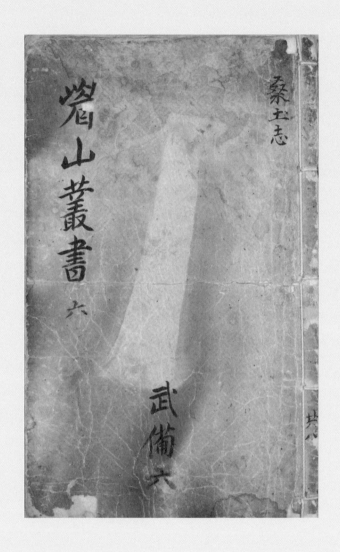

桑土志

嵋山叢書

六

武備
六

국민대 성곡도서관 소장 『미산총서』에 실린 『상두지』 표지

민대학교 도서관에 소장되어 있음을 알게 되었다. 국민대 박종기 교수께 도움을 청해 도서관에 가서 원본을 확인했다. 『상두지』는 다산의 제자 미산帽山 정주응鄭周應(1805~1885)이 엮은 『미산총서帽山叢書』8책 중 제6책에 실려 있었다. 도서관 측의 허락을 얻어 전체 내용을 촬영했다. 이를 통해 해제에서 미심쩍었던 내용에 대한 의혹이 대부분 해소되었다. 자세한 내용은 뒤에서 따로 쓰겠다.

새로운 이덕리의 등장과 『강심만록』

이 책은 애초에 내가 2006년 강진 백운동에서 발견한 「기다」의 전체 내용을 꼼꼼히 교주해서 소개하는 차 전문서로 기획되었다. 처음 자료를 소개한 이후 차계에서 전체 내용의 주석 요청이 지속적으로 있었기 때문이다. 여러 해를 다른 일에 치어 작업을 미루다가, 2014년 4월부터 차 전문지 『차의 세계』에 새롭게 연재를 시작했다. 무엇보다 무안 초의학술재단의 용운 스님께서 그간 공개하지 않았던 법진본 『다경(합)』을 제공해주신 것이 출발의 계기가 되었다. 두 자료의 최초 비교를 통해 훨씬 더 섬세하고 구체적인 논의를 펼칠 수 있을 것 같았다.

1년여에 걸친 연재가 겨우 마무리되어갈 무렵 믿을 수 없을 만큼 많은 일이 한꺼번에 일어났다. 무엇보다 이덕리의 인적 사항이 새롭게 밝혀졌다. 기존 기록에 의존해 내가 지목했던 이덕리는 『동다기』의 실제 저자가 아닌 동명이인의 다른 사람이었다. 박희준 선생의 논문 각주를 통해 이 사실을 처음 확인하고는 참으로 망연하고 난감했다. 정작 박선생은 자신이 찾은 이덕리에 대한 결정적인 기록을 기존에 내가 찾은 이덕리와 한 사람으로 겹쳐 보고 있었다. 정신이 번쩍 들고 진땀이 흘렀다. 무엇보다 고인에게 송구했다.

이후 전의 이씨 문중을 찾아가 긴 곡절 끝에 마침내 『강심』의 원저자인 또 다른 이덕리의 묘소를 확인했다. 그의 유배에 얽힌 곁가지 이야기도 모두 찾아냈다. 족보에 올라 있는 그의 이름은 이덕리가 아닌 이덕위李德威(1725~1797)였다. 문중에서는 그가 『강심』과 『상두지』의 저자인 이덕리와 동일 인물이라는 사실 자체를 전혀 모르고 있었다.

작가 문제를 확인하는 작업을 겨우 마치자, 기다렸다는 듯이 『강심』의 또 다른 사본인 『강심만록江心漫錄』이 거짓말처럼 내 앞에 나타났다. 정갈한 해서로 오자 없이 정리된 이 책을 받아들고 참으로 깊은 감회에 젖어들었다. 이 때문에 다시 여러 날 잠을 설쳤다. 이 모든 일이 2015년 4월부터 6월까지 두 달 사이에 한꺼번에 일어났다. 도무지 정신을 차릴 수가 없었다. 지하의 이덕리가 새 책을 엮기 전에 마지막으로 내게 앞선 실수를 바로잡을 기회를 주려는 것처럼 느껴졌다. 그 기운이 참으로 간절하고 강력해서 글 한 줄 한 줄을 허투루 쓸 수가 없었다.

새롭게 확인한 이덕리는 그저 『동다기』의 저자로만 기억될 인물이 결코 아니었다. 국방 관련 제안이 담긴 『상두지』를 비롯해 최초로 국가 전매의 차 무역을 주장한 「기다」, 금연 정책을 확고히 시행함으로써 국가 경제를 살려야 한다고 외친 「기연다」에 이르기까지,

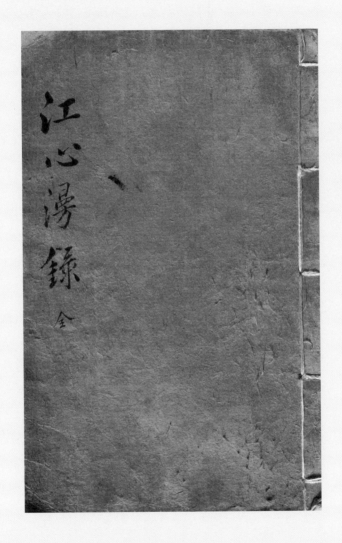

『강심만록』표지

18세기의 잊힌 실학자 한 사람이 깊고 오랜 어둠 속에서 밝은 빛 속으로 뚜벅뚜벅 걸어 나오는 느낌이었다.

『강심만록』에 실린 시부詩賦를 읽으니 전혀 새로운 느낌으로 다가왔다. 시 속에 낮은 신음과 숨죽인 비명이 깔려서 들렸다. 작품 속에 등장하는, 불우 속에 위대한 업적을 남긴 인물들의 얘기는 이덕리 자신의 얘기와 구분되지 않은 채 겹쳐졌다. 연재가 하릴없이 더 길어졌다. 처음에 이 일을 어쩌나 싶어 난감해하던 생각은 간데 없고, 시간을 아껴가며 주석 하나 글 한 줄에 몰입했다. 이번에도 실수하면 만회할 길이 없다는 생각뿐이었다. 퍼즐 조각이 하나둘 끼워 맞춰지면서 전체 상이 서서히 눈에 들어오자, 글을 쓰다 말고 흥분을 가라앉히려고 주먹을 불끈 쥔 채 연구실을 왔다 갔다 해야 했다.

문제는 이덕리의 실체가 새롭게 밝혀져, 애초에 썼던 원고를 모두 폐기하고 새롭게 집필하지 않을 수 없다는 데 있었다. 어떤 방식으로 써야 할까 고민이 많았다. 학술적 엄정성을 지키되 그때그때 주변 이야기와 함께 자료를 찾아가는 과정도 솔직하게 담기로 했다.

2015년 봄 『강심』을 처음 발견했던 곳인 강진 백운동의 역사를 정리해 『강진 백운동 별서정원』(글항아리)을 펴냈다. 이어서 다시 이 책을 묶게 되니 인연의 사슬이 참으로 질기다는 말을 실감한다. 감자 하나를 캐니 또 다른 줄기가 끝없이 달려 나와 호미질을 좀체 그만둘 수가 없다.

당초 차 전문서로 「기다」, 즉 『동다기』를 꼼꼼하게 교주해서 차계에 소개하겠다던 이 책의 소박한 목표는 잊힌 실학자 이덕리를 드러내 올바로 자리매김해야겠다는 책무로 바뀌었다. 첫술에 배부를 수는 없지만 「기다」와 『상두지』의 저자로서 이덕리의 존재와 위상뿐 아니라, 18세기 지성사의 한 인물로 그를 새롭게 위치지어야 한다고 생각했다. 이 책이 그 시작점이 되기를 바란다.

새로 쓰는 차 문화사, 「기다」

우리나라의 차 이론서는 대단히 빈약하다. 신라와 고려 때 은성했던 차 문화가 조선조에 들어와서는 그길로 내리막이었다. 차나무는 땔감으로나 쓰는 천덕꾸러기가 되었다. 세종은 중국 사람들은 저리 차를 즐기는데 우리는 왜 차를 마시지 않는지 모르겠다며 의아해했고, 임진왜란 때 중국 장수 이여송李如松이 선조에게 어째서 이 귀한 차나무로 차를 안 만들고 그저 두느냐고 물어도 임금은 신통한 대답을 내놓지 못했다. 사람들은 숭늉이면 충분하다 여겼고 차보다 막걸리 마시기를 더 좋아했다. 통신사로 건너간 조선인에게 일본 사람들이 당신들은 차를 안 마시는데도 어째서 병이 안 걸리냐고 고개를 갸웃했지만 그냥 씩 웃고 말았다. 구한말 위안스카이袁世凱도 고종에게 이여송과 비슷한 취지의 질문을 던졌다. 조선은 차에 관한 한 불모에 가까웠다.

조선 전기에 이목李穆(1471~1498)이 「다부茶賦」를 지어 조선 차 문화사에서 저술의 첫 자리를 차지했다. 하지만 말 그대로 차에 관한 전거를 모아 노래한 부賦일 뿐 생활 속에 체화된 우리의 차 문화를 운위할 만한 내용은 없었다. 내내 적막하던 차 문화의 풍경은 이운해李運海(1710~?)의 『부풍향차보扶風鄕茶譜』에 이르러서야 구체적인 제법을 논하는 단계로 접어들었다. 그 중간에 놓인 시간이 무려 200년이 넘는다. 그 뒤 다시 50년이 지나 「기다」가 나오고, 이를 받아 다시 40여 년 뒤에 초의가 『동다송』을 지었다.

초의의 『동다송』에 「기다」의 한 대목이 『동다기』란 제목으로 인용되었고, 「기다」를 지은 이덕리와 그의 형 이덕사는 『부풍향차보』를 쓴 이운해 형제와 교분이 두터웠다. 초의는 『동다송』에서 다양한 차 문헌을 폭넓게 인용했으나 실상은 육우의 『다경』과 명나라 때 왕상진王象晉이 펴낸 『군방보群芳譜』 중 『다보茶譜』에 수록된 내용을 재인용한 것에 지나지 않았다. 전체 글에서 우리나라 차에 관한 내용은 비중이 크지 않았다. 이에 반해 이덕리의 「기다」는 차에 대한 인식이 불모에 가까웠던 당시 상황에서 정확한 식견과 이해를 겸비해 국부 창출의 근원으로 차 무역의 필요성을 공격적으로 제안한 독창적 저술이었다.

그는 유배 죄인의 처지였고, 19년 반이라는 긴 세월을 진도의 유배지에서 보내다가 영암으로 이배되어 그곳에서 2년 만에 73세의 나이로 죽었다. 강진에 다산이 있었다면 진도와 영암에는 이덕리가 있었다. 하지만 화려한 명성을 한껏 누린 다산에 비해 이덕리는 완전히 잊히고 말았다. 심지어 그동안 그의 저작은 다산의 것으로 오해되어 잘못 알려지기까지 했다. 그뿐인가. 저자로서 그의 이름을 되찾아주겠다던 필자는 오랫동안 동명이인의 다른 사람을 그로 잘못 소개했다. 후손들은 그의 묘소 위치를 잊어버려 긴 세월 엉뚱한 사람의 묘에 주인 잃은 제사를 올리기까지 했다. 살아서나 죽어서나 그의 불운은 끝나지 않았다. 이제는 이 책으로 그가 마땅히 누렸어야 할 응분의 자리를 되찾아주고 싶다.

여기까지 오는 동안 새겨야 할 이름이 한둘이 아니다. 무엇보다 소중히 간직해온 이덕리의 문집 『강심』을 제공해주신 고 이효천 선생께 감사드린다. 또 다른 필사본인 『다경(합)』의 사본을 선뜻 내주어 이 책의 본격적인 집필을 가능하게 해주신 용운 스님께도 고마운 뜻을 새긴다. 김규선 교수는 아껴보던 『강심만록』을 흔쾌히 연구 자료로 제공해주었고, 국민대학교 성곡도서관에서도 정주응鄭周應의 『미산총서嵋山叢書』에 수록된 『상두지』를 촬영하고 인용하도록 배려해주었다. 별것도 아닌 자료를 움켜쥐고 절대로 보여주지 않는 어떤 독선에 질려 있다가도 이런 열린 태도와 만나면 모든 것이 눈 녹듯 사라진다. 누누이 말하지만 자료는 공유되고 공개될 때 비로소 날개를 단다. 혼자만 숨겨두고 보는 자료는 자료도 아니다. 범죄에 가깝다.

특별히 『상두지』는 필자가 접근하기 힘든 전문 영역이어서 이 책에서는 간략한 소개에 그친다. 사실은 이 내용을 본격적으로 담으려다가 이 책의 출간이 몇 해 더 늦어졌다. 현재 『상두지』는 제자들과 함께 번역 작업을 진행 중이다. 강독을 마친 뒤 별도의 책으로 펴내겠다.

부유섭 씨는 이덕리의 주변 인물을 추적하고 관련 자료를 찾는 데 자기 일처럼 들떠서 큰 힘을 보탰다. 우리는 무슨 탐정놀이를 하는 기분이었다. 자료 하나가 새로 나올 때마다 전화기 너머로 흥분 섞인 대화가 오갔다. 전의이씨 지범공파 전 회장인 이종준 선생과 청강공파 화수회 이영호 사무장께도 감사드린다. 이덕리 관련 문중 자료를 제공해주었을 뿐 아니라 묘소를 직접 안내해 큰 도움을 주었다. 이덕리의 직계 후손인 이종화 선생은 2013년 이덕리의 무덤을 이장할 당시 무덤에서 나온 제기祭器를 멀리 대구에서 직접 가져와 보여주며, 내가 전하는 일련의 사실이 도무지 믿어지지 않는다는 듯 눈물을 글썽이셨다. 마침내 그의 무덤을 찾아가 절을 올리자 비로소 미운이 완전히 걷히고 모든 것이 석연해졌다. 자세한 저간의 사정은 본문에서 설명하겠다.

이후로도 이 책이 완성되기까지 네 해를 더 미적거렸다. 그사이에 대학에서 학장 보직을 맡으면서 공부에 집중하는 시간을 내기 어려웠고, 이후 6개월 연구 학기를 받아 남프랑스의 엑상프로방스에 머물렀다. 확인해야 할 자료가 적지 않고 기존에 쓴 글을 다 뒤집어야 할 형편이어서 좀체 엄두가 나질 않았다. 프랑스에 머물 때나 귀국한 뒤에도 이 작업에 대한 중압감이 가시지 않았다. 이 와중에도 이덕리에 대한 생각이 나면 불쑥 차를 몰아 청평면 수입리에 있는 그의 묘소와 덤불 속에 묻혀 있던 원래 무덤 자리를 찾아가 한참씩 앉아 있다 오곤 했다. 하루빨리 오류를 바로잡고 그를 올바로 드러내는 정리 작업을 서둘러야 한다는 자기 다짐의 시간이었던 것 같다. 묏등에 앉아 양수리의 그림 같은 풍광을 내려다보고 있노라면, 한 시대의 얽히고설킨 인연이 어떻게 나를 여기까지 끌고 왔나 싶어 가슴이 뭉클해졌다.

퍼즐 맞추기랄까. 얽힌 실을 한 올 한 올 풀어나가다보니 난마로 얽혀 있던 실타래가 어느 순간 다 풀려 있었다. 작업 과정에서 후손들의 정성과 성원이 분발의 힘을 주었다. 학문의 길에 어찌 끝이 있겠는가? 여기까지 나를 이끌고 온 모든 인연에 깊이 감사드린다.

제1부

이덕리를
찾아서

세 명의
이덕리와 만나다

1.

이덕리, 족보에서 사라진 이름

전의 이씨 23세 청강공파 '덕德'자 항렬 계보에는 비슷한 시기에 세 명의 서로 다른 이덕리가 존재했다. 게다가 어찌된 셈인지 세 사람 모두 족보상에서 이덕리가 아닌 다른 이름으로 기재되었다. 필자가 애초에 저자를 혼동하고 문중에서조차 이덕리의 존재를 전혀 모를 수밖에 없었던 가장 큰 이유다. 이 희한한 상황이 그간 이덕리의 실체를 밝히는 데 난맥상을 빚었다. 이제 그 연유와 경과를 밝히는 것으로 글을 시작하려 한다.

『강심』의 「기다」 끝에 필사자인 이시헌은 저자인 이덕리李德履가 '옥주적중沃州謫中'에서 이 책을 저술했다고 썼다. 이덕리가 죄를 지어 진도에 유배 와서 있으면서 지었다는 것이다. 죄인 신분이었으므로 이덕리는 자신의 저서에 이름 대신 본관만 밝혔고, 이것이 필

40

사되어 유통되면서 '전의리全義李 저著'란 해괴한 이름으로 세상에 알려졌다. 이시헌이 『강심』에서 무심코 한 줄의 추기를 남겨놓지 않았다면 우리는 저자를 끝내 확인할 수 없었을 것이다.

저자의 이름을 이덕리로 확인한 후 전의를 본관으로 하는 이덕리의 실체를 밝히는 작업은 자료 부족으로 인해 여전히 난관에 부딪혔다. 2006년 10월 당시 전의이씨 대종회에 문의했으나 족보상에서는 어떤 단서도 찾을 수 없다는 대답이 돌아왔다. 필자는 먼저 역사정보시스템과 한국고전번역원 데이터베이스에서 이덕리에 관한 몇 가지 단서를 얻었고, 2012년 하버드대학교 옌칭연구소에 1년간 머물 당시 그곳 도서관의 풍부한 족보 기록을 모두 뒤지고, 귀국 이후 주변 문헌까지 샅샅이 살펴 결국 비슷한 시기 족보상에 이름을 바꾼 세 사람의 이덕리가 존재했음을 확인할 수 있었다.

이덕필, 창경궁위장 이덕리

첫 번째 이덕리는 본관이 전의이고 자가 수지綏之이며 숙종조의 무신 장한상張漢相(1656~1724)의 외손이요 병조판서를 지낸 이삼李森(1677~1735)의 처조카인 인물이었다. 필자는 처음에 그를 『동다기』의 저자로 오인했다.

이덕리의 이름이 처음 나오는 기록은 1763년 계미년 일본 통신사의 정사로 갔던 조엄趙曮(1719~1777)이 남긴 『해사일기海槎日記』다. 일기 중 「장계狀啓 연화筵話」 1764년 7월 8일자 기사에 왕이 통신사 일행과 문답하는 대목에 나온다. 당시 영조는 통신사행의 임무를 마치고 돌아온 이들에게 위로연을 베푸는 자리에서 대화를 나누던 중이었다.

> 이덕리의 차례가 되자 상께서 말씀하셨다. "어느 집안이냐?" 조엄이 말했다. "부사 이인배李仁培(1716~1774)의 가까운 일가요, 장한상의 외손입니다." 상께서 말씀하셨다. "그렇다면 이삼의 처조카로구나." 명하여 전교傳敎를 쓰게 했다.
>
> 至李德履, 上曰: "誰族?" 趙曰: "副使之近族, 張漢相之外孫也." 上曰: "然則李森妻姪也." 命書傳敎.

또 『해사일기』 중에 실린 「삼사일행록三使一行錄」 가운데 「사행명단使行名單」에도 이덕리의 인적 사항이 보인다.

> 자제군관子弟軍官 이덕리李德履. 자 수지綏之, 무신생戊申生, 전의인全義人. 이방예방二房禮房.

당시 이덕리의 신분은 자제군관이었고, 본관은 전의이며 자가 수지, 1728년 무신생이었다. 1763년 통신사행을 떠날 때 그의 나이는 36세였다. 그는 부사副使 이인배 몫의 자제군관 자격으로 참여했다. 직분은 이방예방, 즉 부사의 방에 배속되어 의전을 담당했다. 숙종조에 조선 최고의 무인으로 명성이 높았던 장한상이 그의 외조부였고, 어영대장과 훈련대장을 거쳐 영조 때 병조판서에까지 올랐던 무신 이삼은 그의 이모부였다. 영조가 대뜸 그가 이삼의 처조카라고 말한 것에서 보듯 이덕리의 집안은 당시 대단히 많은 무과 급제자를 배출해 명망이 높았다.

1763년 계미 통신사는 도중에 일도 많고 수많은 화제를 낳아 양측 모두 엄청난 분량의 기록물을 쏟아냈던 사행이었다. 당시 일본은 이전 통신사행의 일기 속에 기록되어 있던 그 나라가 아니었다. 지식인들의 지적 욕구와 학문 수준은 조선 사행들이 위기를 느낄 만큼 수십 년 사이에 확 달라져 있었다. 조엄의 『해사일기』를 비롯해서 성대중成大中(1732~1809)의 『일본록』, 원중거元重擧(1719~1790)의 『승사록乘槎錄』과 『화국지和國志』, 남옥南玉(1722~1770)의 『일관기日觀記』 외에 김인겸金仁謙(1704~1772)의 『동사록東槎錄』과 「일동장유가日東壯遊歌」, 변탁의 『계미수사록癸未隨槎錄』 등 그 어느 때보다 더 풍성한 기록들이 남아 있다. 일본 쪽에 남은 기록은 이보다 훨씬 더 많다. 당시 양국 모두 지적 호기심과 상대에 대한 밀착된 관심이 뜨겁게 달아올랐던 것이다. 하지만 이들 기록 어디에서도 이덕리의 이름은 포착되지 않는다. 자제군관으로 사행 내의 비중이 낮았던 탓이겠지만 그래도 의아하다.

『승정원일기』 1764년(영조 40) 7월 8일자 기사에는 앞서 본 『해사일기』의 내용을 전재한 뒤 같은 아래에 다음의 내용을 더 실었다.

상께서 말씀하셨다. "오늘 통신사로 갔던 신하들이 들어왔을 때 본 군관 이덕리는 예전 병사兵使 장한상의 외손이다. 군문軍門에 분부하여 취재집사取才執事로 발탁하여 서용토록 하라."

上曰: "今日通信使臣入來引見時, 軍官李德履, 故兵使張漢相之外

孫也. 分付軍門, 除取才執事調用."

통신사 일행이 9개월 만에 일본에서 돌아와 임금께 보고를 올리는 자리에서 영조는 그가 장한상의 외손임을 들어 특별히 취재집사로 서용할 것을 분부했다. 취재집사란 오늘날 특별채용시험에 해당되는 취재의 실무를 맡는 직책이었다.

이후 이덕리는 무반 계통으로 차분한 승진을 거듭했다. 1772년 영조 48년 기사에는 한량閑良 이덕리를 절충折衝으로 가좌하고 상을 더해주었다는 내용이 보이며, 2년 뒤인 1774년 9월 2일 기사에는 이덕리를 창경위장昌慶衛將으로 삼는다는 기록이 나온다. 하지만 같은 해 9월 21일 기사에 창경궁위장 이덕리가 병으로 직무를 수행하기 어려워 글을 올려 체직을 청하므로 잠시 교체하는 것이 어떻겠느냐고 하자 이를 윤허한 내용을 끝으로 그는 모든 기록에서 돌연 사라졌다.

그는 무관이었고, 영조가 그의 집안에 대해 각별한 관심을 보여 관직에 대한 배려를 당부할 정도였다. 이후 절충장군에 가좌되고 창경궁 위장까지 초고속으로 승진했다. 국방 관련 저작인『상두지』의 저자로 보기에 맞춤했다.

먼저『전의이씨족보』에서 장한상의 사위였던 사람을 찾기 시작했다. 제15권, 청강공파淸江公派 상편에서 마침내 이만동李萬東 (1643~1707)의 아들 이전룡李田龍의 이름을 확인했다. 그 또한 무과에 급제한 인물이었다. 그는 전의 이씨 22세로 청강공파 족보상에

"배순천장씨配順天張氏 부병사한상父兵使漢相"이라고 분명하게 적혀 있
었다. 이인배와는 7촌간이었다. 하지만 족보에는 어찌된 셈인지 이
전룡의 아들로 이덕리가 아닌 이덕필李德弼의 이름만 올라 있었다.
첨지를 지낸 것으로 나온다. 그리고 박사만朴師萬에게 시집간 딸이
적혀 있었다.

하지만 1754년 영조 갑술년에 간행된『전의이씨 갑술보』에는
부친 이만동의 이름 아래 이전룡의 이름이 아예 빠지고 없었다.
1933년에 나온『전의이씨청강공파자손록』과 1969년에 간행된『전
의이씨청강공파보』에도 이만동의 이름 아래 이전룡과 이덕필로 이
어지는 계보는 삭제되고 없었다. 그러다가 1979년에 나온『전의이
씨족보』제8집에 느닷없이 이전룡의 이름이 다시 들어간다. 이전
의 모든 족보상에는 이만동의 여섯 사위 이름만 나올 뿐이었다.

이덕리가 장한상의 외손이라면 이전룡의 아들이라야 맞다. 족보
상 이전룡의 아들은 이덕필李德弼뿐이었다. 그렇다면 이덕리가 초명
이고 이덕필은 고친 이름일 터였다. 그런데 족보상 이덕필 항목에
창경궁 위장 등의 직함은 보이지 않고 첨지僉知로만 나온다. 그 밖
의 일체의 관력이나 생몰연대조차 밝혀져 있지 않다. 더욱이 이후
대부분의 족보에서 아버지 이전룡을 비롯해 이덕필이란 이름마저
삭제된 상태였다. 여기서 그만 길이 꽉 막혔다. 이유를 좀체 가늠하
기 어려웠다. 막연히 이덕리가 큰 죄를 입어 유배 간 일과 모종의
연관이 있으리란 심증에 힘을 실어주었다.

필자는 다시 장한상과 이삼, 이만동의 생애 관련 기록을 정밀
하게 찾아봤다. 장한상張漢相(1656~1724)의 기록은 채헌징蔡獻徵

(1648~1726)의 『우헌문집愚軒文集』 권5에 「병마사순천장공묘갈명兵馬使順天張公墓碣銘」이 남아 있었다. 그 내용 중 "세 번째 부인은 영천永川 이씨 필형必炯의 따님으로 딸 하나를 두었는데 판서 이삼李森에게 시집갔다. (…) 서출의 아들이 하나 있으니 세전世傳이고, 서녀庶女가 넷인데 맏딸은 무과에 급제한 이전룡李田龍에게 시집갔다次配永川李氏 必炯女, 有一女, 適判書李森....庶男一世傳, 庶女四, 李田龍武科"며 관련 사실이 정확하게 기재되어 있었다. 이를 통해 이덕리가 이삼의 처조카요 이전룡의 아들임을 확인했다.

이전룡의 부친인 이만동李萬東의 기록은 이덕수李德壽(1673~1744)의 『서당사재西堂私載』 권7에 수록된 「사도시정이공묘갈명司䆃寺正李公墓碣銘」에 자세하다. 이 글에서 "공은 아들이 없고, 측실에게서 난 장남 산룡山龍으로 대를 이었다. 무신년에 산룡이 원종공신임을 가지고 공에게 이조참의를 증직했다. 무오년에는 또 차남 전룡田龍의 지위가 2품임을 가지고 공에게 다시 이조참판을 증직했다公無子, 以 側出長男山龍承重. 戊申以山龍原從功, 贈公吏曹參議, 戊午又以次男田龍秩視二品, 再贈公吏曹參判"고 적혀 있었다. 그 아래에는 "측실에게서 난 아들이 둘인데, 산룡은 첨사僉使이고 전룡은 무과에 급제해 동지同知를 지냈다. (…) 전룡은 1남3녀가 있고 아들은 덕필德弼이다側出二男, 山龍僉使, 田龍武科同知 (…) 田龍一男三女, 男德弼"라고 했다. 이전룡 일계가 여러 족보에서 빠진 것은 그가 측실에게서 얻은 서출庶出이었기 때문이다. 그렇다면 창경궁 위장을 지낸 이덕리도 서얼이다.

이 두 기록으로 볼 때 1764년 조선통신사에서 돌아와 영조를 접견할 당시 자제군관으로 나오는 이덕리는 바로 이전룡의 외아들 이덕필이 분명했다. 당시 이덕리로 쓰던 이름을 후에 이덕필로 바꾸는 바람에 혼선이 빚어졌다. 족보에는 개명이나 그 외의 관련 사실이 전혀 나와 있지 않다.

정리하면 이렇다. 첫 번째 족보명이 이덕필인 이덕리는 1763년 조선통신사행에 부사 이인배의 자제군관 자격으로 일본을 다녀왔다. 이후 1772년에는 당상관인 정3품 절충장군에 가좌될 정도로 빠른 승진을 거듭했다. 1774년에는 종2품 오위장五衛將으로 창경궁 수비의 책임을 맡았으나 한 달이 채 못 되어 병으로 체직되었다. 그의 출신은 서얼이었고, 무관 집안이었다.

이덕화,『만가보』에 나오는 이덕리

두 번째 이덕리는 이징정李徵鼎(1675~1727)의 넷째 아들로, 뒤에 이덕화李德翬로 개명한 사람이다. 이징정은 청강 이제신의 차자 이수준李壽俊의 증손인 이만겸李萬謙의 아들이다. 그는 아들 넷을 두었는데, 덕성德星, 덕장德章, 덕면德冕, 덕화德翬가 이들이다. 이 중 제4자인 덕화(1715~1769)의 초명이 이덕리다. 해남 윤씨 집안에서 작성한 『만가보萬家譜』에 이덕화가 아닌 개명하기 전의 이름 이덕리로 정확하게 표기되어 있다.

이 사실은 여러 해 전 제주의 장창훈 씨가 확인하여 필자에게 제보해주어 알았다. 그는 전부터 주로 다산과 관련된 흥미로운 자료의 소재를 알려주곤 했다. 내 글을 읽고 이덕리에 대한 관심이 생겨

『만가보』를 검색하다가 또 한 사람의 이덕리를 찾았다면서, 혹시 이 사람이 『동다기』의 실제 저자가 아니냐고 문의해왔던 것이다. 주변 자료도 잔뜩 복사해서 보내왔다. 이때까지만 해도 역사 기록에서 이덕리의 정확한 유배 이유를 찾지 못했던 터라 그의 말을 듣는 순간 가슴이 철렁했다.

서둘러 전의이씨 대동보를 검토해봤다. 족보상 이름인 이덕화와 『만가보』에 적힌 이덕리의 아들이 상배尚培와 양배亮培로 일치했기에 두 사람은 동일인임이 분명했다. 하지만 확인 결과 이 두 번째 이덕리, 족보명 이덕화는 1769년에 세상을 떴다. 이덕리가 귀양 갔던 1776년보다 7년 앞서 세상을 떴으니, 그는 『강심』과는 애초에 아무 상관없는 별개의 인물일 수밖에 없었다. 족보에는 개명한 이름인 덕화로만 실려 있었다.

이덕위, 대역부도 죄인의 동생 이덕리

마지막으로 세 번째 이덕리 한 사람이 더 남았다. 그의 존재를 처음 인지하게 된 것은 2014년 11월 22일 한재이목선생기념사업회 주최로 열린 학술대회 「한국다도의 정신사적 재조명」에 수록된 박희준의 「동다기를 통해 본 이덕리의 차정신」이란 논문을 통해서였다. 그는 이 논문집 79쪽에 실린 각주에서 이덕사의 역모에 얽힌 기록 중 그의 아우 이덕리가 함께 적시된 『승정원일기』 1796년 4월 3일 자 기사를 인용하고 있었다. 이전에 전의이씨 대동보에서 이덕사의 존재를 살피기는 했지만, 이덕리의 이름은 없었던 까닭에 필자는 이덕사와 이덕리를 직접 연결 짓지 못하고 있었다.

『승정원일기』의 인용문을 보는 순간 그러나 그가 바로 『강심』의 저자임을 즉각 깨달았다. 다행인지 불행인지 몰라도 정작 이 대목을 찾아낸 박희준은 앞서 필자가 『강심』의 저자로 지목했던 첫 번째 이덕리와, 이덕사의 동생으로 유배형에 처해진 세 번째 이덕리를 동일 인물로 겹쳐 보는 바람에 필자의 오류를 전혀 인지하지 못하고 있었다. 두 인물의 정보를 착종해서 하나로 뭉뚱그려둔 셈이었다.

결론부터 말해 위 세 사람의 이덕리 중 이 세 번째 이덕리가 바로 『강심』과 『상두지』를 지은 인물이다. 그는 1776년 정조 즉위 직후인 4월 1일에 발생한 대역부도의 옥사로 능지처참형에 처해진 이덕사의 동생으로서, 이 사건에 연좌되어 진도로 귀양 갔다. 이덕사의 대역부도 옥사는 뒤에 따로 사건의 경과를 자세히 밝히겠고, 『승정원일기』 1776년 4월 2일조에는 다음의 기사가 실려 있다.

> 또 의금부의 말로 계啓를 올렸다. "대역부도로 임금을 속인 죄인 이덕사는 이미 승복하여 형을 집행했습니다. 그 부모와 처첩, 자녀와 조손, 형제자매와 아들의 처첩, 백부와 숙부, 형제의 자식 등의 나이와 성명, 거주 지역과 존몰을 한성부를 시켜 호적에서 조사하도록 분부하여주소서. 5부 및 각 해당 지역에 마땅히 연좌해야 할 여러 사람을 하나하나 조사해내어 책자로 만들어 알리게 한 뒤, 법률에 의거해 거행해서 가산을 적몰하

고 집을 허물며 못을 메우고, 고을의 이름을 강등하고 수령을
파직하는 등의 일을 해당 관청으로 하여금 전지를 받들어 거
행케 하심이 어떠하옵니까?" 전교했다. "그리하라."

又以義禁府言啓曰: "大逆不道誣上罪人德師, 旣已承服正刑, 其父
母·妻妾·子女·祖孫·兄弟·姊妹·子之妻妾·伯叔父·兄弟子, 年歲·姓
名·居住·存沒, 令漢城府考出帳籍, 亦爲分付, 五部及各該道應坐諸
人, 一一查出, 成冊牒報後, 依律擧行, 而籍沒家産, 破家瀦澤, 降邑
號·罷守令等事, 令各該司, 捧承傳擧行, 何如?" 傳曰: "允."

　정조 즉위 직후인 1776년 4월 1일 사도세자의 신원을 요청하는
이덕사의 상소문이 올라가자, 격노한 정조에 의해 이덕사는 이튼
날인 4월 2일 동소문 밖에서 능지처참형에 처해졌다. 사건의 처리
는 그야말로 전광석화와 같이 빨랐다. 당일 그 일족의 연좌 처리에
대한 계청啓請이 올라가자 왕은 이를 즉각 윤허했다. 이튼날인 4월
3일 다시 의금부의 계청이 올라왔다.

　또 의금부의 말로 계청했다. "즉시 한성부의 첩보와 해당 부
서에서 책자로 만든 것을 접수하여 대역부도로 임금을 속인
죄인 이덕사와 연좌시켜야 할 여러 사람을 조사해왔습니다.
맏아들 일배日培는 법률 조문에 의거 연좌해서 교수형에 처하
려 하는데 새문 밖 월암동月巖洞에 있다고 합니다. 성문이 열리
기를 기다려 금부도사를 보내 붙잡아온 후에 거행하겠습니다.
둘째 아들 길득吉得은 이제 13세인데 나이가 차지 않았으므로

50

전라도 제주목 대정현에 종으로 보냅니다. 처 희혜喜慧는 나주목 흑산도에 종으로 보냅니다. 아우 덕리德履는 3000리 떨어진 진도군으로 유배 보내 안치합니다. 아들의 처 혜이慧伊는 경상도 거제부에 종으로 보내고, 조카 붕배鵬培는 3000리 떨어진 함경도 경흥부로 유배 보내 안치합니다. 조카 형배馨培는 3000리 떨어진 무산부로 유배 보내 안치합니다. 조카 경배絅培는 3000리 떨어진 경상도 남해현으로 유배 보내 안치합니다. 조카 필령畢靈은 3000리 떨어진 전라도 강진현으로 유배 보내 안치합니다. 관례에 따라 금부나장을 보내 각각의 배소로 압송케 함이 어떠하온지요?"전교했다. "그리하라."

又以義禁府言啓曰: "卽接漢城府牒報及當部成冊, 則大逆不道謀上罪人德師, 應坐諸人, 査出以來矣. 長子日培, 依律文緣坐處絞, 而在於新門外月巖洞云, 待城門開, 發遣府都事, 拿囚後擧行. 次子吉得, 年今十三, 以年未滿, 全羅道濟州牧大靜縣爲奴. 妻喜慧, 羅州牧黑山島爲婢. 弟德履, 珍島郡流三千里安置. 子之妻慧伊, 慶尙道巨濟府爲婢. 姪子鵬培, 咸鏡道慶興府流三千里安置. 姪子馨培, 茂山府流三千里安置. 姪子絅培, 慶尙道南海縣流三千里安置. 姪子畢靈, 全羅道康津縣流三千里安置, 而依例發遣府羅將, 押送于各其配所, 何如?"傳曰: "允."

하루아침에 한 집안이 풍비박산 나는 생생한 비극의 현장을 담았다. 이 글 속에 능지처참에 처해진 죄인 이덕사의 아우로 연좌되어 진도에 귀양 간 이덕리의 이름이 처음 등장한다. 바로 박희준의

관계	이름	처결 내용	기타
장남	이일배李日培 (?~1776)	교수형	
차남	이길득李吉得 (1764~?)	제주목 대정현 노비	족보에 이름 없음 당시 13세
처	홍희혜洪喜慧 (?~?)	나주목 흑산도 노비	이덕사의 첫 부인 반남 박씨는 소생이 없고, 후실은 남양 홍씨 언명彥命의 따님
아우	이덕리李德履 (1725~1797)	진도군 유배	부인은 고흥 유씨柳氏 성종星宗의 따님. 4남을 두었다. 족보상의 이름은 덕위德威. 당시 52세
자부	성혜이成慧伊 (?~?)	경상도 거제부 노비	창녕 성씨 감역監役 덕한德漢의 따님. 이덕사의 아들 이일배의 처다
조카	이붕배李鵬培 (1741~1792)	함경도 경흥부 유배	이덕사의 형 덕원德遠의 차남 당시 36세
조카	이형배李馨培 (1748~1826)	함경도 무산부 유배	이덕리의 1남 당시 29세
조카	이경배李絅培 (1758~1805)	경상도 남해현 유배	이덕리의 3남 당시 19세
조카	이필령李畢靈 (1764~1841)	전라도 강진현 유배	이덕리의 4남 이항배李恒培의 아명으로 보임. 당시 13세
손자	이용갑李龍甲 (1774~?)	경상도 거제부 노비	이덕사의 손자. 어미 성혜이와 함께 노비가 됨. 당시 3세

논문 각주에 인용된 대목이다. 그의 논문에서 처음 이 구절을 보는 순간 눈앞이 하얘졌다. 막연히 남아 있던 일말의 의문이 사실로 확인되는 순간이었다. 박희준이 찾아낸 자료를 필자가 미처 못 본 것은 검색어를 '덕리德履'로 확대하지 않고 '이덕리'로만 했기 때문이다. 단순한 차이가 치명적인 결과를 낳았다.

진도에 귀양 가서 『동다기』를 지은 이덕리는 앞의 두 사람이 아니라 바로 이 이덕사의 동생 이덕리였던 것이다. 서둘러 족보에서 이덕사 일계를 찾아보니 앞서와 마찬가지로 이덕리는 없고 그의 이름이 적혀 있어야 할 자리에 이덕위李德威(1725~1797)만 올라 있었다. 족보상 이덕위 항목에는 자字와 생몰연대, 부인의 본관과 부명父名 외에 묘소의 위치가 적혀 있었다.

여러 종의 전의이씨 족보를 참고하여 위 기록에 연좌된 사람의 전후관계를 정리하면 다음과 같다.

이덕사의 장남은 부친에 이어 교수형을 당했고, 아내와 13세 난 어린 아들은 흑산도와 제주에 노비로 끌려갔다. 며느리는 거제도로 가서 노비가 되었다. 위 기록에는 안 나오지만 4월 12일 『승정원일기』에는 3세 난 이덕사의 손자 용갑이 어미를 따라 거제도에 노비로 보내지는 기사도 나타난다. 이덕사는 이미 불귀의 객이 된 터여서 자신의 상소로 인해 하루아침에 닥친 집안의 비극을 몰랐겠지만, 아우 이덕리마저 자신과 아들 셋이 동시에 3000리 떨어진 전라도 진도, 함경도 무산, 경상도 남해, 전라도 강진 등으로 유배되어 뿔뿔이 흩어지는 직격탄을 맞았다.

기록 속의 이덕리와 족보에 나오는 이덕위가 동일인이란 사실은 어떻게 확인힐 수 있는가? 적어도 세 가지 확실한 근거가 있다.

첫째 이덕위는 족보상 형배馨培, 승배昇培, 경배絅培, 항배恒培의 네 아들을 두었다. 1754년에 간행된 갑술보에는 맏아들 용배龍培만 나오고 그 외 아들의 이름은 없다. 당시 너무 어렸거나 태어나기 전이어서다. 이후의 족보에 용배가 안 보이는 것으로 미루어 어려서 죽었거나 아니면 형배의 초명일 수 있다. 차남 승배만 유배를 가지 않았는데, 그가 진작 일가인 덕용德容의 집안에 입계된 까닭이다. 무엇보다 『승정원일기』에 기재된 이덕리의 여러 아들의 이름이 이덕위의 아들 이름과 정확하게 일치한다. 둘은 같은 사람이었다.

둘째, 족보상 이덕위의 자가 이중而重으로 나온다. 윤광심尹光心이 펴낸 『병세집幷世集』에 이덕리의 시문이 수록되었는데, 이덕리의 이름 아래 '자字 이중而重'이라고 분명히 썼다. 두 사람의 자가 동일하다. 이중이란 자는 『논어』 「학이學而」편에 "군자는 무겁지 않으면 위엄이 없다君子不重則不威"라는 구절에서 끌어와 썼다. 그렇다면 그의 초명은 덕위였고, 진도 유배 이전에 덕리로 바꾸었다가, 그가 유배 가서 죄인 신분으로 죽은 일을 감추려고 족보에서 다시 덕위로 적었던 것이라 여겨진다.

셋째, 족보상 이덕위의 부인은 고흥高興 유씨柳氏 성종星宗의 딸이다. 황윤석의 『이재난고頤齋亂藁』 권44에 「고흥유보高興柳譜」조가 있다. 여기에 "성종은 아들 둘에 딸이 하나다. 사위는 전의 이덕리로 청강 이제신의 후예다星宗二子一女, 女壻全義李德履, 清江濟臣後"로 분명히 적혀 있다. 한편 『고흥유씨세보』 수사공파水使公派 파보 권5, 장28에도 유성종의 사위 이름에 이덕위가 나온다. 이덕위와 이덕리가 동일인임이 한 차례 더 증명된다.

이상 세 가지 증거를 바탕으로 마침내 『동다기』의 움직일 수 없는 저자로 이덕사의 아우 이덕리를 확정할 수 있게 되었다. 그는 형 이덕사의 대역부도에 연좌되어 하루아침에 자식들과 함께 각지로 흩어져 귀양 가게 되었고, 자신은 진도에 유배되어 이후 22년간의 유배생활 끝에 쓸쓸하게 생을 마쳤던 것으로 보인다.

정리한다. 전의이씨 청강공파 23세에는 비슷한 시기를 살았던

족보명	생몰연도	부계	경력
이덕필 李德弼	1728~?	이만동李萬東 (1643~1707)의 서자인 무관 이전룡 李田龍, 생몰미상)의 둘째 아들.	장한상의 외손, 이삼의 처조카. 조선통신사행 참여. 절충장군 창경군위장을 지낸 무관. 1774년 병으로 물러난 후 기록이 없음
이덕화 李德蕐	1715~1769	이만겸李萬謙에게 출계된 이징정李徵鼎 (1675~1721)의 제4자.	자는 경정景旌, 부인은 여흥驪興 민씨. 관력 없음. 해남 윤씨가의 『만가보萬家譜』에 이덕리로 나옴
이덕위 李德威	1725~1797	이징택李徵澤 (1689~1770)의 제3자. 대역부도로 복주된 이덕사李德師 (1721~1776)의 아우.	자는 이중而重, 부인은 고흥高興 유씨柳氏 성종星宗의 딸. 이덕사의 대역죄에 연좌되어 1776년 4월에 진도로 귀양 가서 20년 만인 1795년에 영암으로 이배되어 2년 뒤 그곳에서 사망했다. 문집 『강심』에 「기다」, 즉 『동다기』를 남겼고, 국방서인 『상두지』의 저자다. 벼슬하지 않았으나 윤광심尹光心이 펴낸 『병세집幷世集』에 형 이덕사와 함께 작품이 수록되었을 정도로 문명이 높았다.

세 사람의 이덕리가 있었다. 첫 번째 이덕리는 이만동의 서계庶系인 이전룡의 아들이다. 그는 장한상의 외손이요 이삼의 처조카로 조선통신사의 부사였던 이인배와는 7촌간이었던 무신이다. 족보상의 이름은 이덕필李德弼(1728~?)로 창경궁 위장까지 지냈다.

두 번째 이덕리는 이징정의 제4자다. 족보상의 이름은 이덕화李德畢(1715~1769)로 초명이 덕리였다. 『만가보萬家譜』에 이덕리란 이름으로 나온다. 생몰연대상 『동다기』의 저자와는 아무 관련이 없다.

세 번째 이덕리는 이징택의 제3자다. 정조 즉위년 사도세자 추존을 논한 상소문을 올렸다가 대역부도로 능지처참에 처해진 이덕사의 친동생이다. 이덕리는 이 사건에 연좌되어 진도로 귀양 갔다. 족보상에는 이덕위李德威(1725~1797)로 나온다. 그가 바로 『동다기』의 저자다.

첫 번째 이덕리와 두 번째 세 번째 이덕리는 12촌간이고, 두 번째 이덕리와 세 번째 이덕리는 10촌 사이다. 모두 5대조인 청강 이제신李濟臣에게서 갈려나온 일가다. 세 사람 이덕리의 족보상 이름은 저마다 다르다. 어째서 셋 모두 족보에 성명을 올리면서 이름을 바꿨을까? 이덕리가 대역부도죄에 연좌되어 평생 귀양을 살다가 세상을 마쳤으므로 불명예를 피하기 위한 의도였던 듯하나 이제와서 분명한 사정을 가늠하기는 쉽지 않다.

이상 『동다기』의 저자 이덕리의 가계와 생몰연도를 바로잡고 그의 유배 이유도 확인했다. 초기 자료의 미비로 꼼꼼하게 살피지 못해 이제껏 엉뚱한 다른 사람을 『동다기』의 저자로 비정해 혼란을 가져왔다. 이 책을 통해 필자의 앞선 오류를 밝히고 바로잡는다.

나를 돌려다오,
제기 하나로 남은 무덤

2.

이덕리 관련 기록 검토와 현장 방문

이덕리, 족보명 이덕위가 사도세자 추존 상소로 능지처참에 처해진 이덕사의 아우라는 사실을 확인하자 마음이 바빠졌다. 2015년 5월 7일 오전에 미리 연락을 넣고 장안동의 전의이씨 대종회 사무실을 찾았다. 그곳에서 이근재 전의이씨 종친회 이사장의 도움으로 이덕위 직계의 족보 내용을 한 번 더 확인했다.

최근 문중에서 정리한 인터넷 족보상에는 이징택李徵澤(1689~1770)의 세 아들 이덕원李德遠(1713~1746)과 이덕사李德師(1721~1776), 그리고 이덕위李德威(1725~1797)의 인적 사항이 나와 있고 묘소의 위치까지 상세히 적혀 있었다. 그 내용은 이렇다.

이덕위 자字 이중而重. 영조 을사(1725)년생, 정사(1797)년 졸.

묘 2013년 10월 27일 이장. 지범공묘志范公墓 좌측에서 양평군 서종면 수입리 청강공파 종산 공동묘원. 배配 고흥 유씨高興柳氏 부父 성종星宗. 묘 지범공묘志范公墓 좌측. 2013년 10월 27일 양평군 수입리 청강공파 종산 공동묘원에 신단神壇.

대종회 사무실에 들른 나는 용건을 간단히 말한 뒤, 그동안 찾은 이덕리 관련 자료를 보여드리고 기록이 착종되고 족보에 기재된 이름과 달라 착오가 있었던 점을 설명했다. 문중에서는 미처 알지 못했던 사실에 큰 놀라움을 표했다. 묘소를 찾아보고 싶다고 하자 이덕리 직계가 속한 지범공파 전 회장 이종준李鍾濬 선생을 비롯한 몇 분의 연락처를 알려주었다.

한 차례의 대종회 사무실 방문으로 필자는 이덕리의 생몰연대를 분명하게 확인하는 한편, 묘소의 존재와 위치까지 알게 되는 적잖은 성과를 거두었다. 현장과 직접 접촉하는 것이 어째서 중요한지를 한 번 더 실감했다. 나는 이 사실에 고무되어 학교 연구실로 올라오자마자 바로 이종준 선생에게 전화를 드렸다. 이 선생은 내 이름을 듣더니 대뜸 이런 일이 있느냐며 반가워했다. 평소 내 책을 여러 권 봤고 신문 칼럼도 읽고 있다고 하셨다. 이덕위의 묘소에 대해 물었다. 한번 오면 직접 안내하겠다는 시원스런 답변을 주셨다. 묘소의 구체적인 위치를 묻자 만나서 얘기하자며 말끝을 조금 흐렸다.

개인적으로 여러 일정이 겹쳐 있던 때여서 하루빨리 왔으면 하는 이 선생의 뜻과 달리 일주일 뒤인 2015년 5월 13일 아침에야 경기도 가평군 청평면 삼회 2리에 있는 이종준 선생 댁으로 향했다. 북한강의 수려한 풍광을 왼편에 두고 차를 몰아 약속 시간인 오전 10시 전에 도착했다. 소박한 시골 농가 주택 옆 컨테이너 건물에서 이 선생이 걸어 나와 반갑게 손을 흔들었다. 컨테이너는 선생이 서재로 쓰는 공간이었다. 내부는 온통 책이었다.

책에 눈길을 주며 수인사를 나누는 사이에 두 분이 더 왔다. 근처에 사는 일족인 연풍현감을 지낸 이덕용李德容 공의 8대손 이인호 선생과, 서울서 우정 올라온 청강공파 화수회 사무장인 이영호 선생이었다. 특히 이인호 선생은 선대로부터 이덕사와 이덕위의 묘소에 벌초를 해온 분이라고 해서 더 각별한 느낌이었다. 내가 그간의 경과를 조금 길게 설명했다. 그러자 자신들이 가르쳐주려고 왔는데 오히려 배웠다며 탄식한다. 나는 이종준 선생이 소장한 족보와 문중 기록을 촬영하고 정리했다. 내 쪽에서는 오랫동안 준비해 찾아낸 많은 정보를 가지고 있었고, 그들 쪽에서는 족보와 묘소의 위치 및 집안의 내력을 훤히 꿰고 있어서 양측의 대화는 금세 깊이와 넓이를 더해갔다. 서로 질문과 대답이 쉴 새 없이 오갔다.

생각지 않게 이덕사의 상소문을 얻어 본 것은 이날의 가장 큰 수확 중 하나였다. 이덕사의 죽음을 몰고 온 상소문은 『조선왕조실록』과 『승정원일기』 등 어떤 관변 기록에도 차마 입에 담을 수 없다며 말소해버려 존재하지 않는 것으로 알려진 글이었다. 그것이 문중 내부에서 필사본으로 비밀스레 전해지고 있었다. 이 일에서도 나는 가벼운 흥분을 느꼈다.

두 무덤 앞의 소회

우선 묘소를 가보기로 했다. 먼저 2013년 이장하기 전의 묘소 터로 향했다. 경기도 가평군 청평면 삼회리 산 61-2가 그 주소다. 이종준 선생이 앞서 전화에서 말끝을 흐린 이유는 묘소에 가서야 자세한 설명을 들었다. 예전 이덕리, 즉 족보상 이덕위의 묘소는 청강공의 둘째 아들인 지범志范 이수준李壽俊(1559~1607) 공 묘소의 계단 아래 왼편에 있다고 구족보에 적혀 있었다. 이수준은 이덕위의 5대조다. 묘소는 북한강이 한눈에 내려다보이는 참으로 풍광 좋은 명당 길지에 자리 잡고 있었다. 이 선생이 나를 계단 아래 왼쪽 무덤 자리로 안내했다.

사연은 이러했다. 2013년 6월 문중에서 지범공 묘소 아래 모셔져 있던 23세 처사공 이덕위의 묘소를 형님 되시는 이덕사의 묘소와 함께 양평군 서종면 수입리 고동산 아래 지범공파 종산으로 이장하기로 결의했다. 그리하여 그해 10월 27일에 이장 작업이 이루어졌다. 다른 곳에 있던 간당공澗堂公 이덕사 묘소의 이장은 아무 문제없이 순조롭게 진행되었다. 유골도 수습되었다. 그런데 이덕위의 묘소 이장 과정에서 예상치 못한 문제가 발생했다. 이덕위가 세상을 뜬 200년 만인 지난 1996년 10월 6일, 이덕위의 직계 후손들이 족보의 기록을 근거로 그의 묘소를 찾아 작은 묘비를 세우고 그간 매년 제사를 올려왔다. 그런데 이날 이장을 위해 파묘하자 뜻밖에도 무덤의 주인이 다른 사람으로 밝혀지는 놀라운 일이 벌어졌다. 포클레인으로 파낸 광중에는 이덕사의 초취 부인인 반남 박씨

이수준 묘역과 이덕리의 원래 무덤자리(사진 오른쪽 하단)

의 이름이 관 위 회벽에 또렷이 적혀 있었던 것이다.

처형당한 이덕사의 시신을 밤중에 수습해 몰래 매장한 후, 이덕리의 장남인 형배馨培(1748~1826)의 아들 민회敏會는 가문의 보존을 위해 멀리 경북 청송의 주왕산 자락으로 숨어들었고, 이후 200년 넘게 이 지역에서 세거해왔다. 민회가 수원 백씨와 결혼해서 낳은 후손이 오늘날의 청송파다. 이들은 지난 1996년 족보의 기록에 근거해 어렵게 선대의 묘소를 찾아와 작은 비석을 세우고 제사를 지내왔는데 그 묘소가 엉뚱한 사람의 묘였던 셈이다. 충격이 클 수밖에 없었다.

이때 이종준 선생이 2010년 4월 21일 지범공의 신도비를 새롭게 세울 당시 바로 아래쪽, 지금은 잡목 숲에 덮인 지역에서 오래된 묘의 흔적을 본 기억을 되살려냈다. 그가 특정한 장소를 포클레인으로 파내자 과연 그곳에서 해묵은 무덤 자리가 하나 더 발굴되었다. 무덤에서는 검게 썩은 칠성판의 잔해와 그 위에 육각형의 받침이 있는 백자 제기祭器 한 점이 출토되었다. 그곳은 아무나 묘를 쓸 수 있는 위치가 아니어서 문중에서는 이곳을 이덕위의 묘소로 인정하고 칠성판과 흙만을 수습해 서둘러 이장을 마쳤다.

주변 사진을 찍고 우리 일행은 새로 모신 묘소가 있는 수입 3리로 이동했다. 찾는 길은 이렇다. 서종면 소재지에서 수입리 쪽으로 북한강을 끼고 달리다가 수입 3리 표석을 보고 나서 화서 이항로 선생의 생가가 있는 벽계 노문리로 들어가는 입구에서 우회전을 한다. 다시 500미터쯤 더 들어가면 길 좌측에 고동산으로 올라가는 표지가 나온다. 여기서 좌회전해서 가파른 비탈길을 따라 한참 올라가다가 콘크리트로 포장한 갈림길과 만난다. 그곳에 차를 세우고 좌측 길로 접어들어 30미터쯤 가다가 길 오른편 위쪽 골짝으로 다시 50미터쯤 올라가면 이덕사 이덕위 형제분의 묘소가 나란히 모셔져 있다.

문중에서 처사공으로 불리는 이덕위의 묘소는 가운데에 상석이 놓이고, 묘비는 와비臥碑로 '처사전의이공덕위지묘處士全義李公德威之墓 배고흥유씨신단配高興柳氏神壇'이라 적혀 있었다. 측면에는 생몰연대를 적었고 뒷면에는 후손의 이름과 비석을 세운 날짜를 새겼다. 그 곁에 예전 반남 박씨의 묘소 옆에 잘못 세웠던 작은 비석이 그대로 옮겨져 서 있었다. 비석에 적힌 비문의 내용은 이랬다.

공의 자는 중이重而(이중而重의 오기다)니 영조 1725년 을사년에 태어나 1797년 정사년에 세상을 떴다. 아들 넷을 두었는데 첫째가 형배馨培, 둘째 승배昇培는 덕용의 후사로 출계했고, 셋째가 경배絅培, 넷째가 항배恒培다. 200년간 묘가 실전되었다가 1996년 10월 6일에 인세仁世와 영세永世, 종팔鍾八이 묘를 찾았다.

公字重而, 英宗一七二五乙巳生, 丁巳一七九七卒. 生四子, 馨培, 昇培出系德容后, 絅培, 恒培. 二百年墓失傳, 一九九六年十月六日, 仁世永世鍾八尋墓.

간단한 생몰 외에는 그의 다른 이름이 이덕리이고 그가 『상두지』와 『강심』을 지은 실학자라는 사실은 물론 그의 유배 사실조차

公字重兩英宗一七二五乙巳生丁
巳一七九七辛生四子馨淊昇培出
承德家后絧塔㢣培二百年蓁笑傳
一九九六年十月六日仁世永世鐘
八至西

예전에 세운 비석의 뒷면

이장한 이덕리의 묘

일체 언급되어 있지 않았다. 그는 후손들에게 여진히 생몰연대와 배우자만 알려진, 벼슬 안 하고 세상을 뜬 처사공으로 기억되고 있었다. 비석은 200년간 실전되었던 묘를 되찾은 기념으로 세운 것이지만 실제로는 엉뚱한 사람의 묘였다.

나는 이덕위의 묘소에 재배를 올렸다. 만감이 교차했다. 이종준 선생이 무덤에 대고 '할아버지! 정 교수님께서 할아버지의 억울한 삶에 대해 알려주시려고 이렇게 왔어요' 하신다. 그 말을 듣는데 숙연함이 밀려왔다.

형인 이덕사의 상소로 하루아침에 온 집안이 멸문에 가까운 화를 입었다. 아무 죄 없던 자신과 아들 셋이 연좌되어 귀양을 갔다. 마른하늘에 날벼락이 따로 없었다. 이후 그는 진도 유배지의 흙바람 벽 골방에서 귀뚜라미 울음소리 속에 세상 누구도 알아주지 않을 글을 쓰며 20년 가까운 세월을 숨죽여 살았다. 『상두지』와 『강심』이 그 방 안에서 나왔다. 나는 그것을 찾아내 세상에 알렸다. 그런데 알려놓고 나니 내가 찾은 이덕리는 원래의 저자가 아닌 동명이인의 이덕리였다. 생각하면 기막힌 노릇 아닌가?

『동다기』의 저자를 처음 밝혔던 나는 다른 이덕리를 그와 착각했고, 200년 만에 묘소를 찾아 올라온 직계 후손들은 족보의 기록에만 기대어 형인 이덕사의 초취 부인 묘소에 비석을 세워놓고 해마다 제사를 올려왔다. 지하에 이덕리의 넋이 남아 있었다면 얼마나 통탄했겠는가? 살아서도 자기 이름을 드러내지 못했는데, 세상을 뜬 후 200년이 지나서도 여전히 자신의 업적은 다른 사람의 이름에 얹혀 전해지고, 묘소는 주인이 뒤바뀐 채 엉뚱한 제사를 받았으니 말이다. 나는 말없이 사진을 여러 장 찍고 내려왔다.

비석에 적혀 있듯 이덕리는 아들 넷을 두었다. 그중 셋이 아버지와 함께 뿔뿔이 흩어져 장남 형배(1748~1826)는 함경도 무산 땅에, 셋째 경배(1758~1805)는 경상도 남해에, 막내 항배(아명 畢靈, 1764~1841)는 전라도 강진으로 유배되었다. 네 아들 중 이덕용李德容의 양자로 진작에 입계되었던 둘째 승배만 유배를 면했다. 이덕용의 묘소 또한 오랫동안 실묘失墓 상태였다. 수십 년 전 이수준 공의 묘소 위쪽에 있던 주인을 모르던 무덤에서 이덕용의 지석이 나와 비로소 묘소의 위치를 확인했다. 이날 동행했던 이인호 선생은 바로 이덕용의 직계 6대손이었다. 그의 집안에서 이덕사와 이덕리의 묘소에 벌초해온 것은 선대부터의 일이다. 이덕리의 아들을 양자로 받아 대를 이은 이덕용의 일계가 오랜 세월 이덕리의 묘소를 지켜왔다니 인생사의 유전이 참으로 기묘했다.

우리 일행은 다시 근처 청강공 이제신의 묘역으로 자리를 옮겼다. 기념관과 재실인 녹수재綠水齋가 있었다. 묘역은 규모가 어마어마했다. 집안의 위세는 지금도 현재진행형인 듯싶었다. 나올 때 녹수재 앞쪽에 심어진 나무의 꽃향기가 인상적이었다. 천리향쯤 되는 듯하나 아무도 나무 이름을 몰랐다. 우리는 함께 점심을 먹고 헤어졌다. 돌아오는 길 내내 다짐 비슷한 여운이 속에서 길게 끌리는 것을 느꼈다.

무덤에서 나온 제기와 이배移配의 사연

학교로 돌아오자마자 이 선생에게서 받아온 흐린 복사 상태의 이덕사 상소문을 붓글씨로 깨끗하게 옮겨 썼다. 구절을 떼고 구문을 살폈다. 내용에 복잡한 전거가 많고 전대 사실에 대한 기본적인 이해가 요구되는 데다 변려문의 투식성이 강해 내용 파악이 쉽지 않았다. 며칠 동안 글을 해석하는 데 매달렸다. 『승정원일기』와 『조선왕조실록』에서 유배 전후의 기록을 추출해 그 경과를 꼼꼼히 살피고, 부유섭 선생이 찾아 보내준 『각사등록各司謄錄』 80권에 수록된 이덕사 친국일기親鞫日記도 확대 복사해서 집중적으로 검토했다. 거대한 쓰나미가 몰려오는 듯한 기분이었다.

아흐레 뒤인 2015년 5월 22일 11시에는 동대문구 창신동에 위치한 전의이씨 청강공파 화수회를 방문했다. 이날 청강공파 청송 문중의 이덕리 직계 후손인 이종화李鍾和 선생이 이덕리의 무덤에서 나온 제기를 내게 보여주기 위해 일부러 상경했다. 사무실에 화수회 이종완李鍾完 회장님과 이종준, 이영호 선생, 그리고 이종화 선생이 빙 둘러 앉았다. 내가 저간의 경위를 설명했다. 이야기가 길어져 마치 강의처럼 되었다. 이야기를 듣는 이종화 선생의 눈시울이 글썽해졌다. 이제껏 행적 없는 처사공으로만 불러왔는데 이토록 훌륭한 업적을 남긴 대단한 실학자라는 사실이 도저히 믿기지 않아 머리를 한 대 맞은 것처럼 멍하다고 했다. 그동안 조상 이야기만 나오면 저절로 위축되어 입을 다물곤 했다며 놀라워했다.

내 얘기가 끝나자 이종화 선생이 종이에 겹겹이 포장해온 제기를 꺼내 탁자 위에 올려놓았다. 울컥했다. 촬영을 마치고 내가 말했다. "무덤에서 칠성판과 제기만 나온 것으로 보아 선생은 유배지에서 돌아가신 후 바로 모시지 못하고 수십 년 뒤 칠성판 위에 남은 유골 또는 흙만 수습해서 이 제기와 함께 모신 듯합니다." 이종준 선생이 말했다. "말씀을 듣고 보니 그렇겠습니다. 우리는 거기까지는 전혀 생각 못 했어요." 잠깐 아련한 침묵이 흘렀다.

그렇다면 이덕리는 어디서 어떻게 세상을 떴을까? 그의 시신을 수습해온 사람은 누구였을까? 그 후로도 여러 날을 다른 일은 뒷전으로 남겨둔 채 관련 기록을 찾아나갔다. 그러다가 『승정원일기』 정조 19년(1795) 10월 14일자 기사에서 다음의 내용을 극적으로 확인했다.

정상우鄭尙愚에게 전교했다. "금번 호남에서 지난해에 더더욱 심했던 고을 백성의 일로 생각해보니 더더욱 심한 중에 가장 심한 곳은 진도다. 괴로움을 겪은 뒤끝이니 무릇 백성을 편케 하고 어려움을 덜어주는 정사에 마음을 쏟지 않을 수 없다. 하물며 귀양 가서 주객이 모두 곤핍한 자야 말해 무엇 하겠는가? 진도에 귀양 가 있는 금부禁府 죄인 양수養邃는 백령도로 보내고 자근만이와 재희는 법성포로 보내라. 계롱과 금련, 신섬 등은 해남으로 보내고, 덕리는 영암으로 보낸다. 傳于鄭尙愚曰: "今因湖南昨年尤尤甚邑民事思之, 尤尤甚中最甚處, 珍島也. 以其瘡疣之餘, 凡係便民除瘼之政, 無不軫念. 況竄謫之主客俱困者乎? 珍島禁府罪人養邃, 白翎, 者斤萬·才喜法聖, 繼

이덕리의 묘소에서 출토된 제기

龍·今連·新暹海南, 德履靈巖……"

　당시 호남 지역에는 잇달아 기근과 전염병이 발생했고 그중에서도 진도의 상황이 가장 열악했다. 이에 그곳에 귀양 가 있던 죄인들을 인도적 차원에서 다시금 각지로 분산 배치한 기록이다. 그 명단 속에 금부에 속한 죄인 이덕리의 이름이 한 번 더 등장한다. 정조 즉위 직후인 1776년 4월에 진도로 유배 왔던 그는 무려 19년하고도 반년이 더 지난 이때까지도 진도에서 하릴없는 귀양생활을 해왔던 것이다. 그러다가 19년 반 만에 마침내 뭍으로 나와 영암 땅으로 거처를 옮기게 되었다. 똑같은 기사가 『일성록日省錄』에도 실려 있다. 그가 진도에 머문 시간은 다산이 강진에 머문 전체 기간과 비슷하다.

　이 대목을 확인하는 순간 모든 것이 한꺼번에 다 풀렸다. 이덕리의 문집인 『강심』을 필사한 이시헌이 어떻게 진도에 유배 살던 이덕리의 저작을 손에 넣을 수 있었는지와 그와 이덕리 사이의 묵은 인연의 사슬까지 선명하게 이해되었다. 영암은 이시헌의 집이 있던 월출산 아래 백운동에서는 고개 하나만 넘으면 가닿을 수 있는 가까운 거리였다.

　또 한 가지, 이시헌 집안과 이덕리 사이에는 사도세자를 매개로 한 특별한 인연의 끈이 있었다. 이덕사의 참혹한 죽음은 사도세자 추존 상소 때문이었다. 한편 이시헌 집안의 이의경李毅敬(1704~1778)은 사도세자의 사부로 세자 생전에 특별한 칭찬을 받고 친필 시까지 하사받았던 익위사翊衛司 부솔副率을 지낸 인물이었다. 그는 사도세자 사망 이후 강진으로 낙향허여 후진을 양성하며 다시는 벼슬길에 발을 내딛지 않았다. 죽을 때도 관 위에 익위사 부솔의 관함을 써달라는 부탁만을 남겼다. 실록에도 사도세자와 관련해 이의경의 이름이 영조의 입에서 여러 차례 오르내리는 것을 볼 수 있다.

이시헌의 원주 이씨 집안에서 사도세자 추존 문제에 연좌되어 유배 온 이덕리가 이웃 영암으로 배소를 옮긴 것을 알았다면 도움의 손길을 뻗지 않았을 리 없다. 하지만 필사 당사자이자 다산의 막내 제자 이시헌은 이덕리가 세상을 뜬 여섯 해 뒤인 1803년에 태어났다. 그러니까 이덕리에게 직접 도움을 준 사람은 이시헌의 부친인 이덕휘李德輝(1759~1828)였을 가능성이 높다.

여기에 또 한 가지 가능성으로 실록에 필령畢靈이란 아명으로 강진현에 유배되었던 막내아들 항배恒培(1764~1841)의 존재를 떠올려볼 수 있겠다. 그는 유배 당시 13세의 어린이였다. 20년이 지나 33세가 되었을 때 부친이 강진현 인근의 영암으로 유배지를 옮겨왔다면, 그는 어떻게든 부친을 찾아뵈었을 것이다. 영암으로 이배 올 당시 이덕리는 71세의 고령이었다. 13세짜리 어린 아들이 유배지로 울며 끌려가는 것을 보고 헤어진 뒤, 20년 만에 33세의 장성한 젊은이가 되어 71세의 아버지 앞에 인사드릴 때, 그 만남의 장면은 어떠했을까? 이때 부자의 끈이 다시 이어졌다면 영암으로 옮긴 지 2년 뒤인 1797년에 이덕리가 그곳에서 73세의 나이로 회한 많은 삶을 뉘였을 때 그 시신을 수습했던 이도 막내아들이 아니었을까 짐작해볼 뿐이다.

한편 이덕리의 문집 『강심』은 애초에 제대로 정리된 책자가 아니었다. 정돈되지 않은 어지러운 초고 상태로 남아 있었을 것이다. 서문도 없고, 저자의 이름마저 적혀 있지 않았다. 그나마 마지막 장에 필사자인 이시헌이 한 줄의 부기附記를 남기지 않았다면 저자의 존재는 끝내 미궁에 빠지고 말았을 가능성이 높다.

『강심』에 수록된 많은 작품에 과체시科體詩가 적지 않은 것으로 보아 이덕리는 진도 유배지에서 다산이 그랬던 것처럼 서당을 열어 생도를 받아 생계를 꾸려나갔던 듯하다. 그의 부고는 청송으로 숨어들어간 후손에게는 가닿지도 않았을 것이고, 강진 유배지의 막내아들은 장례를 드러내놓고 치를 형편이 아니었을 터이다. 이시헌의 집안에 『강심』의 초고가 있었던 것으로 미루어 어쩌면 이덕리 사망 후 그의 장례를 치러주고 소지품을 수습한 것도 이시헌 집안이 아니었을까 싶다. 그리고 오랜 세월이 흐른 뒤 가매장된 무덤에서 유골을 수습해 화장하고, 이를 선대의 묘소 옆에 옮겨 제기와 함께 묻었던 것으로 보인다.

한편 무덤에서 나온 제기는 아래쪽에 팔각의 굽이 달려 있고, 윗면에 '제祭'란 글자가 적혀 있었다. 얼마 전 필자는 인사동의 한 골동품 가게에서 이와 똑같이 생긴 제기 하나와 우연히 조우했다. 너무 놀라 이 제기는 어디서 만들어졌느냐고 물었더니, 19세기 초 광주 분원分院에서 만들어진 것이란 대답이 돌아왔다. 막연히 이 제기가 강진에서 만들어졌을 것으로 짐작했는데, 이 일로 인해 이덕리의 묘는 칠성판 위에 흙만 모셔온 허묘虛墓였음이 추가로 짐작되었다.

화수회 사무실을 나서기 전 나는 지난 2006년 강진 백운동 이효

천 신생 댁에서 찾은 이덕리의 문집『강심』의 복사본 한 권을 후손
인 이종화 선생께 건네드렸다.

이덕사와
이덕리 형제

3.

『병세집』에 나란히 이름을 올린 문사 형제

1775년경 윤광심尹光心(1751~1817)이 펴낸 『병세집幷世集』에는 이덕사와 이덕리 형제의 글이 나란히 실려 있다. 『병세집』은 당대의 주목할 만한 작가의 시문을 모아 엮은 선집이다. 문집에 실리지 않은 박지원과 이덕무의 글이 수록되어 있을 만큼 동시대적 현장성이 강한 앤솔러지다. 벼슬하지 않은 포의였음에도 이덕리는 이 책의 시권과 문권에 모두 이름을 올렸다. 이는 당대 그의 문명文名이 상당했음을 시사한다. 형 이덕사가 시권에만 이름을 올린 것과는 비교된다. 이덕리의 작품은 시권詩卷과 문권文卷으로 편집된 이 책 문권 2에 산문 2편과 시권 2에 시 1제 9수가 각각 수록되었다. 이덕리의 자는 이중而重으로 소개되어, 이징택李徵澤(1689~1770)의 제3자이자 대역부도로 복주된 이덕사의 아우임이 확인된다.

並世集目錄
詩卷之二
甲 洪良浩
李重海
四 李翼雲
盧兢
朴師海
李德履
趙周圭

並世集
李德師
許霆
朴宗甲
李用休
失名氏
娼妓
娼失名氏
妓福娘
妓
興國
清孔廣森

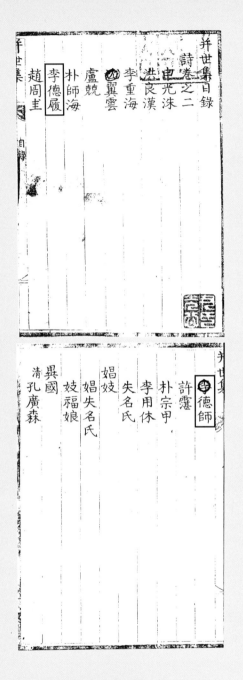

국립중앙도서관에 소장된 『병세집』 시권 목차.
이덕리와 이덕사가 함께 수록되었다.

문권 2에는 이덕리가 신의보申儀父를 위해 지어준 장편의 「용안
헌시容安軒詩」와 「이성하애사李盛夏哀辭」를 실었다. 신의보는 유한준兪
漢雋(1732~1811)의 『자저自著』에 실린 「완구재기宛邱齋記」에서 "평산
신의보는 경전에 두루 통하고 옛것을 널리 알았다. 몸에 덕을 닦고
집안에서는 행실을 닦았다. 젊어 집이 가난해 강화도에 살면서 띠
를 엮어 집을 지으니 울타리도 없었다. 아내가 베를 짜서 제수를 마
련했다. 세 아들이 장성하자 날마다 새벽에 일어나 세수하고 머리
를 빗은 후 아버지 앞에 나아가 글공부를 하는데 마치 어린아이에
게 공부를 시키는 것처럼 했다"고 적듯이 반듯하고 뜻 높은 선비였
다. 그의 문명과 학문은 다른 여러 사람의 문집에 실린 정보를 통해
서도 짐작할 수 있다. 서문에서 이덕리는 "「용안헌시」는 신의보를
위해 지은 것이다. 의보가 장차 강화도에 집을 지으려 하면서 내게
명하여 기記와 시詩를 지어 부치게 했다容安軒詩, 爲申儀父作也. 儀父將築室
沁中, 命余爲記詩以寄之"고 썼다. 본래는 이 기문과 함께 시까지 지었지
만 『병세집』에서는 시를 뺀 채 기문만 실었다. 30년 지기인 신의보
에 대한 자신의 애틋한 마음을 전한 글이다. 이성하李盛夏에 대한 정
보는 다른 기록에 따로 보이지 않는다.

한편 시권 2에는 「제고이헌납중해시祭告李獻納重海詩」 9수가 수록되
어 있다. 시의 서문에 1775년 3월 4일 벗 이중해李重海(1717~1775)
의 장례에 우인友人 전성全城 이덕리가 양산楊山에서 술 한 병을 들고
와 널 앞에서 곡하고 지극한 슬픔에 차마 글을 지을 수 없어 1년 전
인 1774년 겨울에 함께 술 마시며 지은 시 9편을 읽는 것으로 대신
한다는 내용이 적혀 있다. 1775년은 이덕리가 51세 나던 해로, 그

이듬해 그의 집안은 멸문의 화를 입었다. 전성全城은 진의全義의 이칭이다. 이 글은 당시 이덕리가 양산, 즉 양주楊州에 살았고 헌납 벼슬을 지낸 이중해와 매우 가까운 사이였음을 알려준다.

이중해는 자가 윤보潤甫, 본관이 전주全州다. 그는 대단히 흥미롭게도 『부풍향차보』를 지은 이운해의 아우다. 선대 이시번李時蕃이 정희량鄭希亮과 이웅보李熊輔의 반란 당시 역적을 도왔다 하여 군졸로 강등된 일이 있었는데 이운해와 이중해는 그의 가까운 친척이란 이유로 벼슬길에서 상당한 난관에 부딪혀야 했다. 1762년 정언 벼슬을 거쳐 1771년까지 여러 관직을 지냈다. 이중해의 시도 『병세집』에 이덕리와 나란히 이름을 올렸다.

형제가 남긴 시

———

『병세집』에 수록된 형제의 시를 여기서 잠깐 소개해본다. 『병세집』 시권 2에 이덕사의 시도 두 수 수록되어 있다. 그의 시는 이것 외에는 남겨진 것이 없다. 그의 이름자에는 '이李'에 동그라미를 쳤고, 이름 아래에는 자가 선세善世이고 급제했으며 역주逆誅되었다고 썼다.

작품을 차례로 읽어보자. 먼저 읽을 작품은 「연광정에서 이윤보李潤甫를 곡하며 두보가 고촉주高蜀州의 죽음을 애도한 시운을 차운하다練光亭哭李潤甫次老杜哀高蜀州韻」이다.

근년 들어 우뚝한 이 나오질 않으니　　　年來傑魁人不作

오래도록 강산은 쓸쓸히 분주하네.　　久矣江山奔牢落

그대와 사귐 맺음 어느덧 스무 핸데　　與君結交二十載

슬프다 온갖 일들 어제 일이 되었구나.　　嗚呼萬事成今昨

피 끓는 굳센 성품 강개함 넘치어서　　磈磊血性激慷慨

더러운 때 말끔 씻어 깨끗하게 돌려놨지.　　蕩滌垢穢回澄廓

영웅의 그 기개를 친한 벗에 보이면서　　英豪氣槩見交親

얽어매는 세속 일은 온통 벗어던졌었네.　　世俗纏繳摠脫略

만년엔 사생을 의탁할까 했더니　　常擬末路托死生

신교神交를 저승에다 부칠 줄 뉘 알았나.　　豈知神交付冥漠

둔마가 날뛰어서 준마가 쓰러지고　　駑駘騰躍駿駹踠

참새가 짹짹대매 새매가 죽는구나.　　鳥雀喧啾沒鸇鶚

이제껏 만남 이별 어이 다시 논하리오　　向來離合那更論

세 해 동안 해국海國에 빈 생각만 남았구려.　　三年海國空思存

눈물로야 푸른 물결 보태기 어림없고　　有淚未足添滄波

한스러움 땅속 쪼개 어이해 부칠 건고.　　有恨那遣坼厚坤

관하 땅 공활한데 달빛만 침침커늘　　關河空闊月沉沉

신마神馬에 달린 바퀴 어디로 달려가나.　　神馬尻輪何處奔

편지 받고 장수원長壽院서 눈물을 뿌리더니　　書到沾灑長壽院

날 저물자 대동문大同門에 갔다가 돌아왔지.　　日暮行歸大同門

연광정 위에다 향 한 심지 살라두니　　練光亭上一炷香

등촉 두 개 반짝반짝 반 허공에 높았구나.　　雙燭熒熒天半尊

내 벗을 곡하면서 한 말 술 기울이니　　我哭我友傾一斗

어둠 속 평생 넋은 알아줌 있으리라.　　冥冥知有平生魂

역시 이중해를 곡한 시다. 이덕사, 이덕리 형제가 모두 이승해에게 곡한 시를 남겼고, 이것이 함께 『병세집』에 수록된 것이다. 1775년에 세상을 뜬 이중해와 사귄 지 스무 해가 되었다고 한 것으로 보아, 두 사람은 30대 중반이던 1755년 즈음부터 가깝게 교유했음이 확인된다. 그는 강개한 성품으로 가슴 가득 불평한 기운을 담아 세상의 더러운 꼴을 그저 보아 넘기지 못했다. 당시 이덕사는 벼슬살이로 평양에 머물고 있었던 듯 갑작스레 들은 벗의 부고에 황황한 마음을 가누지 못했다. 장수원에서 부고를 듣고 대동문으로 돌아와, 대동강변 연광정 위에 등불 두 개를 밝히고 향을 살라 죽은 벗을 애도했다. 깊은 슬픔이 묻어난다.

두 번째로 읽을 작품은 「월암에서 이백의 자극궁紫極宮 시운에 차운하다月巖次李白紫極宮韻」이다. 월암은 북한산 뒤편 백사실 계곡 인근에 있는 바위로 이덕사의 집이 있던 곳이다.

나는 찬 바위 밑 사랑하노니	我愛寒巖下
얼음 폭포 은빛 대인 양 떨어진다네.	氷瀑倒銀竹
여기에다 냇가 솔이 다시 있어서	亦有澗邊松
스르렁 슬슬 그 소리 들을 만해라.	瑟瑟聲可掬
마주하면 속된 생각 하나도 없어	對彼無俗思
너 홀로 명 받음을 몹시 아끼네.	愛此受命獨
몇 해를 앞에 두고 알리지 않고	幾年矢不告
호방한 노래 속에 자고 또 깼지.	浩歌仍痼宿
한평생 은거의 뜻을 품더니	平生丘壑志

어쩌다 산算 가치로 점 잘못 쳤네.	誤從詹尹卜
내 오랜 곧고 맑음 내던졌으니	捨吾舊廉貞
어이해 스스로 회복하겠나.	胡爲自來復
붉은 문은 들어가선 아니 되나니	朱門不可入
높은 수레 기울어 쉬 엎어지리.	高車帶傾覆
내일엔 돌아가 편히 쉬리라	來日歸去休
생각자니 어느새 그리된 듯해.	思之已爛熟

1구의 '한암寒巖'이 바로 월암이다. 풍광이 수려한 곳이다. 폭포가 떨어지고, 솔바람이 악기 소리를 내 속된 마음을 씻어준다. 평생 은 자로 살 꿈을 품었다가 뜻하지 않게 벼슬길에 들어 처음 품은 뜻을 지키지 못했다며 자괴했다. 주문朱門에 들어가서는 안 되는 이유를 높은 수레가 전복되기 쉬워서라고 했다. 당시 벼슬길에 있으면서 도 마음의 갈등을 품어 해맑은 은일의 삶을 꿈꾸고 있었음을 보여 준다.

이제 아우인 이덕리의 시 9수 중 제2수와 제3수, 그리고 마지막 제9수 등 3수만 가려 읽겠다.

뜬구름 온종일 내달려 가니	浮雲終日馳
한번 갔다 또다시 돌아오누나.	一往亦還翔
나의 벗 그대들 두세 사람도	吾友兩三人
저마다 하늘가 한 귀퉁이에.	各在天一方
가서 바로 돌아온다 말을 하더니	謂言行當返

합석해서 술잔을 함께 니누네. 　　合席仍共觴

느릿느릿 세월은 흘러가건만 　　鼎鼎歲月去

영지靈芝는 저 홀로 저리 빛나네. 　　靈芝獨煌煌

언제나 두 사람 세상을 떠나 　　常恐兩淪沒

이 말에 상심할까 염려한다네. 　　永爲斯言傷

　뜬구름이 종일 바쁘게 몰려갔다 몰려간다. 저마다 떨어져 지내며 그리던 우리도 이렇게 뜬구름 같은 인생에 다시 모여 즐거운 자리를 가졌다. 흘러가는 세월 속에 그대만 어찌 이리 빛날 수 있는가? 이러다가 문득 우리 중 누군가가 먼저 세상을 떠난다면 그 상심을 무엇으로 위로할 수 있겠느냐고 하여, 마치 이듬해의 일을 예견한 듯한 말을 남겼다.

줌니는 먼 데 벗을 기뻐했고 　　尼父樂遠來

『주역』에도 벗들 모임 얘기했다네. 　　大易著盍簪

붕우는 오륜에도 들어 있건만 　　朋友在五倫

헤어지고 만남이 삼상參商과 같네. 　　離合若商參

호해의 노님을 뉘라 말하리 　　誰言湖海遊

도산道山서 어느새 서로 찾았지. 　　翻成道山尋

슬프다 매서운 바람이 되어 　　哀哉成風斤

아프게 거문고 줄이 끊겼네. 　　痛矣絶絃琴

눈앞의 일 오히려 참는다지만 　　卽事猶可忍

이 같은 백 년 마음 어이하리오. 　　奈此百年心

먼 데서 벗이 찾아오니 또한 즐겁지 아니한가? 『논어』에서 공자가 꼽은 즐거움이다. 『주역』「예괘豫卦」에서도 '붕합잠朋盍簪', 즉 벗이 서로 만나려고 빨리 오는 광경을 말했다. 우리의 만남은 이렇듯 기쁘고 설렌다. 하지만 늘 멀리 떨어져 서로를 그리워한다. 그러다가 풍근風斤, 즉 매서운 바람이 불어 거문고 줄마저 끊어지면 이러한 백 년의 마음을 이제 누구와 더불어 나누며 지낼 것인가?

저물녘 안개 티끌 하나 되더니	日暮煙塵合
수레와 말 넓은 거리 내달리누나.	車馬馳長衢
변함없이 나막신 신은 늙은이	猶兮木屐翁
그저 서서 어디로 가야 할 건가.	竚立安所如
자애론 맘 넓은 이마에 드러나 있고	心慈顙有額
큰 도 품어 풍채 또한 풍성하다네.	道大貌則腴
그대 집 이름난 선비 있으니	伊家有名士
숨었어도 그 덕은 외롭잖으리.	隱然德不孤
어제 각리角里를 찾아가서는	昨日訪角里
신음하다 다시금 탄식했지.	呻吟以唏歔
원컨대 이약사李藥師 따라다니며	願從李藥師
저 비쩍 마른 학골을 낫게 하고파.	療彼鶴骨癯
마른 뼈야 치료할 수 있다 하지만	骨癯猶可醫
상한 마음 그 누가 소생시킬까?	神傷誰得蘇

다시 작별에 앞서 서글픈 마음을 토로하며 앞날의 평안과 건강

을 엄원한 내용이다. 벼슬길에서 자꾸 제동이 걸려 시련이 잇딸았지만 툭 터진 마음과 넉넉한 도를 품어 상한 마음을 회복해 큰 뜻을 펼쳤으면 하는 바람을 담았다. 시상에 구김이 없고, 곡진한 정회를 잘 담아낸 작품이다.

문권에 실린 「용안헌시」와 「이성하애사」 또한 날렵하면서도 침중한 무게를 갖춘 수작이다. 이덕리의 작품세계에 대해서는 별도의 지면을 통해 깊이 살펴볼 기회를 갖기로 한다.

윤광심의 『병세집』은 1755년을 전후해 동시대에 활발한 시문 창작으로 두각을 드러냈던 문인들의 작품을 엄선한 현장성 강한 선집이었다. 이 같은 선집에 형제가 나란히 이름을 올린 것에서 당시 이들의 시명詩名이 상당했음을 알 수 있다.

이덕사의 떠들썩한 등장

이제 한 집안을 순식간에 수렁으로 몰아넣었던 이덕사의 상소 사건의 전후를 검토해야 할 차례다. 『국조문과방목國朝文科榜目』에는 이덕사의 항목 끝에 "처음에 과거 답안지에 보이지 않게 봉한 내용을 잘못 쓰는 바람에 급제자 명단에서 빠졌다가 나중에 정시庭試 급제자의 방이 나갈 때 연신筵臣이 그 억울한 상황을 아뢰어, 상上께서 합격자 방의 끝에 붙일 것을 명하셨다初以祕封誤書拔去, 後庭試榜出, 筵臣白其冤狀, 上命付榜末"라는 주가 달려 있다. 또 "대역능지大逆凌遲"로 적고, 성명 부분을 아예 말소해버렸다. 그는 자가 선세善世이고 호는 간당

澗堂으로 썼다.

1768년, 영조 44년 9월 26일 『승정원일기』에 이덕사의 과거 급제 당시에 벌어진 소동이 적혀 있다. 당일 춘당대春塘臺에서 국왕 영조가 친림親臨한 가운데 정시庭試가 진행되었다. 이날 시험에서 이덕사는 합격자 명단에 들었고, 그의 답안지를 본 임금은 우승지 김귀주金龜柱에게 그의 부친에 대해 물었다. 이에 김귀주가 답안지에 그아비의 이름이 이징택李徵澤이며 실직實職은 없고 '조봉대부朝奉大夫'라고만 적혀 있다고 대답했다. 그러자 도승지 이담李潭이 직함을 쓰지 않았으므로 전례에 따라 합격자 명단에서 빼버리겠다고 했다. 이에 영조는 "아마 잘못 쓴 게지"라고 말했다. 명단 검토가 끝난 뒤 좌승지 이재협李在協이 다시 물었다. "이덕사의 이름을 빼고, 9명의 방만 붙일까요?" 그러자 임금이 그렇게 하라고 대답했다.

그러자 이담이 다시 말했다. "통덕랑通德郎의 원래 직급이 있는데 나이를 예우해 한 계단을 더 올려주었다면 '조봉대부'가 될 수 있을 듯도 합니다." 아무래도 여운이 조금 남았던 것이다. 이에 임금이 말했다. "그렇다고 해도 통덕랑이라고 쓰면 될 일이지, 어찌 그저 조봉대부라고 쓸 수 있단 말이냐? 이런 경우는 처음 본다." 더 이어진 논란 끝에 이덕사는 낙방 처리하는 것으로 결정되었다.

당시에는 수험생이 답안지에 자신의 집안 내력을 적고 채점관이 볼 수 없도록 그 위를 종이로 덮어 봉하는 것이 관례였다. 부정을 막기 위한 조처였다. 최종 합격자의 답안지에서 봉함을 뜯고 보니, 이덕사의 답안지에는 부친의 직함 없이 '조봉대부'라고만 적혀 있었다. 관례에 어긋나는 이 일로 이덕사의 답안지는 실격 처리되었다. 그는 우수한 성적으로 합격해놓고 격식을 어김으로써 최종 불합격 처리되었다.

사흘 뒤인 9월 29일, 집경당集慶堂에서 열린 어전 회의에서 영의정 민치인閔致仁이 임금에게 말했다. "신은 금번 정시에서 낙방 처리한 이덕사의 일이 사실과 다르다고 생각됩니다. 덕사의 아비 정택은 그 숙부와 처부妻父를 대신해 통덕랑의 품계에 가자加資되었는데 올해 나이가 여든이 찬지라 그 집안에서 해조該曹에 글을 올렸고, 원래의 품계에서 한 등급을 더한다는 법문法文을 받아 '조봉관교朝奉官敎'의 급문給文을 받았습니다. 그의 자식이 답안지에 가린 내용에 조정에서 조봉대부를 내린 일을 쓴 것은 도리에 당연합니다. 설령 조봉대부라는 품계를 허락해서는 안 되는데 허락한 것이라 하더라도 이는 과거를 본 당사자의 죄가 아닙니다. 하물며 품계만 있고 실직은 없는 것이 노직老職이니 통정대부니 가선대부니 하는 것이 모두 그렇습니다. 어찌 유독 조봉대부만 의심한단 말입니까?"

며칠 사이에 사실 관계에 대한 강력한 이의 제기가 있었고, 이과정에서 전후 사정이 조정 대신들에게 전해졌음이 짐작된다. 이후 이어진 논란 끝에 이덕사의 답안지는 위격違格이 아니니 복과復科시켜야 한다는 것으로 중론이 모아졌다. 이에 영조는 합격자 명단에 그의 이름을 다시 넣고, 합격자에게 내리는 어사화御賜花와 홍패紅牌를 추가로 발급하도록 했다. 이렇게 그는 수렁에서 다시 건져 올려졌다.

이덕사의 영예는 이에 그치지 않았다. 10월 1일 덕유당德游堂에서 이루어진 신은新恩, 즉 과거 합격자가 들어와 임금을 뵙는 자리에서, 영조는 이덕사에게 부모의 나이와 함께 회혼례를 치렀느냐고 묻고, 시권試券을 외우게 한 뒤 "문장이 몹시 훌륭하다"고 칭찬했다. 또 직접 글을 써서 다음과 같은 전교傳敎를 내렸다. "앞서 쌀과 비단을 내리라고 이미 하교했다. 이번에 이덕사에게 물어보니 아비의 나이가 80세이고, 어미의 나이가 82세인데 내년 정월에 회혼례를 한다는구나. 전례를 잘 몰라 처음에 방에서 뺐다가 다시 주었으니, 이런 일을 속담에서 '그 사람의 운수다'라고 하는 것이다. 이제 이 일은 드물게 있는 일이라 할 만하다"라면서 음악과 미육米肉을 특별히 따로 내릴 것을 명하는 은혜로운 말씀까지 있었다. 10월 5일에는 추가로 이덕사의 부친에게 한림翰林으로 가자加資하라는 특은特恩이 다시 내려졌다.

이덕사의 등장은 이렇듯 조정 대신뿐 아니라 임금까지 여러 차례 그의 이름을 거론하는 등 떠들썩하게 이루어졌다. 행운이 불운의 나락으로 떨어지다가 다시 극적으로 방향을 돌렸던 것이다. 이후 그의 벼슬길은 순탄했고, 그의 이름에는 늘 이 일이 따라다녔다.

끔찍했던 날의 기억

4.

운명을 건 승부수와 참혹한 죽음

이덕사는 1768년 문과 급제 당시 48세의 적지 않은 나이였다. 이같은 떠들썩한 등장과 늦은 벼슬길이 그에게 기대에 부응해야 한다는 조바심을 치게 한 걸까? 1776년 3월 영조가 승하하고 정조가 즉위하자 당시 56세였던 이덕사는 4월 1일 돌연 사도세자의 복권을 건의하는 상소를 올려 조정을 발칵 뒤집어놓았다.

정조는 즉위일인 3월 10일 다음과 같은 윤음을 내렸다.

아, 과인은 사도세자의 아들이다. 선대왕께서 종통을 중요하게 여기시어 나를 효장세자의 후사가 되도록 명하셨지만, 전에 선대왕께 올린 상소를 보면 근본을 둘로 할 수 없다는 나의 뜻을 크게 알 수 있을 것이다. 예를 엄히 하지 않을 수는 없지

만 인정 또한 펴지 않을 수 없는 것이다. 향사饗祀의 절차는 응
당 대부大夫로서 제사지내는 예를 따라야지 태묘太廟와 동일하
게 해서는 안 된다. 혜경궁 또한 마땅히 경외京外에서 공물貢物
을 진헌하는 의식이 있어야 하나 대비와 동등하게 할 수는 없
다. 유사로 하여금 대신과 의논하여 절목을 강정하여 아뢰게
하라. 이 교서가 내려간 뒤, 귀신처럼 불량한 무리가 이를 빙
자하여 추숭追崇의 논의를 내세운다면 선대왕의 유교遺敎가 있
으니, 응당 해당되는 형률로써 논하고 선대왕의 신령께 고할
것이다.

嗚呼! 寡人思悼世子之子也. 先大王爲宗統之重, 命予嗣孝章世子,
嗚呼! 前日上章於先大王者, 大可見不貳本之予意也. 禮雖不可不
嚴, 情亦不可不伸, 饗祀之節, 宜從祭以大夫之禮, 而不可與太廟
同. 惠慶宮亦當有京外貢獻之儀, 不可與大妃等, 其令所司, 議于大
臣, 講定節目以聞. 旣下此敎, 怪鬼不逞之徒, 藉此而有追崇之論,
則先大王遺敎在焉, 當以當律論, 以告先王之靈.

임금의 즉위 일성으로 나온 이 말은 즉각 조야朝野에 미묘한 파장
을 불러일으켰다. 새 임금은 보위에 오르자마자 자신이 사도세자
의 아들이며 비록 효장세자의 후사가 되었지만 근본은 하나일 수
밖에 없다고 선언했다. 예가 중요하지만 인정도 중요하니, 아버지
사도세자에 대한 예우를 대부의 예로 해서 태묘와는 차등을 둘 것
을 명했다. 그리고 끝에서는 자신의 이 같은 언급을 사도세자에 대
한 복권 시도로 착각하여 추숭의 논의를 펴면 선대왕의 유교에 따

라 엄단하겠다고 했다.

어디에 비중을 두느냐에 따라 독법이 미묘하게 엇갈리는 내용이었다. 앞쪽에 비중을 두면 생부인 사도세자의 존재를 드러내 상응하는 예우를 하겠다는 뜻이고, 뒤쪽에 비중을 두면 자식된 도리를 하려는 자신의 뜻을 오해해 사도세자에 대한 추숭의 논의를 제기하면 가만두지 않겠다는 경고 쪽에 무게가 실린다.

이덕사는 앞쪽에 비중을 두었다. 정조의 윤음을 두고 어서 이 문제를 공론화하라는 모종의 암시로 읽었던 듯하다. 마침내 그는 4월 1일 사도세자의 복권을 요청하는 격렬한 상소문을 초해서 임금에게 올렸다. 건곤일척의 승부수를 띄웠던 셈이다. 즉위 직후 노론의 동향을 예의주시하고 있던 정조는 전후로 미묘한 움직임이 잇따르던 상황에서 이덕사의 상소문이 올라오자 격노했다. 이덕사는 즉각 의금부에 체포되어 신문을 당했고, 이튿날 바로 능지처참에 처해졌다. 실로 전광석화처럼 눈 깜짝할 사이에 광풍이 쓸고 지나갔다.

4월 1일 『승정원일기』에는 정조가 밤늦은 시각인 유시酉時에 금상문金商門에 나와 친국하는 내용이 보인다. 판의금判義禁 정홍순鄭弘淳이 친국의 순서를 묻자 정조는 이덕사를 먼저 올릴 것을 명했다. 임금은 죄인이 고개 드는 것조차 금하게 한 후, 이덕사의 상소문을 대신들에게 가져다 보게 했다. 상소문을 읽은 영의정 김양택金陽澤이 말했다. "신 등이 상소의 전말을 살펴보니 말이 지극히 섬찟하여 헤아리기가 어렵습니다." 임금이 말했다. "죄인의 공초가 지극히 간악하고 음흉하니 형을 시행하라." 이 같은 괴귀악역怪鬼惡逆의 무리는 비록 상중이지만 즉각 형을 시행해야 한다고도 했다. 이어 상소

문을 직접 쓴 종질從姪 이준배李峻培를 붙잡아오게 하고 이덕사 집안
의 노복과 하인 및 그 밖에 왕래하던 사람도 형조와 포청에서 잡아
와 신문케 했다.

이렇듯 상황은 이덕사의 예상과는 전혀 다른 방향으로 흘러갔
다. 당시 친국장에서 정조와 이덕사 사이에 오간 공초 기록도 친국
일기 속에 온전히 남아 있다.『각사등록各司謄錄』권80,「친국일기親
鞫日記」제10에 4월 1일 이덕사의 친국 내용이 자세하게 실려 있다.
정조가 죄인 이덕사를 올리라는 명이 내리고, 낭관이 이덕사의 죄
목을 읽었다. 이덕사의 나이는 당시 56세였다. 그 내용은 차마 말
해서도 안 되고不忍言, 감히 말할 수도 없는不敢言 말로 음참陰慘한 상
소를 올려 세상을 현혹시키려 한 죄를 서슬 퍼렇게 묻고 있었다. 긴
사실 확인 끝에 이어진 이덕사의 공초는 몹시 당황한 탓이었는지
중언부언의 연속이었다.

제가 선대왕께 특별한 은혜를 받았사오니, 어찌 감히 조금이
라도 선대왕을 저버리겠습니까? 망령된 마음으로 상소문을
올린 것은 선대왕의 지극히 자비하시고 어지신 마음으로 차마
감당치 못할 정경을 당하신 것이 선대왕의 본의가 아니셨기
때문입니다. 제가 선대왕을 섬기면서 차마 저버리지 못하고서
이 일을 했사오니, 저 혼자서 한 일입니다. 제가 지엄한 심문
을 받으면서 어찌 감히 숨기리이까. 저 혼자 한 일이요, 다른
사람에게서 한 글자도 빌리지 아니했습니다. (…) 제가 선대왕
의 하교를 알지 못한지라, 망령되이 이 상소를 올렸으니, 실제

로 제가 쓴 글이라, 어찌 감히 거짓으로 다른 사람을 끌어들이 겠습니까?

矣身受曠絶之恩於先大王, 豈敢一分負先大王哉. 以妄心爲此, 先
大王以止慈止仁之心, 當不忍當之情境, 殊非先大王之本意. 矣身
事先大王, 不忍負之爲此, 矣身自爲之, 矣身嚴問之下, 何敢隱諱.
矣身自爲之. 不借一字於他人矣. (中略) 矣身不知先大王下敎, 妄
爲此疏, 實是矣身之文, 何敢誣引他人乎.

선대왕의 본의가 그의 목숨을 정조준하고 있었다. 그는 짧지 않은 공초에서 계속 같은 말을 되풀이하며 공모자가 없고, 자신의 개인적 판단으로 올린 글임을 강조해서 말했다. 사태가 걷잡을 수 없이 번져감을 직감했음이 분명하다. 그는 공초 후 곤장 9대를 맞았다. 그를 이어 7촌 종질인 이준배가 끌려왔다. 이후 상소를 올릴 때 누구와도 상의하지 않았다던 이덕사의 공초가 거짓이라 하여 이덕사는 다시 기망欺罔의 죄가 추가되어 끌려왔다. 한 차례 공초가 있은 뒤, 이덕사는 그 자리에서 대역부도와 무상誣上을 자백한 죄로 결안結案하고 형을 집행했다.

이덕사는 숨 돌릴 틈도 없이 다그침을 당하다가 끌려가 참혹하게 죽었다. 과연 그의 상소문에는 어떤 내용이 담겨 있었기에 왕의 노여움이 저와 같았을까? 그의 상소문은 말소되어『조선왕조실록』과『승정원일기』,『일성록』을 비롯한 어떤 관변 기록 속에도 남아 있지 않다. 담긴 내용이 차마 참담하여 삭제한다는 기록만 보인다.

죽음을 부른 상소문

이덕사의 죽음을 부른 상소문은 이제껏 그의 집안에서 비밀스레 보관하고 있었다. 앞서 이덕리의 묘소를 찾아가던 날, 이종준 선생을 통해 문중에서 소중하게 간직해온 이덕사의 상소문을 처음 볼 수 있었다. 사라진 줄로만 알았던 그 글의 전문을 사료 제시를 겸해 아래에 소개한다.

상소문 본문 바로 앞에는 "대개 대의를 능히 펴서 선대왕의 뜻을 밝히고 거룩한 효를 빛내는 일을 청했다大槪請克伸大義, 以明先志, 以光聖孝事"는 한 줄이 먼저 적혀 있었다. 사도세자를 죽음으로 몰고 간 일이 선대왕의 본의가 아니었으니, 그 억울함을 바로잡아 지금 임금의 성효聖孝를 빛내야 한다는 취지의 글임을 밝힌 설명이다. 상소문의 전문은 다음과 같다.

> 삼가 아뢰옵건대 하늘이 무심하사 대행대왕께옵서 갑작스레 세상을 뜨시매 온 세상의 신민臣民들이 슬피 부르짖으며 그리워함이 마치 부모의 상을 당한 것과 같습니다. 하물며 우리 전하의 순수하고 독실하온 효성과 부여잡아 가슴을 치는 아픔을 모든 이가 듣고 보매 느껴 흐느끼지 않음이 없습니다. 하물며 천신賤臣처럼 일찍이 곁에서 모셔 따르던 자라면 반염攀髯(임금의 죽음을 슬퍼한다는 의미. 황제黃帝가 용을 타고 승천할 때 모시던 신하 70여 명이 함께 타고 올라갔고, 미처 타지 못한 신하들은 수염에 매달렸다가 수염이 빠져 땅에 떨어지고 말았다는 고사. 『사기』「봉

선서「封禪書」에 나온다)이 미치지 못하고 욕의蓐蟻(잠자리를 만들고 땅강아지나 개미를 쫓음. 죽은 임금을 따라 황천까지 가서 봉사한다는 의미. 전국시대 안릉군安陵君이 초나라 공왕楚共王에게 "대왕께서 승하하신 뒤에 이 몸이 황천까지 따라가서 잠자리를 만들고 땅강아지·개미를 쫓게 되기를 바랍니다"라고 한 데서 나온 말)조차 길이 없는지라 한갓 하늘과 땅 같은 애통함을 품어 다만 우러러 전하의 외롭고 고단함을 마음에 간직했습니다. 인하여 나랏일이 아득히 가없음을 생각자니 한밤중에도 근심하고 번민하여 문득 거리끼는 마음이 생기려 합니다.

신이 3월 초 10일의 반차班次에서 엎드려 당일에 내리신 전교를 보니, 정情과 예禮가 중도를 얻어 조금만큼도 법도를 넘지 않았으니 성스런 효의 망극함을 드러내시어 성덕이 더욱 빛남을 볼 수 있었습니다. 엄숙히 외워 감격함이 여러 날이 지났는데도 가시질 않습니다.

아! 임오년의 일을 어이 차마 말하겠습니까? 말하려 하니 가슴이 꽉 막히고 피눈물이 솟아 흘러 무슨 말을 해야 할지 모르겠습니다. 하물며 우리 전하의 하늘이 내신 효성과 가없는 아픔으로 장차 어이 차마 끝까지 듣고 모두 살피시려는지요? 다만 엎드려 생각건대 선대왕의 지극히 자애롭고 어지신 본의는 밝히지 않을 수가 없고 사도세자의 지극히 원통한 깊은 모함은 풀어드리지 않을 수가 없습니다. 하늘의 길과 땅의 의리는 일각이라도 잠시조차 없어지게 할 수가 없고, 나라를 어지럽히는 신하와 패역스런 도적은 하루라도 죄를 다스리지 않을 수가 없습니다. 이에 감히 죽음을 무릅쓰고 피를 떨구며 양암諒闇(상중에 상주가 거주하는 방 또는 상중의 의미. 주로 임금에게 쓰는 표현) 중에 서둘러 호소하오니 다만 성상께옵서 슬픔을 억누르고 아픔을 참으시어 그 전말을 소상히 살펴주소서.

오직 우리 선대왕께서는 덕이 천지와 부합하고 밝기는 해와 달과 나란하셨습니다. 차례를 도탑게 하고 윤리를 독실하게 하는 교화는 삼고三古의 옛적을 뛰어넘고, 사랑으로 기르시고 인자함으로 덮어주시는 어짊은 만민을 녹여 적시었습니다. 어찌 천륜으로 아들이요 왕위를 이을 세자를 아껴 보호하며 온전히 보전할 것을 생각지 아니하고 마침내 세상에 없는 한없는 애통함을 남기시어 거듭 앞뒤로 애통한 전교를 펴게 하시기에 이르렀겠습니까? 다만 아낌이 깊었던 까닭에 염려함이 지극했고, 바람이 무거운지라 나무람이 간절했던 것입니다. 대리청정 이후 정령政令의 사이와 조처를 시행하는 즈음에 이르러서도 일찍이 그저 지나가지 아니하고 문득 부지런히 타이르고 신칙하셨으니 이는 실로 힘쓰기를 기약함을 바라는 뜻에서 나온 것입니다. 하지만 일종의 간사하고 교활한 못된 무리와 인척으로 얽혀 임금의 사랑을 받던 금련禁臠(저민 고기를 감히 먹지 않음. 진晉 원제元帝 때 공사 간에 곤핍하여 돼지 한 마리를 얻으면 진귀한 음식으로 여겼는데 목 위의 살 한 점은 특히 맛이 좋아 황제에게 올리며 신하들이 감히 먹지 못했던 데서 나온 말. 후대에 제왕이 애중하는 것을 비유하는 말)의 집안에서 감히 곁에서 틈을 보고 옆에서 엿보아 지극한 효성을 이간질하고 공功을 헐뜯음을 시도할 만하다 하며 겉과 속으로 맺고 밤낮으로 얽혀 혹 기회를 틈타 몰래 행하고 유언비어를 퍼뜨려 부채질해서 마침내 억울한 정을 통할 수 없게 하고 침선寢膳의 직분을 맡은 자들마저 스스로 본뜨기에 이르렀습니다. 이에 거의 궁한 사람이 돌아갈 곳마저 없는 것처럼 되어 차츰 울화병에 이르는 빌미가 되었습니다. 이때부터 잘못된 말이 층층으로 생겨나 조야朝野가 시끄럽게 들고일어나니 없는 일을 있다 하고 하나를 가지고 백으로 부풀렸으나 대부분은 근거 없는 주장이었습니다. 오직 평양까지 유람 가서서 노닌 것도 더더욱 아득히 아무 즐거울 것 없는 심정에서였다고 할 수 있습니다. 하지만 보필하는 신하들은 한갓 은총과 봉록만을 훔쳤을 뿐 지성으로 임금의 마음을 돌리려는 충성은 없었고, 불효스런 효경梟獍(자식이 부모를 잡아먹는다는 불효를 상징하는 동물. 효는 올빼미이고 경은 범과 비슷하게 생긴 전설 속의 동물이다)의 무리들은 제멋대로 흉역凶逆을 저질러 다급한 글로 위를 범하는 고변이 있었습니다. 임금께서 듣고 깜짝 놀라 인심이 어지러워질까 의심하여 마침내 차마 말 못 할 지경에 이르렀습니다.

아! 애통합니다. 참소한 도적이 재앙의 계단을 빚음이 한결같이 이 지경에 이르렀단 말입니까? 아아! 선대왕의 그 당시 처분은 실로 창졸간에 나온 것이었습니다. 사실을 살펴 구명하시고는 곁에서 모시던 무리들을 눌러 다스리셨으니 깊이 그 허망함을 헤아리셨던 것입니다. 궁중에서 발견된 흙방土室 또한 평소 재앙을 물리치던 장소에 지나지 않았습니다. 시일이 지나면서 깊은 마음으로 환히 깨달으시어 마음속으로 아프게 애도하며 "저 동룡銅龍을 바라보니 내 마음이 아직도 쓰리다' 하신 거룩한 전교(1762년 8월 사도세자를 장사 지낸 후 영조가 한 전교의 내용이다. 사도세자 죽인 일을 후회한다는 의미로 썼다. 인용문 중 동룡銅龍은 동룡루銅龍樓의 줄임말로 한漢나라 때 태자궁太子宮에 있던 누각의 이름이다. 여기서는 사도세자가 거처하던 곳을 지칭한 표현으로 썼다)는 천재千載에 눈물을 뿌리게 하기에 족합니다. 그 뒤 구슬퍼 후회하시는 말뜻을 경연經筵 중에 자주 펴셨고, 신이 사관의 신분으로 대죄待罪할 적에도 자주 받들어 들었던 것입니다.

신묘년 8월의 윤음은 내리실 당시 은혜를 온전히 하려는 거룩하신 뜻이 환하게 드러났으니 여기서 선대왕의 지극히 자애롭고 어지신 본심을 볼 수가 있습니다. 하지만 끝내 십분 분명하게 드러내지 못했던 것은 대개 당시에 일을 맡았던 신하와 평일에 죽기를 맹세하고 패거리 짓던 무리들이 한 조각을 치기만 하면 여기저기서 맞장구를 쳐서, 한갓 거룩하신 뜻을 받자올 수 없었을 뿐 아니라 혹 나아가 참소하여 후회의 단서조차 가로막는 자까지 있었고, 한갓 능히 임금의 속마음을 열어 따를 수 없었을 뿐 아니라 혹 상소를 올려 지난 일을 찬양하는 자까지 있었기 때문입니다. 아! 저들이 몰래 범인을 드러냄을 핍박하고 끝내 악함을 이루려는 자를 의지한 죄를 어찌 이루 벌할 수 있겠나이까?

칼로 심장을 갈라 천추의 원통함을 송사함은 비록 늘 있는 일은 아니나, 무릇 그 신하로 함께 떳떳한 하늘의 윤리를 부여받았다면 누군들 속마음을 피력하여 한 차례 구중궁궐의 깊은데서 드러내어 저 뿌리와 그루터기가 서려 맺히고 세력과 기염에 덮어씌움을 돌아보지 않으려 하겠습니까. 하지만 스스로 대부大府의 법에 용납되지 않음을 아는지라 위력과 은혜를 펴서 베풀어 한 세상을 재갈 물려 제어하여 반드시 윤리와 기강을 무너뜨리고 의리를 닫아 막히게 하고자 하여 온 나라 사람으로 하여금 입을 닫고 감히 말하지 못하게 하고 소리를 삼켜 감히 내지 못하게 하니 그 속마음을 살필진대 장차 못 할 일이 없을 것입니다. 종사의 위태로움과 전하의 외롭고 위태로움이 날마다 더욱 심하니 두려워하며 능히 근심을 풀지 못한 것이 이제껏 15년이나 되었습니다. 대리청정의 명령이 내리던 날에 꾀하지 못한 두려움을 온통 품고 불만스런 뜻을 대놓고 행하여 두 눈을 부릅떠 다급하게 속마음의 자취가 더욱 드러났으니 이는 앞뒤로 일관되이 꿰어져온 것일 뿐입니다.

이제 우리 전하께서 보위에 오르신 초기에 당하여 먼저 선대왕의 본의를 환히 밝혀 사도세자의 지극히 원통함을 씻으시고, 어지러운 도적의 죄를 엄하게 쳐서 귀신과 인간의 분함을 조금이나마 덜어야 함이 마땅합니다. 하지만 뜻하지 않게 근자에 들어 임금께 올리는 글이 차례로 올라오면서 명분과 의리가 도리어 어두워졌습니다. 이연李淊이 종이 가득 늘어놓은 것은 홀로 흉악하고 오망한 한 사람 정후겸鄭厚謙을 성토한 데 지나지 않아 당금의 으뜸가는 의리에는 미치지도 못했습니다.

정이환鄭履煥의 상소문이 나오면서 처음으로 임오년의 일을 거론했으나 저가 대의를 펼쳤다 할 만한 것은 상소문의 말을 살펴보니 또한 김계성金桂聲이 홍봉한洪鳳漢을 죄준 상소문을 답습한 데 지나지 않았습니다. 선대왕의 지극히 자애로운 본심과 사도세자의 그날의 지극히 원통하심은 끝내 능히 드러내어 밝힌 것이 없는지라 나라 사람이 바라는 바를 크게 잃었습니다. 이 같음을 그치지 않는다면 비록 상소문이 날마다 쌓여도 장차 남은 뜻을 능히 드러내어 큰 기강을 환히 내걸 수가 없어 앞서 말씀드린 하늘의 길과 땅의 의리가 없어지는 것을 용납하지 못한다 한 것이 끝내 반드시 사라져서 붙들지 못하게 되고, 어지러운 신하와 패악한 도적으로 마땅히 벌해야 할 자 또한 혹 흐릿해져서 면함을 얻게 되기에 이를 것입니다.

아! 애통합니다. 신은 처음 벼슬길에 몸담을 때부터 선대왕의 드넓고 특별한 은혜를 넘치게 입었습니다. 춘방春坊에 들어가 외람되이 우리 전하의 너그러운 영예와 은총을 입어 해분瀣粉과 탕화湯火를 진실로 사양하지 못한바, 이미 능히 선대왕을 보좌하던 날에 뜨거운 정성으로 한 차례 아뢰지 못하고 침묵한 죄는 신이 스스로 아는 바입니다. 이제 또 본분을 벗어남을 혐의하여 끝내 한마디 말도 없이 우러러 우리 전하를 도와 유지를 계승하고 지극한 정리로 첫 정사를 편다면 이는 전하를 저버리는 것일 뿐 아니라 실로 우리 선대왕을 저버리는 것입니다.

엎드려 빌건대 성명聖明하심으로 서둘러 채택하시고 속히 전

하의 판단을 떨치시어 먼저 선대왕의 본의를 밝히시고 우러러
사도세자를 어두움 속에서 위로하시옵소서. 이어 앞뒤로 죄
를 범한 여러 도적의 죄를 벌주시어 선대왕의 떠도는 영혼에
게 고하시고 백성의 떳떳한 윤리로 하여금 온전함을 얻게 하
여 왕법을 능히 바로잡으신다면 신은 비록 억 번 죽음을 당한
다 해도 한이 없을 것입니다. 신은 혈위血位의 맡음이 없는지
라 몹시 두려워하며 올립니다.

伏以皇天不吊, 大行大王奄然上賓, 率土臣民, 哀號孺慕, 如喪考
妣. 況我殿下純篤之孝, 攀擗之痛, 凡在瞻聆, 莫不感泣. 矧如賤臣
之曾厠侍從者, 攀髥莫及, 蕘蟻無路, 徒抱穹壤之慟, 而仰惟聖躬之
熒熒在疚, 仍念國事之茫然無涯, 中夜憂憤, 忽欲忌生.

臣於初十日班次 伏見伊日所下傳敎, 情禮得中, 尺寸不踰, 有以見
聖孝之罔極, 而聖德之愈光也. 莊誦感激, 歷日靡已.

嗚呼! 壬午之事, 尙忍言哉. 臣欲陳之, 而心胸抑塞, 血淚迸流, 不
知所以爲說. 況以我殿下出天之孝 罔涯之痛, 將何忍畢聞而竟覽
耶. 第伏念, 先大王止慈止仁之本意, 有不可以不明, 思悼世子至
寃至痛之深誣, 有不可以不伸. 天經地義, 不容日刻少泯, 而亂臣悖
賊, 不可一日不討也. 玆敢冒死瀝血, 疾籲於諒闇之中, 惟 聖上抑
哀忍痛, 昭察基顚末焉.

惟我先大王, 德合天地, 明並日月. 惇敍篤倫之化, 軼邁三古, 愛育
慈覆之仁, 融洽萬民. 豈或於天屬之親, 王鬯之重, 不思所以愛護全
保, 而終貽沒世無窮之慟, 以至荐發前後哀痛之敎耶. 惟其愛之也
深, 故慮之也至, 望之也重, 故責之也切. 至於代理之後, 政令之間,

施措之際, 未當放過, 輒勤誨飭, 此實出於期勉之望意, 而一種憸狡不逞之徒, 戚聯禁臠之家, 乃敢傍伺而側窺, 謂以慈孝可間, 讒功可投, 表裏締結, 日夜綢繆, 或乘機而潛售, 或蜚語而相煽, 轉至抑菀之情, 不得自通, 寢膳之職自效, 殆若窮人之無歸, 馴致鬱火之爲祟. 自是以來, 訛言層生, 朝野喧騰, 措無而爲有, 以一而爲百, 率多無根之說. 而惟是遊歷徊徨, 益可忽忽無樂之情事矣. 然而輔弼之臣, 徒竊寵祿, 無至誠回天之忠, 梟獍之徒, 敢肆凶逆, 有急書犯上之變, 驚動天聽, 疑亂人心, 終至於不忍之境.

噫嘻痛矣. 讒賊之釀成禍堦, 一至此哉. 嗚呼! 先大王伊時處分, 寔出於倉卒, 而及其究覈事, 實按治陪屬, 深燭其虛妄, 以至宮中之土室, 亦不過平日禳災之所而已. 時日之間, 淵衷開悟, 痛悼由中, '瞻彼銅龍, 我懷猶酸'之聖敎, 有足以釀涕千載. 其後悲悔之辭旨, 屢發於筵中, 臣之待罪史官時, 亦多有承聞者矣.

及夫辛卯八月之綸音, 降之當初, 全恩之聖意, 洞然昭著, 此可見先大王止慈止仁之本心. 然而終未底於十分昭晰者, 蓋由於當時任事之臣, 平日死黨之徒, 打成一片, 雄唱雌和, 非徒不能奉承聖意, 或有進讒而沮遏悔端者, 非徒不能開達天衷, 或有投疏而贊揚往事者. 噫! 彼陰逼顯犯, 怙終逩惡者之罪, 可勝誅哉.

金之剖心千秋之訟寃, 雖未晷常有, 凡厥人臣同賦秉彝之天, 則孰不欲披瀝腸腎, 一暴於九重之深, 而顧彼根株盤結, 勢焰薰炙, 自知不容於大府之憲, 布張威福, 鉗制一世, 必欲歝滅倫綱, 閉塞義理, 使擧國之人, 杜口而不敢言, 吞聲而不敢出, 究厥心腸, 將無所不至. 宗社之岌業, 聖躬之孤危, 日以益甚, 其懍乎其不能釋慮者, 于今十有五年. 及乎代聽命下之日, 擧懷莫迓之懼, 顯售不滿之意, 睢肝勖勸, 情跡益綻. 此乃前後一串貫來者耳.

今當我殿下卽祚之初, 宜先闡明先大王之本意, 以雪思悼世子之至寃, 嚴討亂賊之罪, 少洩神人之憤, 而不意近者, 章奏迭上, 名義轉晦 李潀之滿紙臚列, 不過單討凶妖之一厚謙, 而不及當今之第一義, 鄭履煥之疏出, 而始擧壬午事, 若可以闡發大義, 而及見疏語, 則又不過蹈襲金桂聲罪洪鳳沃之疏而己. 先大王至慈之本心, 思悼世子當日之至寃, 終未能有所發明, 大失國人之所望. 若此不已, 雖公車之章日積, 將無以克闡遺旨, 昭揭大綱, 而向所謂天經地義之不容泯者, 終必至於墜絶不扶, 亂臣悖賊之敢當討者, 亦或至於漫漶而得道矣.

嘻痛矣! 臣自出身之初, 偏蒙先大王曠絶之恩數, 及忝春枋, 猥叨我殿下寬假之榮寵, 葅粉湯火, 固所不辭, 而旣不能一陳血忱於先大王在宥之日, 含嘿之罪, 臣所自知. 今又以出位爲嫌, 終無一言, 以抑助我殿下, 承遺旨, 伸至情之初政, 則是不但負殿下也, 實負我先大王也.

伏乞聖明亟加採擇, 夬揮乾斷, 先明先大王之本意, 仰慰思悼世子於冥冥之中, 仍討前後干犯諸賊之罪, 以告先大王陟降之靈, 俾民彝得全, 王法克正, 則臣雖滅死萬萬, 無恨矣. 臣無任血位, 戰兢之至.

상소문은 선대왕의 갑작스런 승하로 인한 애통함을 말하고, 3월 10일 즉위 당일의 전교에 감격한 심정을 피력하는 것으로 시작된다. 그의 상소가 정조 즉위 당일의 윤음에서 촉발되었음을 알 수 있다. 이어 그는 돌려 말하지 않고, 차마 입에 담지 못한다는 임오년의 일을 정면으로 들고나왔다. 이 문제를 바로잡는 것이야말로 하늘의 길을 새로 열고 땅의 의리를 펴는 것이며, 이는 나라를 어지럽히는 신하와 패역스런 도적의 죄를 징치하는 것으로 시작되어야 함을 분명히 했다. 그의 상소문은 노론을 정조준하고 있었다.

이후 사도세자의 행적과 신하들의 참소가 마침내 크나큰 국가의 재앙이 된 창졸간의 처분으로 이어진 경과를 길게 설명했다. 영조가 사도세자 죽인 일을 후회한다는 뜻을 여러 차례 피력했던 것과, 자신도 직접 사관으로 있으면서 자주 그 뜻을 받자온 일을 이야기했다. 이어 정조가 대리청정을 하던 전후의 위급한 상황과 저들의 참람한 행동을 적시한 후, 그 죄는 결단코 용서할 수 없으니 즉위 초에 이 문제를 명확하게 처리해 선대왕의 본의를 밝히고, 사도세자의 원통함을 씻어야 한다고 힘주어 말했다.

하지만 이덕사의 이 같은 여망과 달리 임금의 전교 이후 잇달아 올라온 글은 문제의 뿌리는 덮어둔 채 요망한 정후겸鄭厚謙 등을 성토한 것에 그쳐, 본질은 묻어두고 변죽만 울리는 상황이 계속되므로 더 이상 본질을 흐려 큰 기강을 밝힐 수 없게 됨을 참을 수 없기에, 자신이 선대왕의 큰 은혜를 입은 처지로 지난날 침묵했던 잘못을 되풀이할 수 없어 임금의 결단을 청하는 상소문을 올리게 되었노라고 썼다.

그가 거듭 밝힌 선대왕의 큰 은혜란 앞서 본 급제 당시의 소동과, 복과復科 이후 부모의 회혼례에 하사품이 내려오고 가자加資까지 받았던 일을 말한다. 이덕사로서는 정조 즉위 이후 보름 이상 조정의

미묘한 추이를 지켜보다가 승부수를 던져야 할 적기는 바로 지금이라고 판단했던 셈인데, 그 판단은 정조의 깊은 속 의중과 관계없이 정치적 소용돌이의 격랑 속으로 그를 몰아넣고 말았던 것이다.

정조는 왜 그랬을까?

이날 필자는 이덕사의 상소문과 함께 전의 이씨 지범공파 종중에 전해지는 『선사통문先事通文』이란 작은 책자의 사본을 건네받았다. 여기에도 이덕사의 죽음과 가문의 몰락을 불러온 이덕사의 상소문에 관한 기록이 보인다. 후손인 이학로李學魯가 1926년에 선대의 여러 사적과 묘소 관리상의 문제를 정리한 내용을 담고 있었다. 이 책 7쪽에 "상소문이 비록 여기에 있지만 남의 이목에 걸리는 것을 곤란하게 여김은 다른 이유에서가 아니다. 아직도 기염이 두려워할 만할 때문일 뿐이다其疏本, 雖在此, 而難以掛人耳目者, 無他. 尙有氣焰可畏故耳" 라고 적혀 있다. 문중에서 상소문을 보관하고 있지만, 아직은 기염이 두려워 공개할 수 없다는 의미다. 9쪽에는 다음과 같은 내용이 더 나온다. 역시 후손 이학로가 1926년 12월 22일에 쓴 기록이다.

정조가 초년에는 학식이 높지 않고, 지려志慮가 깊지 않았다. 병신년(1776)에 즉위하신 직후 간당공澗堂公의 상소가 지극히 정당하지 않은 것은 아니었으나, 시기가 너무 이르고 조급했다. 이때 서인西人의 오랜 집안들이 복잡하게 얽혀서 나라를 훔쳐 기롱하니, 상上께서 능히 스스로를 보전할 수 없어 번번이 추대함을 가지고 임금의 이목을 의심스럽게 했다. 당시에는 전후좌우가 모두 서인이었다. 간당공의 상소가 시행되면 서인의 괴수 수십 집안이 장차 멸망하게 될 것이므로, 이에 임금의 뜻을 선동하여 동인東人 수십 집안을 일시에 박멸했다. 이 때문에 이 지경에 이르렀다. 우리 집안에 이르러서는 재종再從이라 하여 비록 연좌되지 않았으나, 서인들이 동당同黨으로 보아, 이로 인해 불우하여 떨치지 못했으니 어이 한탄함을 이길 수 있겠는가? 갑자년(고종 1, 1864)에 이미 신원伸寃이 되었던지라 묘에 비석을 세울 수가 있었다. 하물며 그러고 나서도 긴 세월이 흘렀는데 이 일을 거행하지 못한다면 하늘에 계신 간당공의 영령께서 후손이 있다고 수긍하시겠는가? 재물이 부족하고 힘이 없는 것이 한스러울 뿐이다.

正廟初年, 學識未長, 志慮未深. 丙申卽祚之初, 澗堂公上疏, 非不至正至當, 而時則太早太急也. 于時西人舊家故族, 盤根錯節, 盜弄國柄, 上躬不能自保, 每每以推戴疑惑上聽. 當時前後左右, 皆西人也. 澗堂公之疏施行, 則西人鉅魁數十家, 將滅亡. 故於是煽動上意, 東人數十家, 一時剝滅, 故至於此境. 至於吾家, 以再從, 雖不有連坐, 西人視之同黨, 因以坎坷不振, 可勝歎哉. 甲子已爲伸雪, 則可堅碑於墓, 況又滄桑浩劫, 不擧此事, 則澗堂公在天之靈, 其肯曰有後乎. 恨小財無力耳.

후손으로서 뼈아픈 술회를 담았다. 이덕사의 상소가 지극히 정당했으나 단지 조급하여 시기가 너무 빨랐고, 이에 멸망의 위기를 느낀 서인들의 획책으로 동인 수십 집안을 박멸했다는 시각이다. 이후 1864년에 이미 신원의 명이 내려졌음에도 이제껏 묘소에 비석조차 세우지 못한 후손의 무력감과 자괴감을 토로했다.

이 사건의 전후 경과는 이 책에서 더 자세하게 다룰 문제가 아니어서, 새롭게 발굴된 자료를 소개해 공유하는 선에서 논의를 정리하기로 한다.

유배지의 나날과
아무도 기억하지 않는 죽음

5.

흙벽 방의 기억과 귀뚜라미 울음

이제 다시 이덕리의 『강심』으로 돌아오자. 이덕리는 『강심』 중에 당시 자신이 놓인 처지를 핍진하게 묘사한 글을 여럿 실었다. 특별히 「실솔부蟋蟀賦」 서두에 병서幷序 형식으로 적힌 대목이 주목된다. 짧지 않지만 당시 이덕리가 처한 정황 이해를 돕기 위해 전문을 인용해본다.

나는 병신년(1776, 영조 52) 4월에 은혜로 옥주(진도의 옛 이름)로 유배 와서 성 밖 통정리桶井里에 있는 윤씨의 집에서 살았다. 흙벽은 거북 등처럼 갈라지고 방 안에는 먼지가 가득했다. 매일 밤 오직 벽 틈에서 귀뚜라미 우는 소리만 들렸다. 가을이라 하여 더 많아지는 법이 없고, 겨울을 지나서 더 줄어들지도

蟋蟀賦

진도 유배지의 생활을 묘사한 「실솔부」 병서 부분

않았다. 비로소 남북으로 계절에 따른 사물의 차이를 알게 되
었다. 세 해 만에 통정리 서쪽의 이씨 집으로 옮겨서 지냈다.
그 소리가 또한 윤씨의 집에 있을 때와 같았다.

『시경』「초충草蟲」에서 "찌익찌익 풀벌레, 폴짝폴짝 메뚜기喓喓
草忠, 趯趯阜螽"라 했고, 「칠월」편에서는, "5월엔 여치 울고, 6월
엔 베짱이가. 7월엔 들판에서, 8월엔 처마 밑에. 9월엔 문 앞
에서, 10월엔 귀뚜라미가 침상 밑에 든다네五月斯螽動股, 六月莎鷄
振羽. 七月在野, 八月在宇, 九月在戶, 十月蟋蟀入我床下"라고 했다. 주자
가 이를 풀이하여 이렇게 말했다. "대개 한 가지 사물이 시절
에 따라 변화한 것이다." 이제 내 경험으로 본다면 어찌 일찍
이 변화하여 들판에 있을 때와 침상에 있을 때의 차이가 있겠
는가?

나는 천하의 궁한 사람이다. 낮이고 밤이고 할 것 없이 언제나
벽 틈의 벌레와 더불어 서로 동무로 삼으니 가만히 읊조리고
슬프게 우는 것이 마치 서로 화답하는 듯하여 만나는 바가 없
다고 할 수 없다. 사람은 꼭 먹고 마시며 옷을 철 따라 바꿔 입
어야만 하니 도리어 귀뚜라미가 먹지도 않고 입지도 않아 제
몸밖에 얽매임이 없음을 부러워한다.

하물며 나는 평생 시문의 즐거움을 지녔으므로 몽당 빗자루를
천금같이 여겨 그동안 지은 작품이 적지 않다. 중간중간에 또
사부詞賦까지 지었다. 동양東陽 신아량申亞亮은 세상에 알려진
사종詞宗인데 문단에서 감식안으로 이름이 높았다. 그가 내 부
賦를 두고 『동문선』보다 훨씬 뛰어나다며 번번이 벗들에게 전

하여 외우곤 했다. 그리하여 아량이 외우는 것이 내가 직접 외우는 것보다 더 익숙할 정도였다. 상전벽해의 큰 변화를 겪고 나서 대부분 호남으로 내려오는 배의 불길 속으로 들어가버려 한 글자도 남은 것이 없는 데다 아량도 앞서 세상을 떴다. 때때로 혹 떠올려 궁리해서 대략 보태고 읽어보기도 했다. 하지만 혼자 육대六代의 문적文籍을 떠올려본들 휩쓸려간 듯 남은 것이 아예 없었다. 먼저 가신 부형父兄께서 지은 세상에 보기 드문 작품들도 모두 별도의 판본이 없는지라 기억해서 수습할 길이 없었다. 그럴진대 어찌 한 가닥 겨우 남은 것을 가지고 종이를 붙들고 붓을 휘둘러 홀로 뒷세상에 전할 계획을 세울 수 있겠는가? 이 때문에 마음이 꺾이고 뜻이 무너지자 멍하니 식은 재 위에 오줌을 눈 것처럼 다시는 더운 기운이 없었다. 또 어찌 능히 귀뚜라미가 혼자 울다 혼자 그치면서 스스로 그 즐거움을 즐기는 것만 같겠는가?

다만 서로 이처럼 오래 지키다보니 무언가 주지 않을 수 없어 이에 부賦 한 편을 지어서 뜻을 보인다. 몽당붓이라 화려함도 없고 문채의 불꽃도 일지 않아 만약 아량에게 보게 한다면 반드시 이장군이 거처로 물러난 뒤여서 원숭이 팔을 비록 뻗는다 해도 허리와 등뼈에는 미치지 못한다고 여길 것이다.

余以丙申四月, 恩配于沃州, 居城外桶井里尹家. 土壁龜坼, 塵埃滿室, 每夜惟聞蟋蟀鳴於壁間. 當秋而不加多, 經冬而不加少. 始知南北時物之異焉. 三年移住井西李家, 其聲亦猶夫在尹家時也.

詩之草蟲章曰: "喓喓草忠, 趯趯阜螽." 七月篇曰: "五月斯螽動股,六月莎雞振羽. 七月在野, 八月在宇, 九月在戶, 十月蟋蟀入我床下.”朱子解之曰:“盖一物而隨時變化者也.”今於是觀之, 何嘗變化之有, 而在野在床之異哉.

余天下之窮者也. 無晝無夜, 長與壁虫相伴, 幽吟哀號, 若相和焉, 不可謂無所遇. 若其哺啜須人, 衣褐隨時, 則反羨夫蟋蟀之不食不衣, 無身外之累者也.

況余平生有詩文之娛, 弊帚千金, 卷帙頗多. 間又作詞賦. 東陽申亞亮, 奕世詞宗, 文市金秤, 謂余賦高出東文選, 每傳誦於朋知, 故亞亮之所誦, 熟於余之所自誦. 自經滄桑, 擧入於湖舟之火, 一字不留, 而亞亮前又歿矣. 時或思繹, 畧加補綴. 然自念六代文籍, 蕩然無餘. 先父兄稀世之作, 皆無別本, 無以記憶而收拾, 則何可以一縷之獨存, 而搖毫捉紙, 自爲傳後之計哉. 以此心摧志頹, 塌然若死灰之逢溺, 無復煖氣, 又安能如蟋蟀之自鳴自止, 自樂其樂者哉.

第相守之久, 不可無贈, 故那作一賦以見志焉. 禿筆無華, 文焰不起, 若使亞亮見者, 必以爲李將軍屛處之後, 猿臂雖振, 腰膂不副矣.

이덕리는 1776년 4월에 진도로 귀양 왔다. 그가 자신의 유배를 ‘은배恩配’로 표현한 것은 죽을 수 있었는데 죽지 않고 유배에 올랐음을 은혜로 안다는 뜻이다. 처음 진도로 귀양 온 그는 통정리의 윤씨 집에서 살다가 3년 만에 그 서편의 이씨 집으로 거처를 옮겼다. 「실솔부」는 그러니까 그가 진도에 귀양간 지 적어도 3년이 지난 1779년 이후에 지은 작품이다. 『시경』의 두 작품을 인용하고 이에 대한 주자의 풀이 글을 보인 뒤 자신의 경험에 비춰볼 때 풀벌레가 계절에 따라 변화한다는 주자의 풀이가 잘못된 것임을 확인했다.

글 속에 나오는 신아량申亞亮은 아마도 석북石北 신광수申光洙 (1712~1775)를 가리키는 듯하다. 신광수가 아량이란 별호를 썼다는 기록은 아직 확인하지 못했다. 하지만 당시 혁세사종奕世詞宗의 명망이 있었고, 신씨 성을 가졌으며 1779년 당시 이미 세상을 뜬 인물이라면 그 외에 다른 이름을 떠올리기가 쉽지 않다.

유배지인 진도 통정리의 황량한 흙벽이 있는 골방에서 그는 밤낮 그 흙 틈에서 우는 귀뚜라미 울음소리를 들으며 자신의 울음을 삼켰다. 글 속에서 자신의 문예적 성취에 대한 자신감을 내비친 대목도 흥미롭다. 그는 이「실솔부」를 자신의 유배생활을 함께 지켜준 귀뚜라미에 대한 답례로 지은 작품이라고 설명했다.

나는 2017년 7월 11일, 이덕리가 19년 반을 살았던 진도 통정리 일대를 둘러볼 생각으로 불볕 더위 속에 진도로 내려갔다. 처음에는 행여 진도 지역에서 이덕리의 초고나 그에 관한 자료가 나올 수 있을까 하는 기대를 품었으나, 뒤늦게 그가 영암 땅에 이배되어 그곳에서 세상을 뜬 것을 알게 되고는 그 기대를 접었다. 미리 연락을 넣어둔 진도 문화원에 먼저 들렀다. 이전에도 몇 차례 전화로 통정리와 이덕리에 대해 문의한 일이 있었으므로 다행히 내 이름을 기억하고 있었다. 그간 자신들도 통정리 일대의 윤씨와 이씨를 수소문해봤지만 어떤 흔적도 찾을 수 없었다고 했다.

통정리는 예상과 달리 진도 읍내 중심의 가장 번화한 곳이었다. 통정리로 가서 통정, 즉 통우물이 어디냐고 물어봐도 아는 이가 없었다. 통정리 노인회관을 방문하고, 인근 주민들에게 여러 차례 묻

고 물어 겨우 예전 통우물이 있던 자리를 찾아갔다. 통우물은 흔적
도 없었고 그 자리에는 여관과 슈퍼마켓이 자리한 큰 빌딩이 들어
서 있었다. 진도의 가장 번화한 도회로 변한 통우물 인근에서 한참
을 서성이려니, 진도에서 더 이상 이덕리의 자취를 찾기란 기대하
기 어렵겠다는 생각이 들었다.

절망 속에 피워낸 꽃

이제 『강심』에 수록된 이덕리의 시문을 일별해보자. 이 책에서는
작품 하나하나에 담긴 이덕리의 깊은 속까지 헤아릴 여유가 없다.
『강심』의 전체 목차와 내용은 뒷장 이덕리의 저술을 논의하는 자리
에서 별도로 살펴보겠다.

　수록된 여러 작품은 역대에 곧고 바른 뜻을 품어 임금께 바른말
로 간했으나 받아들여지지 않아 불우 속에서 삶을 마친 중국 역대
의 고사 속 인물들을 차례로 호명한다. 굴원屈原과 가의賈誼, 노중련
魯仲連과 공자순孔子順, 이 밖에 송옥宋玉, 매승枚乘, 이장군李將軍, 사마
천司馬遷, 양백란梁伯鸞, 엄자릉嚴子陵, 곽유도郭有道, 공태중孔太中, 진사
왕陳思王, 사태부謝太傅, 맹원수孟元帥, 문천상文天祥, 완적阮籍 등이 제목
에 등장한다.

　이덕리는 이들의 고사를 끌어와 그들의 심경을 묘사하면서, 자
신이 놓인 처지와 심정을 겹쳐 얹어 보인다. 예를 들어 『강심』의
첫머리에 수록된 「석령사席嶺辭」는 회서淮西 지역 수주壽州에 자리한

석령에 얽힌 옛 전쟁의 이야기를 하면서, 서두에서 군사 요충지였던 석령의 지리적 환경을 설명하고, 이어서 다음과 같은 내용을 실었다.

내던져져 남쪽 땅에 살고 있어도	擲如在於天南
아득한 바다 물결 갇히어 있네.	囚海波之漫漫
두 아들과 함께 도성을 나와	挾雙子兮出都
구름 끝서 홀연 서로 잃고 말았지.	忽相失兮雲端
저녁에 혼인하고 새벽 헤어져	暮以昏兮晨以別
네 인생 신산함을 생각했었네.	念汝生兮辛以酸
밝은 달 올려보다 큰 탄식하고	瞻明月兮太息
별 자리 가늠하며 서성거렸네.	步列星兮盤桓
온 세상의 눈길이 모여 있으매	會心目於十方
그 어느 밤인들 등한하리오.	其何夜之能閑
직녀성과 달 속 항아 저기 떠서는	星有女兮月有娥
눈물 젖은 네 옷깃을 비추어주리.	照汝襟兮潸潸
하늘 어이 낮은 곳 아니 살피고	天何卑而不察
성인 어이 병든 이를 하찮게 보나.	聖何微之或癏

도성에서 하루아침에 추방되어 멀리 남쪽 바다 섬에 갇혀버린 자신의 이야기다. 두 아들이 함께 유배 길을 떠났던 모양이다. 첫째인 형배는 함경도 무산으로 귀양 갔으니 애초부터 방향이 달랐다. 경남 남해로 유배 간 셋째 경배와 전남 강진으로 유배 간 넷째 필

114

령은 각각 19세와 13세였다. 이 둘은 도성문을 나설 때 함께 출발했던 모양으로, 도중에 길이 갈리면서 영 이별을 했다. 분명치 않지만 셋째 경배는 이 일이 있기 바로 전날 혼례를 치렀던 듯하다.

유배지에서 그는 밤마다 달을 보며 월중 항아를 생각하고, 별을 보며 견우를 그리는 직녀의 심경을 가늠해봤다. 자식을 향한 그리움과 다시 만날 길 없는 기막힌 심정이 끝내는 하늘을 향한 원망으로 내달았다. 그러면서도 작품 끝에서는 "인생 어이 이별만 늘 있으리오, 하늘 도리 반드시 되돌아오리豈人生兮長別, 溯天道兮必還"라고 하여 재회의 그날이 돌아올 것을 포기하지 않았다.

「여불우부女不遇賦」에서는 "적막히 뭐라 하리, 슬픔 속에 죽을밖에寂寥何言, 黯黯而歿"라고 되뇌다가, '배천순형背天徇兄' 즉 임금을 저버리고 형을 따를 수밖에 없었던 자신의 심경을 얹고, 다시 "힘이 다해 몸은 비록 죽어도, 끝내 이름을 더럽히지 않으리力盡身歿, 終不汚巇"라는 다짐을 했다. 또 「토환계土丸偈」에서는 유배지의 나날을 "청컨대 작은 예로, 나머지를 미뤄보소. 겨울밤 추위 떨고, 여름 낮엔 푹푹 찐다. 매운바람 땅을 찢고, 불볕 열기 돌도 녹여請擧一斑, 推其餘者. 冬夜栗烈, 夏日赫赫. 嚴飇裂坤, 燼炎鑠石"라고 묘사하며, 「굴삼려자원屈三閭自怨」에서는 굴원의 심경에 빗대어 "뜬구름 어느새 해를 가려서, 하늘길 도리어 위태롭구나. 어이해 상담湘潭의 굽이로 와서, 난초를 손으로 직접 따는가?浮雲倏已蔽, 天路戰硆巇. 曷來湘潭曲, 蘭蓀手自擷"라고 하다가, "향초 어이 향기롭지 아니 하리오, 내 본바탕 더럽힐까 염려뿐일세荷蕙豈不香, 恐浼我素質"로 맺었다. 이런 것은 끝내 무너지지 않으려는 자기 다짐에 더 가깝다.

그는 계속 고사 속 인물 이야기를 하면서 여기에 교묘히 자기 말을 덧입힌다. 시적 화자와 시인은 둘이며 하나다. 목소리는 도처에서 겹쳐진 채로 웅성거린다. 「공자순침가孔子順寢家」에서는 "선비는 저마다 품은 뜻 있어, 내 길 어이 농사에 뜻 두었으랴. 맑은 밤 동쪽 벽 우러르면서, 끝없이 뾰족한 맘 토하여보네土各有其志, 吾道豈農圃. 清宵仰東壁, 不盡芒角吐"라고 한 것이나, 「송옥비추宋玉悲秋」에서 "어이해 뜻 잃어 서글픈 선비, 근심만 많고 기쁨 적은가?如何懷恨士, 多憂而少忻"라고 한 것이 그렇다. 「태사공송원太史公訟寃」은 이렇게 끝난다.

내 운명 어이 끝내 궁할까마는	吾命豈終窮
하늘 뜻 아득히 믿기 어렵네.	天意邈難恃
괴롭게 오랑캐 사이에 살며	纍然戎行間
흰머리로 무리 가르침 부끄럽구나.	白首群校耻
구덩이 빠진 예전엔 그 무슨 마음	坑降昔何心
남몰래 나무람이 이것이라네.	陰責無乃此
갑에 든 검 때로 홀로 갈아도 보고	匣劍時自磨
화살을 밤에도 안 놓는다네.	威弧夜不弛
끝내는 한 차례 날개를 떨쳐	終當一奮翼
이름 남겨 청사에 환히 빛나리.	垂名耀靑史

백수군교白首群校의 구절에서 그 또한 다산처럼 서당을 열어 생도를 받아 가르쳤음을 암시했다. 이렇게 끝나지는 않으리라는 실낱같은 희망을 놓지 않고, 갑 속에 든 칼을 이따금 꺼내서 갈고 활과

화살을 준비해, 마침내 뜻을 얻어 날개를 펼칠 그날을 꿈꾸었다. 하지만 청사에 이름을 빛낼 그날은 그의 생전뿐 아니라 사후의 오랜 시간 속에서도 이루어지지 않았다.

작품 속의 구절구절은 모두 함축이 깊고, 행간이 있다. 그는 옛사람과 자신을 계속 겹쳐 보이면서 그의 심정을 서술하는 양 자신의 이야기를 담곤 했다. 대단히 독특한 글쓰기 연작이다. 그 속에 자신의 문예 역량을 온전히 드러냈다.

아! 사도세자

앞서 봤듯 『승정원일기』에 이덕리의 이름이 마지막으로 등장하는 것은 1795년 10월 14일의 기록이다. 기약도 없이 진도에서 19년 반의 세월 동안 유배에 처해진 71세의 이덕리를 영암 땅으로 이배移配하라는 명령이 이날 내려졌다. 이리하여 이덕리는 20년 만에 진도를 겨우 벗어났다. 그곳에서 국방에 대한 큰 제안을 담아 『상두지』를 저술하고, 그것의 실천을 위한 재원을 마련하고자 과감한 차 무역을 주장한 「기다」를 지었지만 세상은 그것에 눈길조차 주지 않았다. 그리고 두 해 뒤 영암 땅에서 회한 많은 삶을 뉘였다. 『상두지』 서문에서 이덕리는 나를 죄줄 것도 나를 알아줄 것도 이 저술일 것이라고 썼다. 정작 세상이 그를 알게 되는 것은 아마도 이 책의 출간 이후의 일일 것이다.

한편 그의 이배지가 월출산 북쪽 영암인 것을 알고서 나는 속으로 쾌재를 불렀다. 이시헌이 어째서 『강심』을 필사하게 되었는지 그 이유를 가늠할 수 있을 것 같아서였다. 이시헌의 백운동 집은 고개 하나만 넘으면 이덕리가 있던 영암에 닿을 수 있는 월출산 남쪽에 있었다. 앞선 시대 영암 구림에 유배 왔던 김수항의 아들 김창흡과 김창집 등이 아버지를 뵈러 왔다가 바람 쐴 겸 강진 백운동에 들러 제영시까지 남긴 것만 봐도 두 곳이 매우 가까운 거리임을 알 수 있다.

앞서 잠깐 언급했지만 이시헌의 집안에는 1748년 익위사 부솔로 사도세자의 사부를 지내며 세자의 특별한 지우를 입었던 이의경이란 존재가 있었다. 그는 1762년 사도세자가 비명에 죽자 벼슬길을 버리고 은거했으며, 세상을 뜰 때 명정에 익위사 부솔의 직함을 쓸 것을 명했던 인물이다. 사도세자는 그에게 특별한 우호의 정을 담아 친필 시를 적어 선물하기까지 했다. 이의경은 이 글씨를 보배로 여겨 소중하게 간직했다. 이렇듯 사도세자에 대한 숭모의 정이 남달랐던 이시헌의 집안에서 사도세자 추존 문제에 연좌되어 20년째 귀양살이를 하고 있던 이덕리의 존재는 특별한 감회를 불러일으켰을 법하고, 음양으로 그의 유배 살림을 거들고 나섰을 가능성이 높다. 그 과정에서 이덕리의 어지러운 초고가 백운동까지 흘러들었을 것이고, 오랜 시일이 지난 뒤 이시헌이 수습해 정리한 것이 『강심』이었으리라 추정된다.

이덕리가 세상을 뜬 1797년은 이시헌이 세상에 태어나기 6년 전이다. 이시헌과 이덕리의 만남은 애초에 불가능했다. 그렇다면 이시헌은 『강심』을 언제 베꼈을까? 필체의 원숙도로 보아 이시헌의

118

『강심』 필사는 적어도 30대 이후, 즉 1835년 이후였을 것이다. 이시헌은 이덕리 사후 30년 이상 지난 시점에서 『강심』의 초고를 손에 넣었거나 정리를 시작했던 것으로 보인다. 이시헌은 스승 다산의 차 사랑을 익히 알던 터였고, 그 자신 다산의 주문에 따라 삼증 삼쇄 떡차를 만들어 두릉으로 보내기까지 했던 터라 이덕리의 「기다」가 그의 주목을 끌었을 게 틀림없다. 모두 다산이 해배되어 상경한 지 한참 뒤거나 다산 사후의 일이다. 따라서 다산은 『상두지』만 보고 『강심』은 보지 못했을 가능성이 있다. 하지만 다산은 『경세유표』와 『대동수경』 및 『민보의民堡議』에서 이덕리의 『상두지』를 각각 한 차례씩 인용했다. 다산이 이덕리의 존재를 확실히 알고 있었을 뿐 아니라 그의 저작도 이미 섭렵하고 있었다는 뜻이다.

『강심』은 완정하게 정돈된 상태의 원고가 아니었다. 사뭇 어지러운 난고 상태였다. 하나로 묶였어야 할 「기다」와 「다조」마저 흩어져 겨우 수습한 터였다. 그는 유배 이전 자신이 지은 시문은 하나도 수습할 겨를이 없이 급박하게 쫓겨 내려왔고, 집안의 모든 문서는 관에 몰수되어 남은 것이 없었다.

제2부

이덕리의
저작과
실학 정신

국방의 경륜을 담은
대표 저술, 『상두지』

1.

다산의 저술로 잘못 소개된 『상두지』

이 글에서는 이덕리의 대표적인 실학적 저술이라 할 『상두지桑土志』
에 대해 소개하겠다. 서문을 읽어 이 책의 저술 취지를 알고, 이 책
이 엉뚱하게 다산의 저작으로 오인된 경위, 그리고 목차와 중심 내
용을 간략히 밝힌다. 해당 분야 연구자의 깊이 있는 전문적인 연구
를 기대한다.

『상두지』는 『동다기』와 마찬가지로 다산의 저술로 오인되어,
1973~1974년에 김영호 교수가 엮어 펴낸 『여유당전서보유與猶堂
全書補遺』(경인문화사) 제3책에 다산의 국방 관련 저작 중 일부로 처
음 세상에 알려졌다. 원래 이 책은 이병도李丙燾 박사 구장의 『미산
총서嵋山叢書』 8책 중 제6책에 포함되어 있던 것이다. 이 자료의 존
재를 학술적으로 처음 알린 것은 허선도 교수의 「제승방략制勝方略

122

연구」란 논문에서다. 1973년 『진단학보』 36집과 37집에 상하로 나뉘어 발표되었다. 이 논문에서 허 교수는 『미산총서』 8책이 이병도 박사가 소장했던 희귀 자료로, 자신의 연구를 도우려고 이병도 박사가 특별히 주선해서 제공해주었다고 설명했다. 당시 허 교수의 논문은 특별히 『제승방략』에만 중점을 둔 것이어서 『상두지』의 내용이나 저자에 대해서는 이렇다 할 언급을 남기지 않았다.

필자는 복잡한 과정을 거쳐 수소문 끝에 이병도 박사 구장의 『미산총서』가 허선도 교수의 기증에 의해 현재 국민대학교 성곡도서관에 소장되어 있음을 확인할 수 있었다. 1973년 허 교수의 자료 소개 이후, 1974년 김영호 교수가 이 자료를 다산의 저술로 판단해 『여유당전서보유』에 수록하면서 그 존재가 세상에 알려졌다. 하지만 어찌된 셈인지 『상두지』는 이후 40여 년이 지나도록 아무런 후속 연구 없이 이제껏 방치되었다.

『상두지』는 독립된 책으로 전하는 것이 따로 없는 데다, 저자를 판단할 수 있는 일체의 정보가 누락되어 있고, 무엇보다 다산의 제자였던 미산帽山 정주응鄭周應(1805~1885)이 집록輯錄한 내용에 포함되어 있었기에 쉽사리 다산의 저술로 오인되었던 듯하다. 현재 국립중앙도서관에도 6책의 『미산총서』가 별도로 전해지지만, 이 6책본에는 『상두지』가 빠지고 없다.

1919년에 간행된 『동래정씨족보』에 따르면, 정주응은 자가 사욱土郁, 호가 미산帽山이다. 생부는 무과에 급제해 현감을 지내고 좌참찬에 추증된 택항宅恒이다. 정주응은 문장이 뛰어났고 형님인 정상응鄭商應(1802~?)과 함께 다산의 문인이었다고 나온다. 대대로 무반

출신의 집안이다. 허선도 교수는 앞선 논문에서 부형의 묘소 위치가 양주楊州 일대인 것으로 보아 다산의 두릉斗陵과 그다지 멀지 않은 곳에 세거하면서 다산 집안과 왕래가 잦았을 것으로 추정한 바 있다. 필자의 판단으로 정주응의 호 미산嵋山은 현재 이덕리의 묘소가 있는 고동산 건너편의 아미산峨嵋山으로 여겨진다. 이 같은 추정이 맞는다면 정주응은 이덕리의 존재와 그의 집안에 대해 누구보다 잘 알고 있었을 것이다.

다산 또한 유배 전부터 이덕사와 이덕리에 대해 알고 있었던 것이 분명하다. 색목으로도 남인과 소론으로 가까웠고, 무엇보다 세거지가 서로 멀리 떨어져 있지 않았다. 다산은 해배된 뒤 1823년 4월에 며느리를 맞기 위해 뱃길로 춘천까지 여행한 일이 있었다. 「산행일기汕行日記」가 이때의 기록인데, 『다산시문집』 권23에 수록되어 있다. 그중 4월 25일 일기에 "또 한 굽이를 돌아 고깔탄曲葛灘으로 내려가는데 물속에 숨은바위가 많아 뱃길을 분간하기가 어려워 사공이 이를 두려워했다. 양주 땅의 굴운역窟雲驛과 물 동편에 있는 자기막瓷器幕에는 이씨들이 사는데 이덕사의 집안이다又轉一曲下曲葛灘, 水中多隱石, 船路難辨, 艄工畏之. 過窟雲驛楊州地, 瓷器幕在水東, 李氏居之, 李德師之族"라는 대목이 나온다. 다산이 고깔탄 인근 굴운역과 자기막(현 사기막골)에 자리 잡은 이덕사 집안의 세거지에 대해 전부터 익히 잘 알고 있었음을 보여주는 의미 있는 기록이다. 지금도 사기막골 인근은 전의 이씨의 세장산世藏山으로 후손들이 살고 있다.

『상두지』는 내용으로 볼 때 국가 경제와 지리에 대한 폭넓은 식견을 바탕으로 평상시와 비상시 변경 및 연로의 방위 체계와 무기

桑土志卷之一

夫人之所以參天地而爲三才者以其有

能事也然或智不周房閣慮不及夕有或股玩六合

洞視萬古差毅而辱之天亦可標也余家於國之南海

之島平生所讀書不過數十卷則真所謂坐井觀天亦

嘗一再到京城縱觀都邑之盛宮闕官署街衢歷之然

猶能記之然自興之以束沙峴以西足未嘗踰焉以之

見之聞欲以談天下之大勢古今之氣數亦已難矣第以

念滄波拍天而地脈不斷萬象森羅星斗可占則雖以

국민대 성곡도서관 소장 『미산총서』 첫면 정주응의 인장이 찍힌 부분

계통을 정밀하게 논한 실학적 저작이다.『상두지』는 다산이 「자찬
묘지명」에서 직접 언급한 저술 중 유일하게 실체가 확인되지 않았
던『비어고備禦考』의 일부로 포함된 책이다.

하지만 이전에『상두지』는 다산의 저술 속에 이미 세 차례나 이
덕리의 이름으로 인용된 바 있다.『경세유표』와『대동수경』,『민보
의』에 각각 한 차례씩 인용된 것이다. 그럼에도 이 책이 다산의 저
술로 잘못 알려져온 것은 실로 납득하기 어렵다. 해당 인용문을 함
께 읽어보자.

> 이덕리의『상두지』에 "서울 서쪽 교외에서 용만龍灣에 이르도
> 록 그 중간의 연로沿路의 전지田地에 모두 구혁溝洫을 설치하여
> 지망地網의 제도를 본뜨고자 했다"고 했는데, 그 말은 반드시
> 쓰는 것이 마땅하다.
> 李德履『桑土志』: "欲自國之西郊, 達于龍灣, 其間沿路之田, 皆設
> 溝洫, 以仿地網之制." 其言必當用也. _경세유표』「지관수제地官修
> 制, 전제田制」

위 글은『경세유표』「지관수제地官修制, 전제田制」2에 나온다. 서
울에서 의주에 이르는 연도에 그물망처럼 도랑을 설치해야 한다는
『상두지』의 지망법地網法 관련 내용을 인용하고, 이덕리의 견해에
적극 찬동했다.

또 이덕리의『상두지』에 말했다. "세상에서는 대청황제가 동

선령洞仙嶺 청석동靑石洞에 이르러 용골대龍骨大를 목 베려 한 것이 두 번이었다고들 말한다. 이것은 모두 야인의 말이다. 일찍이 이덕수의 『서당사재西堂私載』를 보니, 개성유수가 당시에 올린 상소에서 대개 이렇게 말했다. '청나라 군대가 올 때 청석동 길로 오지 않으면 개성부 옆 산기슭의 길을 통해 올 것입니다. 지금 수목을 길러 훗날의 대비로 삼으시는 것이 좋겠습니다.' 또 듣기를 동선령 남쪽 산이 끝난 곳의 바닷가에 너비 5리 남짓의 평지가 있기 때문에 청나라 군대가 이 길을 취해 갔다고 했다." 이러한 여러 글에 의거할 때 이곳이 요해처임을 알 만하다. 또 우리나라 사람이 용골대라고 일컫는 자는 바로 영아이대英俄爾岱다. 병자호란 당시 황제가 직접 정벌하러 왔을 때 석천왕碩親王과 대선代善, 다이곤多爾袞 등을 수장首將으로 삼고 영아이대와 마복탑馬福塔 등이 곁에서 이를 도왔다. 또 『개국방략開國方略』에 기록된 것을 자세히 살펴보니 영아이대를 참하려 하지 않았던 것은 『상두지』의 주장이 옳다.

又李德履 『桑土志』 云 : "世稱大淸皇帝到洞仙嶺靑石洞, 欲斬龍骨大者再, 皆野人之說也. 曾見 『西堂私載』 (大提學李德壽撰), 開城留守時上疏, 槩言 : '淸兵之來也, 不由靑石, 而由府邊山麓之路. 今可養樹木, 以爲日後之備云.' 又聞, 洞仙之南山盡處海堰, 有平地廣五里許. 故淸兵取此路而行." 據此諸文, 可知要害也. 且東人所稱龍骨大, 卽英俄爾岱也. 丙子之役, 皇帝親征, 而和碩親王·代善·多爾袞等爲首將, 英俄爾岱·馬福塔等, 皆夾助之. 又考 『開國方略』 所記詳細, 無欲斬英岱之語, 則 『桑志』 之說, 是也._『대동

수경』4,「패수浿水」3.

『대동수경』의 기록 중 청석동이 요해처가 되는 연유를 설명한 대목에서 역시 『상두지』의 한 단락을 길게 인용했다. 이덕리는 글 속에서 한집안인 이덕수의 『서당사재』에 실린 내용을 끌어왔다. 끝에 역시 이덕리의 주장이 옳다고 수긍한 대목이 있다.

> 송지松脂의 방법을 취한다. 명송明松을 잘게 부수어 병에 넣고 솔잎으로 주둥이를 막는다. 작은 항아리를 가져다가 흙 속에 묻고, 항아리 안에 병을 거꾸로 세우고, 틈은 진흙으로 발라, 겨 불로 지지면, 병에 든 명송에서 반병가량의 기름을 얻을 수 있다. 명송은 잘게 부수기 전에 하룻밤 물에 담가두면 기름을 훨씬 더 많이 얻을 수 있다. 이씨, 『상두지』
>
> 取松溜法, 細斫明松入瓶, 以松葉塞口. 取小缸埋土中, 倒瓶于缸中, 以泥塗隙, 糠火燒之. 則一瓶明松可得半瓶溜. 明松細斫之前, 浸水一宿, 則得溜尤多. 李氏 『桑土志』_『民堡議』中「民堡守禦之法」

위 글은 『민보의』의 한 대목이다. 관솔에서 송진을 취하는 방법을 설명한 내용으로, 여기서는 이름을 명기하는 대신 이씨의 『상두지』라고 썼다.

이로써 다산이 『경세유표』와 『대동수경』 및 『민보의』를 편찬할 당시 이미 이덕리의 『상두지』를 가까이 두고 참고 자료로 활용한 사실이 드러난다. 『자찬묘지명』을 통해 『민보의』가 1812년 봄에 완성되었고, 『대동수경』이 1814년 겨울에 정리가 끝나며, 『경세유표』가 『방례초본』이란 이름으로 1817년 본격적인 작업이 시작되었던 점을 고려할 때, 다산이 『상두지』를 손에 넣고 자신의 저술에 활용한 것은 적어도 1812년 이전이었음을 알 수 있다.

한편 필자는 『상두지』를 읽어나가던 중 「치둔전置屯田」조의 기술에서 대단히 흥미로운 내용을 찾았다. 본문에 달린 주석 가운데 "정안晴案: 이 이하는 글에 분명치 않은 것이 많아서 지금 십여 구절을 삭제했다晴案: 此下, 文多未詳, 今刪十餘句"라고 적혀 있었다. 정안은 다산의 제자였던 이정의 안설이란 의미다. 책 속에 이정의 안설이 포함되어 있으니, 『상두지』의 초고 정리 역시 다산과 그 제자인 이정에 의해 이루어졌음을 알 수 있다. 이정은 이 대목을 정리하다가, 이덕리의 초고가 문맥도 이상할 뿐 아니라 도저히 의미를 알 수 없자 하는 수 없이 해당 10여 구절을 삭제했고, 그 하단에 이를 명기해서 기록으로 남겨두었던 것이다.

이 구절의 발견은 『상두지』의 편찬 과정에 의미심장한 시사점을 준다. 이정의 안설이 포함되었다는 것은 초고 상태의 『상두지』 원본이 1812년 이전에 다산의 손에 들어갔다는 뜻이 되고, 다산의 지시에 따라 제자 이정이 예의 그 날렵한 솜씨를 발휘해서 현재 상태로 끌어올렸다는 의미다.

하지만 이덕리의 시문집인 『강심』을 다산이 읽었다는 흔적은 어디서도 발견되지 않는다. 만약 다산이 『강심』에서 「기다」와 「기연다」를 읽었다면 자신의 「각다고」나 『경세유표』 등에서 이 글을 인

雖千萬兵必不能支矣

置屯田

我國無公田若欲買屯只當買兩四十五撥荳三道
之地土價之高下不等亦可以一規爲之則只得依中
品定價次稻一斗種地爲二十兩前所云云中國一頃
爲我國稻田四十斗之地今若依韓華舊法一屯人
用百三十田百頃則實置稻田四十斗地卒五十人爲式年
餘則可始先以每屯萬兩備田置
兩增蓋雖一屯至二百人無不可矣
若强買民田則民怨藉起先以誘屯利民心意播告於民

依麗朝均田之法令民三五十結之外有剩田者告官
廳賣而自官給公債取其餘開洑築堰等事卷以官買
力經紀以土税稻田似不可尊然獨西路守令之行
祿本薄若干官田亦不可尊十剩而
樂亦已久矣有形勢者羡不于三然衙兩菭不知恤民
報國之爲何物目以妓樂爲事其獎亦不可採則兩
西官田一件政於屯田亦可當十剩兩
布帛積於無用者末可勝數此兵曹歲入心布空積者
甚多若使爲兵則爲兵使者有徇國之意無營蓄之念

『상두지』 본문에 포함된 이정의 안설 부분

용하지 않았을 리가 없다. 또한 이시헌이 『강심』을 필사한 시기는 아무리 빨라도 다산 해배 이후로 볼 수밖에 없다. 이렇게 보면 이덕리의 『상두지』는 비교적 이른 시기에 다산의 손에 초고 상태로 들어왔지만, 『강심』은 이와 따로 떨어져서 난고亂藁 상태로 있다가 뒤늦게 이시헌에 의해 정돈된 것이 아닌가 한다. 이정의 안설이 이 같은 추정을 가능케 한다. 어쨌거나 다산이 이렇듯 세 차례나 이덕리의 이름을 밝히고 인용한 책을 우리가 이제껏 다산의 저술로 잘못 알아온 것은 참으로 뜻밖의 일이 아닐 수 없다.

사실 이 같은 오류는 이전 시기부터 답습되어온 것이다. 김윤식金允植은 『운양집雲養集』 권12에 실린 「정묘호란 뒤 평안도와 황해도의 일처리에 관한 상소문 뒤에 삼가 쓰다敬書文貞公丁卯亂後兩西事宜疏後」에서 "근세에 정다산이 『상두지』를 지어, 관서關西의 직로直路에 성을 쌓고 보루를 설치하고자 했다. 내가 일찍이 그 정확한 논의에 감복했었다"라고 쓴 바 있다. 또 김영호 교수는 『상두지』의 해제에서 "정인보 선생은 일제 때에 『상두지』를 찾아 다산 저술로 확인한 바가 있고, 당시 그 책의 소장자로서 정인보 선생과 출판 문제를 협의했던 조국원趙國元 선생은 이 책을 보고 당시 정인보 선생이 확인했던 책과 내용이 일치하는 동일 서책이라고 증언하고 있다"고 적었다.

이로 보아 『상두지』를 다산의 저술로 오인한 것은 위로 운양 김윤식 이래 정인보를 거쳐 일반화되어온 사실이 아닌가 한다. 또한 정인보와 조국원이 직접 봤던 또 다른 『상두지』가 있었다는 사실도 확인된다. 언젠가 이 책 또한 출현할 날을 고대한다. 『상두지』의 원

저자는 이덕리가 명백하다. 그리고 그 초고를 정리해 기록으로 남긴 것은 1812년 이전, 다산과 그 제자 이정에 의해서였다.

나를 알아주고 죄줄 물건, 『상두지』

이덕리는 『상두지』를 어디서 어떤 연유로 저술하게 되었을까? 조금 길지만 서문 전문을 읽어 이 문제를 검토해보자.

대저 사람이 천지와 나란히 삼재三才가 되는 것은 수제치평修齊治平을 잘하기 때문이다. 하지만 간혹 지혜가 집안일에 주밀하지 못하고, 사려가 아침저녁에 미치지 못하면서도 육합六合을 마음대로 가지고 놀고 만고萬古를 꿰뚫어보아, 순서를 매겨 등수를 정해 하늘에까지 올라가는 경우도 있다. 나는 나라의 남쪽, 바다 섬에 살고 있다. 평생에 읽은 책이라곤 고작 수십 권에 지나지 않는다. 그럴진대 참으로 이른바 우물에 앉아 하늘을 보는 격이라 하겠다. 또한 일찍이 한두 번 서울에 가서 도읍의 성대함을 실컷 보아, 궁궐과 관청과 거리를 또렷하게 능히 기억한다. 하지만 흥인문 동쪽이나 사현沙峴 서편으로는 발길이 한 번도 넘어가본 적이 없다. 이 같은 견문을 가지고 천하의 대세를 말하고 고금의 운수를 말하려드는 것은 또한 어려운 일이다. 다만 푸른 물결이 하늘을 쳐도 지맥地脈은 끊이지 않고, 만상萬象이 빼곡히 늘어서도 별자리를 점칠 수 있음을 생각할 때, 비록 바다 귀퉁이의 무지한 백성이라고는 해도 조정에서 미처 헤아리지 못하는 바에 대해 논하는 것이 또한 참람하지만은 않을 것이다.

하물며 지금은 사방의 문이 활짝 열리고 궁궐이 몹시 가깝고 보니, 꼴 베고 나무하는 사람의 주장이 솜을 둔 옷을 입은 관리와 차이가 없다. 하지만 고래 같은 풍파가 우리나라에서 잠잠해진 지 이미 200년이나 되고, 붉은 모자를 쓴 관리가 하늘에 교제郊祭를 지낸 것 또한 이미 150차례나 된다. 이 같은 때에 동년同年들이 법도만 따지면서 흐리고 비올 때를 대비하지 아니하고, 한갓 당동벌이黨同伐異로 아침저녁 즐겨 놀기만 일삼는 것은 여러 관리의 꾀가 지나친 것이다.

만력 연간에 모원의茅元儀는 『무비지武備志』를 짓고 나서 이를 들고 연경으로 갔으나 일을 맡은 사람은 아무 응답이 없었다. 이등방李騰芳은 요수遼帥 이문李汶 소부少傳의 제우制寓를 초초草草하여, 텅 비어 위태로운 사이에 일이 일어나기 전에 경보警報했다가 마침내 죄를 얻고는, 시「칠석오엽七夕梧葉」에서 "천하가 이토록 어지럽건만, 앞서서 한 사람만 근심하누나正如天下亂, 先有一人憂"라고 했다. 이 두 사람은 혹 이른바 천하 사람의 근심에 앞서서 근심하는 자가 아니겠는가? 근심하여 말을 했고, 말을 했는데도 듣지 않는 것은 말한 자의 잘못이 아니다.

이『상두지』1권은 부서진 집, 비가 새는 거처에서 해진 옷에 이를 잡으면서 얻은 것이 대부분이다. 농사짓는 것도 버리고 직분 너머의 것을 생각했으니 나를 알아줄 것도 나를 죄줄 것도 바로 여기에 있을 것이다. 여기에 있을 것이다. 잠시 가을 바람이 서늘해지고 이른 곡식을 방아 찧을 만할 때를 기다려 이 책을 소매에 넣고 가서 먼저 광범문光範門(경복궁 내사복시의 왼쪽 협문) 밖으로 달려가, 그다음에는 비변사의 제공에게 고하리라. 만약 혹 칭찬만 하고 채택하지 않는다면, 곧장 내년 봄 임금께서 원행園幸하시는 날에 임금의 수레 앞을 범하는 죄를 피하지 아니하고, 배다리 곁에서 절하고 이를 올려서, 당나라 대종代宗 때 남자 순모郇摸가 광주리와 자리를 가지고 가서 30글자를 바쳤던 고사를 본받겠다. 사람들이 미쳤다고 하는 것이 이 같은 지극함에 이른다면, 공중에서 이 말을 듣고 웃는 자가 있는 것에 가까울 것이다.

계축년(1793) 정월 상순에 쓰다. 〔공은 야인에 이름을 가탁코자 했으므로 권도權道로 이 서문을 써서 스스로를 감추었다.〕

夫人之所以參天地而爲三才者, 其有修齊治平之能事也. 然或智不周房闥, 慮不及昕夕, 有或股玩六合, 洞視萬古, 差數而等之, 天亦可梯也. 余家於國之南海之島, 平生所讀書, 不過數十卷. 則眞所謂坐井觀天. 亦曾一再到京城, 縱觀都邑之盛, 宮闕官署街衢, 歷歷然猶能記之. 然自興仁以東, 沙峴以西, 足未嘗逾焉. 以之見之聞, 欲以談天下之大勢, 古今之氣數, 亦已難矣. 第念滄波拍天, 而地脉不斷, 萬象森羅, 星斗可占. 則雖以海隅顓蒙, 論廊廟之所不虞, 亦未爲僭也. 矧今四門洞闢, 九重孔邇, 蒭蕘之說, 無間於紵纊之下, 而鯨波之東息, 已二百, 紅兜之郊天, 亦已百五十禩. 不以此時, 同年規合矩, 爲陰雨之備, 徒事薰同伐異, 朝恬暮嬉者, 羣公之計過也.

萬曆間, 茅元儀作武備志, 挾以遊燕, 而當事者莫之應. 李騰芳草遼

帥李汶少傅制, 寓虛危之間, 先事之警, 而卒以得罪, 七夕梧葉詩, 有

云: "正如天下亂, 先有一人憂." 此兩人者, 倘所謂先天下之憂而憂

者, 非耶? 憂而言之, 言而不聽者, 非言之者之罪也.

此桑土志一卷, 得於破屋違漏之餘, 弊袍捫蝨之際者爲多. 舍其所耘,

職思其外, 知我罪我者, 其在斯歟, 其在斯歟. 稍俟秋風乍凉, 早粟可

舂, 袖此以往, 先走光範門外, 次告籌司諸公, 如或褁而不採, 則直到

明春園幸之日, 不避犯蹕之罪, 拜呈舟橋之側, 效男子邨摸, 持筐與席,

獻三十字故事. 人之病狂, 至於此極, 則庶幾空中有聞而笑之者矣.

癸丑正月上澣書. [公欲託名野人, 權爲此序而自晦.]

글 끝에 작은 글씨로 추기追記된 "공은 야인에 이름을 가탁코자
했으므로 권도權道로 이 서문을 써서 스스로를 감추었다公欲託名野人,
權爲此序而自晦"는 구절이 『상두지』를 다산의 저술로 오인하게 만드는
빌미를 주었다. 멀리 바닷가에 귀양 와 이 정도의 경륜문자를 엮어
낼 수 있는 사람으로 다산 외에 다른 이를 떠올릴 수 없었기 때문
일 것이다. 이 언급 또한 이정의 추기로 봐야 한다.

글 속에서 이덕리는 자신이 남쪽 바다 섬에서 산다고 했고, 부서
져 비새는 방 안에서 다 떨어진 옷을 입고 이를 잡아가며 지었다고
썼다. 바다 귀퉁이에 사는 무지렁이 백성이라고도 했다. 이 몇 대
목으로 자신이 진도에 귀양살이하는 유배객의 처지임을 암시했다.
동시에 평생 수십 권의 책을 읽었을 뿐이고, 서울 구경 한두 번 한
것이 고작이라 하여 일부러 독자를 혼란스럽게 했다. 이 말이 독자

를 혼란하게 할까봐 이정은 공이 야인을 청탁하려고 스스로를 감추었다는 한 구절을 주석으로 달았다.

이덕리가 이 책을 쓴 것은 조정에서 미처 헤아리지 못하는 장래의 근심을 논하기 위해서였다. 나라에 전란이 없은 지 200년이 되어 장마에 대한 대비를 하지 않고, 그저 끼리끼리 어울려 놀고 즐기기만 하는 벼슬아치들의 안일에 빠진 태도를 경계했다. 여기서 말하는 '음우지비陰雨之備'에서 책 제목인 '상두桑斗'의 의미를 끄집어 냈다. 상토로 읽지 않고 상두로 읽는 것은 고사가 있다. '상두'란 말은 『시경』「빈풍豳風」의「치효鴟鴞」에서 "장맛비가 오기 전에 저 뽕나무 뿌리를 가져다가 둥지를 얽었거늘迨天之未陰雨, 徹彼桑土, 綢繆牖戶」이라 한 데서 나왔다. 상두桑土는 뽕나무 뿌리다. 올빼미가 지혜로워 큰비가 오기 전에 뽕나무 뿌리를 물어다가 미리 둥지의 새는 곳을 막는다는 뜻이다. 환난을 미연에 방지한다는 유비무환의 의미로 많이 쓰는 표현이다.

그러면서 이덕리는 『무비지』를 쓴 명나라 모원의와 이등방의 고사를 자신의 저작에 빗대었다. 모원의의 『무비지』는 다산이 『비어고』를 지을 때도 모범으로 삼았던 국방 및 군사 관련 대작이나, 막상 당시의 당로자 중에는 아무도 관심을 갖는 이가 없었다. 이등방은 본명이 이유경李有慶으로 등방은 관직명이다. 그가 초고를 정리했다는 이문李汶 소부 글에 관한 내용은 아직 해당 고사를 찾지 못했다. 그는 천하의 어지러움을 예측해서 이 글을 지어 올렸지만 오히려 유언비어를 퍼뜨린다고 하여 죄만 입고 말았다. 이 같은 상황을 한탄하며 천하는 어지러운데, 이를 근심하는 사람은 단 한 명뿐이라는 시도 남겼다. 막상 어지러움이 현실로 닥쳤을 때는 이미 너무 늦고 말아서 그것이 안타깝다는 것이다. 그러니 올빼미가 장마의 조짐을 미리 알아 뽕나무 뿌리로 둥지의 틈새를 막듯이, 자신은 『상두지』를 지어 장차의 환난에 대비하자고 주장한다는 뜻을 천명했다.

이 대목에 등장하는 '천하 사람의 근심에 앞서 근심한다先天下之憂而憂'는 말은 송나라 때 범중엄范仲淹의 「악양루기岳阳楼記」에 나온다. 뜻 높은 선비는 외물이나 득실에 빠져 기뻐하거나 슬퍼하지 않고, 천하 사람의 근심을 먼저 한 후에 자기 일을 근심하며, 천하 사람의 즐거움을 뒤로한 뒤에 자기 일을 즐긴다고 한 뜻에서 나왔다. 또한 근심 때문에 건의했는데 건의를 안 받아들이면 그것은 당로자의 책임일 뿐 자신과는 무관하다면서, 자신이 비록 바다 섬에 사는 궁한 백성일 뿐이지만 도리를 다하기 위해 이 글을 쓴다는 뜻을 밝혔다. 특별히 나를 알아줄 것도 이 책이요, 나를 죄줄 것도 이 책이라는 말에 담긴 함축이 깊다. 이 책에 수록된 내용을 채택하여 장래의 근심을 막는다면 세상이 자신을 알아주는 셈이 되겠지만, 이등방의 경우처럼 혹세무민한다며 죄를 준다 해도 달게 받겠다는 뜻이다.

범중엄은 또한 이덕리의 4대조인 이수준李壽俊(1559~1607)의 호가 지범志范인 것과도 무관치 않다. 이수준은 부친인 청강 이제신과 형님인 이기준李耆俊 공이 갑자기 세상을 떠서 집안이 흔들리자, 범중엄이 의전義田을 마련해 일가를 거두고 건졌던 그 뜻을 본받아 자신의 호를 지범으로 정한 바 있다. 글 끝에 범중엄의 글 한 대목을 인용함으로써 자신이 지범공 이수준의 후손임을 간접적으로 암시했다는 추정도 가능하다.

끝부분에서 가을걷이가 끝난 뒤 이 책을 품고 상경하여 광범문으로 달려가서 비변사의 제공에게 올려 시행을 건의해보고, 그들이 꿈쩍도 않으면 내년 봄 임금이 현릉원顯隆園 행차를 위해 도성을 나와 주교舟橋, 즉 한강의 배다리를 건너시려 할 적에 그 앞을 막고서라도 헌책獻策하겠노라는 의지를 펼쳤다. 끝에 나오는 순모郇摸는 당나라 대종代宗 때 사람으로 광주리에 30자字를 담아가 임금 앞에 나아가 한 글자마다 한 가지 일로 충간했다는 인물이다. 당초의 원문에는 '삼십三十'이 '삼재三才'로 적혀 있다. 오자로 판단해서 고쳤다. 대역부도에 연좌되어 유배 온 이덕리가 이 책을 들고 상경할 수는 없는 일이다. 이 또한 자신의 의지를 드러냄과 동시에 자신의 신분을 호도해 감추려는 뜻이다.

이덕리가 이 책을 완성하고 서문을 쓴 시점은 1793년 1월 초다. 1776년에 진도로 유배되고 17년이 지난 시점이었다. 이때 그의 나이는 69세였다. 그는 유배지의 척박하고 절박한 상황에서 필생의 정열을 쏟아『상두지』를 완성하고도, 막상 자신의 이름을 내걸지는 못했다. 그리고 그의 사후 이 책은 강진에 있는 다산의 손으로 흘러들어와 그 제자 이정의 솜씨를 빌려서 하나의 정돈된 저작으로 갈무리될 수 있었다. 다산은 이 책을『경세유표』와『대동수경』, 그리고『민보의』등에 각각 한 구절씩 인용함으로써 이 책의 가치와 자료의 존재를 증언으로 남겼다.

『상두지』는 어떤 책인가?

―――――

『상두지』의 주요 내용과 구성 및 목차를 간략히 소개하겠다. 자세한 내용은 별도의 작업에 미룬다. 『상두지』는 『미산총서』 제6책에 2권 1책으로 편집되어 수록되었다.

목차와 간추린 내용은 다음과 같다.

『상두지』 권 1

0. 自序: 저술 배경 및 심경 토로

1. 屯田 序說 2칙: 둔전 운영의 연원을 중국과 조선으로 나눠 설명

2. 募屯卒 1칙: 숙종조 둔졸 모집과 지역별 인원 제시

3. 制屯餉 1칙: 둔졸에게 지급되는 양식에 관한 논의

4. 置城基 1칙: 성터 잡기의 기준과 효용성

5. 築城堞 10칙: 축성에 필요한 각종 정보 정리. 아국 축성법, 흙, 크기와 높이, 포 앉히는 법 등등

6. 置屯田 6칙: 둔전 운영의 실제와 재원 마련책

7. 渴烏引水法 8칙: 물을 퍼 올리는 방법과 도구 사용법

8. 龜車說 3칙: 구거龜車의 제법과 운용법

9. 餘論 11칙: 그 밖의 여러 실제 사례를 통해 본 둔전 경영상의 세목 소개

『상두지』권 2

10. 通論 6칙: 서변西邊 도로 상황과 지망법地網法 운용

11. 隱城撥幕 1칙: 은폐된 성의 군막 운용

12. 三條平地設險 3칙: 평지에 설험設險하는 방법 세 가지

13. 城塢 1칙: 성벽 쌓기와 마감법

14. 鋸刀 1칙: 톱의 제원과 용법

15. 腰鼓砲 1칙: 요고포의 제원과 활용법

16. 扇子砲 1칙: 선자포의 제원과 활용법

17. 噴筒 1칙: 분통의 제원과 활용법

18. 松脂 1칙: 화공용 송진 만들기와 활용법

19. 水鐵釰 1칙: 수철水鐵 즉 무쇠 칼날의 우수성과 제법 설명

20. 紙甲 1칙: 질긴 조선 종이로 만든 종이 갑옷의 위력과 제법

21. 朱雀砲 1칙: 주작포의 제법과 활용법

22. 四輪車 1칙: 사륜거의 제법과 활용법

23. 三輪車 2칙: 삼륜거의 제법과 활용법

24. 翼虎牛 2칙: 쇠등에 특수 안장과 칼날을 꽂고 호피 무늬를
    그려넣은 익호우의 활용법

25. 玄鳥砲 1칙: 제비 모양의 작은 현조포 제법

26. 拐子車 1칙: 말 여러 마리를 묶어서 공격하는 拐子馬를 막
    는 괴자포의 제법과 활용법

27. 弔橋 1칙: 적교 즉 매단 다리의 설치와 활용법

28. 火車 1칙: 중간에 매복시키는 화거의 제작과 활용법

29. 三條奇制 銅砲連弩活橋三條 4칙: 遠近鏡, 銅砲, 連弩活橋 등

고인의 奇計 소개

30. 餘論 9칙: 그 밖의 여러 사례를 들어 龜車와 蒺藜車, 火車
등의 실전 배치와 활용 사례 소개

31. 水車說 13칙: 주객의 문답을 통해 水車의 제법과 활용법 설명

32. 圖說 2칙: 빙거 설치상의 세부 설명

33. 『荊州武編』抄 13칙: 제철, 제련과 관련된 내용

34. 『後鑑錄』抄 5칙: 山堡防護之法, 石礮猒穰之法, 絙柱坏城之
法, 火迸攻城之法, 攂石滾木之法 등

35. 『蠻司合誌』抄 5칙: 鐵貓爬山虎緣厓之法, 輠梯鉤繩損板之
法, 竹牌火罇束篾之法, 礮石呂公車衝擊之法 등

36. 量穀數板 2칙: 숫자판으로 양곡量穀하는 방법 설명

크게는 변방의 둔전屯田 경영과 이에 따른 제반의 기반 시설 및
축성에 관한 내용 부분과, 북방 오랑캐와의 전쟁 시 각종 대포와 무
기류의 제원 및 활용법 설명, 그리고 『형주무편荊州武編』과 『후감록
後鑑錄』, 『만사합지蠻司合誌』 등 중국 군사 및 병학서에 나오는 구체적
인 성 공략법과 무기 생산을 위한 제철과 제련에 관한 내용을 초록
해서 정리한 세 부분으로 대별된다.

항목마다 예시를 들어 이해를 도왔고, 한 항목에 여러 조목이 있
을 경우 첫 글자를 한 자 올려 써서 표지를 두었다. 다만 전체 항목
의 강목이 다소 무질서한 상태로 나열되어 있고, 항목 간 서열도 얼
마간 통일성이 없어 보인다. 항목의 제목도 앞쪽에 붙은 경우, 끝에
붙은 경우, 아예 제목이 없는 경우 등 다소 혼란스럽다. 이는 이덕

리의 『강심』에 수록된 「기다」에서도 공통되게 나타나는 현상이다. 이 같은 체재상의 불일치와 혼란상은 『상두지』가 필사될 당시 『강심』과 마찬가지로 상당히 어지러운 초고 상태였음을 짐작하게 해준다. 다만 이미 서문까지 작성되어 있었던 점으로 미루어 이덕리로서는 일단 정리를 끝낸 상태였다고 볼 수 있다.

반면에 『상두지』에서 인용하고 있는 서적은 유배지의 열악한 상황을 고려한다면 상당히 풍부한 편이다. 그는 중국과 조선의 각종 역사서와 병학서 외에도 개인 문집과 편서 등을 다양하게 활용했다. 오랜 시간 준비해서 관련 자료를 구하고 카드 작업을 거쳐 각각의 항목을 집필했던 셈이다.

그는 이 저술을 통해 유배 죄인의 처지에도 불구하고 국가의 장래를 위한 붉은 뜻을 잃지 않았음을 보여주고 싶었던 듯하다. 이 글을 작성할 당시 그의 유배는 벌써 17년을 넘어서고 있었다. 비록 철저히 익명으로 썼지만, 서문의 내용으로 미루어 그는 자신의 이 야심찬 저작이 당로자의 손을 거쳐 임금에게까지 이르기를 바랐던 듯하다. 어떤 경로를 통해서인지 알 수 없으나, 『상두지』를 읽게 된 다산은 그의 꼼꼼한 주장에 상당히 감복했던 듯 자신의 저술에서 세 차례나 인용해 세상에 그와 이 책의 존재를 처음으로 알렸다. 하지만 다산이 이덕리의 실명으로 인용했던 그 책이 도리어 다산의 저작으로 잘못 알려졌고, 사후 220년이 지난 오늘날까지도 그의 존재는 망각의 저편에 묻혀 있었다.

『상두지』와 「기다」는 자매편 저술이었다

『상두지』에 인용된 다음의 한 단락은 이 저술이 「기다」와 자매편의
성격을 띰을 증명해준다. 뿐만 아니라 「기다」가 이덕리의 저술임을
밝혀주는 결정적인 방증의 하나이기도 하다.

한나라와 당송 이래로 나라의 큰 이익은 관官에서 관리하고
지키는 데서 나오지 않은 것이 없다. 생선과 소금, 차와 술에
서 나오는 이익이 모두 나란히 관으로 돌아가니 일반 백성의
곤핍함 또한 여기서 말미암는다. 이는 나라를 소유한 자가 마
땅히 본받을 바가 아니다. 다만 차는 천하가 똑같이 즐기는 것
이지만 우리나라만 유독 잘 모르므로 비록 모두 가져다 취하
더라도 이익을 독점한다는 혐의가 없다. 국가로부터 채취를
시작하기에 꼭 알맞다. 영남과 호남에는 곳곳에 차가 있다. 만
약 한 말의 쌀을 한 근의 차로 대납케 하고 10근의 차로 군포
를 대납하도록 허락한다면 수십만 근을 힘들이지 않고 모을
수 있다. 배로 서북관의 개시開市에 운반해 월차越茶에 인쇄해
서 붙여둔 가격과 같이 한 냥의 차에서 2전 은을 받으면, 10만
근의 차로 2만 근의 은을 얻을 수 있고 돈으로는 60만 전이 된
다. 이 돈이면 한두 해가 못 되어 45개의 둔전을 설치할 수 있
다. 따로 「다설茶說」이 있는데 아래에 첨부해 보인다.

漢唐宋以來, 國之大利, 未有不自官管攝者. 魚鹽茶酒之利, 一倂歸
于官, 而政細民之困, 亦由於此. 此非有國者之所宜效. 獨茶者天下

之所同嗜. 我東之所獨昧, 雖盡物取之, 無権利之嫌. 政宜自國家始
採. 而嶺南湖南, 處處有茶. 若許一斗米代納一斤茶, 或以十斤茶代
納軍布, 則數十萬斤不勞可集. 舟輸西北開市處, 依越茶印貼之價,
一兩茶取二錢銀, 則十萬斤茶可得二萬斤銀, 而爲錢六十萬. 不過
一兩年, 而可置四十五屯之田矣. 別有茶說, 附見于下.*

요컨대 『상두지』에서 제안한 국가 안보 시스템에 관한 자신의
구상을 현실화하는 데 소요되는 막대한 재원을 차 무역을 통해 힘
들이지 않고 마련할 수 있다고 주장한 내용이다. 여기 적힌 표현
과 논리가 뒤에 살펴볼 「기다」의 본문 내용과 정확히 일치하며, 말
미에 말한 「다설」은 뒤에서 자세히 논의하겠지만 『강심』에 수록
된 「기다」의 첫 다섯 단락의 내용을 묶어서 말한 것이다. 이를 통해
「기다」가 『상두지』에서 제안한 국방 시스템 개혁을 실현시킬 재원
마련책으로 제시된 부록편의 성격임을 확인할 수 있다. 이에 대해
서는 4장에서 좀더 상세히 살피겠다.

---

*   이덕리, 『상두지』(『여유당전서보유』 3책)(경인문화사, 1989), 466면. 영인본의 해당 원문이
흐려 몇 글자의 판독이 안 되는데, 국민대 도서관 소장 원본에 의거, 지워진 글자를 보충했다.

이덕리의 시문집
『강심』과 『강심만록』

2.

『강심』 수록 작품의 내용

이 글에서는 백운동본 『강심』과 이를 다시 정리해 정갈한 해자로 필사한 『강심만록江心漫錄』 등 두 책자에 대해 소개하고 그 내용을 차례로 검토하기로 한다.

『강심』은 다산의 막내 제자였던 이시헌이 직접 베껴 쓴 문집이다. 가로 19.6센티미터, 세로 15.3센티미터의 크기로 반행반초의 세련된 서체로 쓰인 필사본이다. 『강심』에 수록된 여러 시문은 저자인 이덕리의 생애 정보와 내면 의식, 작품 수준을 가늠케 하는 풍부한 정보를 담고 있다.

앞서 언급했듯이 필자는 2006년 9월 15일 강진 백운동의 이효천 선생 댁에서 『강심』이란 필사본을 처음 봤다. 표제 '강심江心' 바로 아래에 '자이서고自怡書庫'라는 네 글자를 써서 자이自怡를 호로 쓰는 이시헌의 서고에 소장되었던 책임을 알려준다. 오른쪽 상단에 사부辭賦, 잡기雜記, 고시古詩라고 썼다. 본문은 줄을 맞춰 행초行草체의 단정한 글씨로 썼고 모두 55면 분량이다. 필체 대조를 통해 확인한 결과 필사자 또한 이시헌이었다.

　백운동본『강심』의 전체 목차는 다음과 같다.

　1. 석령사席嶺辭

　2. 여불우부女不遇賦

　3. 백장죽부百丈竹賦

　4. 실솔부蟋蟀賦

　5. 토환게土丸偈

　6. 기다記茶

　7. 기연다記烟茶

　8. 굴삼려자원屈三閭自怨

　9. 가대부조고賈大夫弔古

　10. 노중련도해魯仲連蹈海

　11. 공자순침가孔子順寢家

　12. 송옥비추宋玉悲秋

　13. 매승관도枚乘觀濤

　14. 이장군논상李將軍論相

　15. 태사공송원太史公訟寃

　16. 양백란등고梁伯鸞登高

　17. 엄자릉환산嚴子陵還山

18. 곽유도사통郭有道私慟

19. 공태중퇴한孔太中退閑

20. 진사왕연범陳思王演梵

21. 사태부청쟁謝太傅聽箏

22. 맹원수신령孟元帥新令

23. 문승상제묘文丞相題廟

24. 완보병회거阮步兵回車

25. 다조茶條

모두 25편의 작품을 수록했다. 앞쪽 1~5는 사부辭賦이고, 6, 7의 「기다記茶」와 「기연다記烟茶」는 잡기다. 이하 8~24까지는 과시科詩이고, 25번 「다조茶條」는 「기다」 끝에 병합해야 할 문건을 따로 적어둔 것이라는 부기가 적혀 있다. 실제로는 24편이다.

필사를 마친 후 필사자인 이시헌은 끝부분에 3행의 부기附記를 남겼다. 그 내용은 이렇다.

'강심江心'의 의미는 자세하지 않다. 이 한 책에 적힌 사辭와 문文과 시는 바로 이덕리李德履가 옥주沃州의 유배지에서 지은 것이다.

江心之義未詳. 此一冊所錄辭文及詩, 乃李德履沃州謫中所作.

이 기록에 근거해 이 책의 저자가 이덕리라는 사실이 비로소 확인되었기에 특별히 중요하다. 옥주는 진도珍島의 다른 이름이다.

今年麦盡午明年續料又豊而麥材力之
士取以抵老城一日咎即釋一屯城盡空若
人射砲中楯去伍數獲養使可以禽寄子
列是當時有數萎字頂之言豈不足以擊

墓家西威洋圍郭
一荅結倭人少睡或後夜不能受曉風
夜在公界民趙庵去威其以需西難鳴入
機之少星帳動業之士伍不丁少足若夫
厭之言歸欲之困夜之君子列有不眠事中
等

江四之義丰評此一册以錄
辭文及詩乃李德履沃邦語
中合作

『강심』의 저자가 이덕리임을 밝힌 내용 부분

『강심』에 수록된 고시에 등장하는 굴원屈原과 가의賈誼, 노중련魯仲連 등은 의로운 뜻을 품어 임금에게 직간하다가 미움을 입어 쫓겨났던 고대의 현인들이다. 이 밖에 풍파의 현실에 뜻을 버리고 은거의 삶을 선택했던 엄자릉嚴子陵과 완적阮籍, 역경 속에서도 자신의 뜻을 결코 꺾지 않았던 사마천司馬遷과 문천상文天祥 등 자신의 당시 심경을 투사한 인물군을 주인공으로 내세워 그들의 삶에 견줘 자신의 마음을 다잡는 내용으로 이루어져 있다.

이시헌은 표제인 '강심'이 가리키는 의미를 자세히 알 수 없다고 썼다. 강심은 이덕리의 호로 보이는데, 그 의미는 강 한가운데를 나타낸다. 이는 그의 세거지 앞을 흘러가던 북한강을 늘 마음에 둔다는 뜻으로 읽을 수도 있고, 또 다른 해석으로는 역시 국방 문제에 지속적인 관심을 남겨 변경의 시무를 16조로 정리해 올렸던 선대 청강공 이제신의 정신을 마음에 새긴다는 의미로 볼 수도 있다. 그 밖에 강심을 유배지인 진도가 바다 한가운데에 있다는 뜻에서 이렇게 지칭했다는 추정도 가능하다. 강화도를 강도江都라 한 것과 비슷한 생각에서다. 자신의 시문집 제목에 자신의 호만 달랑 내거는 예는 드문데, 어쨌거나 자기 신분을 드러내지 않으려 극력 애를 썼던 이덕리가 문집에서조차 모호한 표현으로 뭉뚱그리려 했던 느낌이 없지 않다.

박희준 또한 앞선 논문에서 강심을 이덕리의 호로 봤다. 다만 그는 차와의 연관성에 더 주목해 강심의 의미를 천하에서 제일 좋은 샘이라고 하는 '양자강심중령천揚子江心中泠泉'에서 취한 것으로 추정했다. 차인들이 꿈꾸는 가장 이상적인 물인 양자강심수揚子江心水에서 따온 이름으로 본 것이다. 흥미로운 주장이나 더 살펴봐야 한다.

필사본 『강심』 중에 잡기에 해당되는 산문 두 편이 「기다」와 「기연다」이다. 각각 차와 담배에 대해 국가 경제의 거시적 전망을 섞어 자신의 분명한 주장을 펼친 글이다. 「기다」는 국가적으로 차의 경제 가치에 눈을 돌려 국부 창출의 수단으로 삼아야 함을 적극적으로 주장한 내용이다. 이에 반해 「기연다」는 담배가 국가 경제에 미치는 악영향을 우려하고 담배로 인한 실생활의 폐해를 고발하여 국가 정책으로 확고하고 단호하게 금연령을 시행해 매년 1260만 냥에 달하는 절약 효과를 가져올 것을 주장한 내용으로 되어 있다. 당시 아무도 거들떠보지 않던 차의 가치에 주목하고, 온 나라 백성이 남녀노소 할 것 없이 빠져들어 있던 담배를 금지시켜야 한다고 주장한 아주 파격적이고도 도발적인 제안을 담고 있다.

의암본 『강심만록』의 등장

『강심만록』은 『강심』의 또 다른 필사본이다. 뒤바뀐 이덕리의 실체를 확인하고 그의 묘소를 확인하던 와중에 이 책이 불쑥 필자 앞에 나타났다. 달필이긴 해도 행초로 흘려 쓴 『강심』의 글은 하나하나 따져 읽기가 여간 어렵지 않았다. 이 『강심만록』은 『강심』과 똑같은 내용을 정갈한 해서로 또박또박 정본을 만들 작정을 하고 쓴 책이었다.

지난 2015년 6월 6일에 한국한문학회 편집회의가 인사동에서 열렸다. 회의를 마치고 오후 1시쯤 고산 김정호 선생의 서실에 들렀다. 대화 중 잠시 무료해진 틈에 나는 바로 옆 책꽂이에 꽂혀 있던 옥션 단에서 간행한 경매 도록을 뽑아들었다. 2012년 12월 14일에 발행된 것이었다. 습관적으로 중간의 고서 부분을 펼치자 『강심만록』이란 제목의 고서가 다른 몇 권의 책 사진과 함께 실려 있었다. 아래쪽 해제에는 이덕리의 저술이란 설명도 적혀 있었다. 깜짝 놀랐다. 모든 경매 도록은 일일이 체크하고 있었는데 어째서 이 도록은 보지 못했을까? 따져보니 당시 필자는 그해 7월부터 하버드대학교 옌칭연구소에 방문학자로 1년간 해외에 머물고 있을 때였다.

나는 놀라움과 흥분에 진정할 수가 없었다. 고산 선생은 당시에 이 책이 유찰되었던 것 같다며 희미한 기억을 떠올렸다. 마음이 급해져서 옥션 단의 김영복 대표에게 바로 전화를 걸었다. 토요일 오후인데 그이가 마침 사무실에 있었으므로, 고산 선생과 둘이 그를 찾아가 다짜고짜 『강심만록』의 소재를 물었다. 선문대 김규선 교수가 현재 소장하고 있다는 대답이 돌아왔다. 예전에 필자가 다산과 그의 제자 황상의 만남을 다룬 『삶을 바꾼 만남』의 연재를 마무리하던 시점에 김규선 교수가 발굴한 『치원유고』로 인해 내 연재의 마지막이 큰 요동을 쳤던 기억이 생생했다. 이번에도 똑같은 상황이 된 셈이어서 책의 소재를 알게 되어 쾌재를 부르면서도 혹시 책을 안 보여주면 어쩌나 하는 생각에 마음이 답답해졌다.

정공법으로 접근하는 것이 옳겠다는 판단에 심호흡을 한번 한 뒤 김 교수에게 전화를 걸었다. 조심스레 용건을 꺼냈다. 그는 시원

시원하게 말했다. 그 책을 자신이 인수한 게 맞고 현재 본인이 책임을 맡고 있는 선문대 동아시아문헌연구소에 소장되어 있다는 전언이었다. 그는 『강심만록』이 내가 전에 발굴한 『강심』의 원본에 해당되는 것으로 보인다며 선뜻 책을 보여주겠다고 했다. 불과 몇 시간 전까지만 해도 생각조차 못 한 일이 순식간에 벌어졌다가 잠깐 만에 해결되었다.

우리는 일주일 후인 6월 11일에 만나 함께 책을 살펴보기로 약속을 잡았다. 그날 약속 장소에 나가자 앞서 옥션 단 도록 사진에 나란히 실려 있던 5책 중 내가 정말 보고 싶었던 3종의 책을 그가 모두 가지고 나왔다. 『강심만록』과 다산과 문산 이재의 두 사람 사이에 오간 문답을 정리한 『잡록雜錄』, 그리고 『다죽문답茶竹問答』이 그것이었다. 특히나 『강심만록』은 아주 정성 들여 베껴 쓴 필사본으로 오자를 일일이 종이로 오려 붙여 수정한 책자였다. 작정하고 정본화할 요량으로 만든 사본임이 분명했다.

김 교수는 뜻밖에도 보고 싶은 만큼 보고 돌려달라는 말과 함께 세 책을 통째로 건네주었다. 내용은 이미 소개된 것이니 내 책에서 영인하거나 다른 방식으로 활용해도 좋다는 망외의 허락까지 안겨준다. 입이 벌어질 만큼 좋은 것을 간신히 내색하지 않았다. 이렇게 해서 이덕리의 「기다」는 법진본과 백운동본, 김규선 교수 소장본까지 상이한 3종이 모두 손안에 들어왔다. 이후 『강심만록』에 수록된 「기다」는 김 교수의 호를 따서 의암본衣巖本이라고 한다.

하필 그날 고산 서실에 들렀고, 우연히 손 가는 대로 뽑은 책에 『강심만록』이 있었으며, 수소문하자 바로 소장자를 알게 되고, 연락하니 금세 허락이 떨어져 결국 원본을 직접 보게 된 것이다. 그사이에 이덕리의 실체와 묘소를 찾은 일에 들떠 있다가 깨끗이 정리된 문집까지 때맞춰 앞에 나타나자 나는 멋대로 이덕리의 넋이 나를 여기로 이끌고 왔다며 단정 짓지 않을 수 없었다.

『강심』과 『강심만록』의 선후관계

소장자인 김규선 교수는 당초 『강심만록』이 『강심』의 원본으로 보인다고 말했지만 막상 살펴보니 그 반대였다. 이덕리의 난필 상태 초고를 이시헌이 베껴 쓴 것이 『강심』이고, 그가 베껴 썼던 원본의 초고는 현재 전하지 않는다. 그리고 『강심만록』은 『강심』을 원본 삼아 해서체로 또박또박 베껴 쓴 책이었다. 이 과정에서 책 제목에 '만록'이란 두 글자가 덧붙여졌다. 처음에 책 제목만 봤을 때는 이덕리의 다른 잡록류 저술이 튀어나온 줄로만 알았다. 이덕리의 생애에 대한 정보와 차에 관한 공부 내력을 더 알 수 있겠구나 싶어 긴장을 늦출 수 없었다.

한달음에 집으로 돌아와 두 책을 펼쳐 꼼꼼히 대조하기 시작했다. 의암본 『강심만록』은 목차상 백운동본 『강심』과 조금의 차이도 없었다. 적어도 기존의 『강심』과 전혀 다른 새로운 문집의 출현은 아닌 셈이었다. 그렇다면 『강심만록』이 『강심』을 베낀 후사본임을 어찌 알 수 있는가?

첫째, 『강심』에는 「기다」가 먼저 나오고 중간에 부賦 작품이 삽입

된 뒤 맨 끝에 가서 차 무역 제안을 담은 「다조」가 후첨되어 있는데 반해 『강심만록』은 두 글을 하나로 묶어 깔끔하게 정리했다. 순서도 사부를 앞쪽에 차례대로 모은 뒤 그 뒤에 「기연다」와 「기다」를 수록해 어지럽던 목차를 가지런히 정돈했다. 원본 『강심』의 어지러운 상태가 『강심만록』의 손질을 거쳐 일목요연한 체제를 갖게 된 것이다.

둘째, 정리 과정에서 『강심』에 적힌 "이하 10여 개 조목은 나뉘어 흩어져 있어서 아직 옮겨 적지 못했다"와 같은 부기를 빼고 그 방향에 따라 재편집했다. 또 앞쪽과 내용이 중복되는 「다조」의 마지막 항목을 『강심만록』에서는 본문에서 따로 추출한 뒤 "이 단락은 앞서 '잠을 적게 해준다'는 조목을 개고한 것이다"라는 추기를 넣어 앞서 나온 항목과 중복되는 내용이라 본문에 포함하지 않겠다는 편집자의 생각을 드러냈다.

셋째, 두 책의 대조 과정에서 새롭게 알게 된 일인데 백운동본 『강심』은 제11쪽 한 장이 누락되고 없는 상태였다. 즉 「백장죽부百丈竹賦」의 중간 부분 한 쪽이 통째로 빠졌다. 후대에 해책하여 보관하던 과정에서 사라진 것으로 보인다. 이 부분이 의암본 『강심만록』에 그대로 남아 있고 정확하게 『강심』의 한 쪽 분량과 일치한다.

이런 몇 가지 근거에 바탕하여 의암본 『강심만록』이 백운동본 『강심』을 원본 삼아 베껴 쓴 것임을 확인했다. 정리 과정에서 편차를 한결 다듬었고 그 결과 두 편의 글처럼 분리되어 있던 「기다」와 「다조」가 한 편의 글로 통합되었다. 또 행초체의 흘려 쓴 글씨가 정갈한 해서체로 옮겨지면서 가독성이 현저하게 향상되었다. 면목과

체재를 갖춘 한 권의 책으로 거듭난 것이다.

필사자는 왜 책 제목 『강심』을 『강심만록』으로 바꿨을까? 두 가지 추정이 가능하다. 첫째, 『강심』이란 표제는 백운동본의 필사자였던 이시헌이 맨 끝에 "강심의 뜻은 분명치 않다"고 부기해둔 것처럼 그 의미가 모호해 독자 입장에서 내용을 가늠하기 어렵다. 제목을 『강심만록』으로 고치면 잡록류의 저작임을 한눈에 알아볼 수 있다. 이 때문에 의미가 불분명하고 독자의 예상도 어려운 모호한 이름에다 '만록'이란 두 글자를 덧붙여 책의 성격을 더 선명하게 드러내고자 했다. 만록에는 정돈되지 않은 상태의 산만한 기록이란 의미도 있다. 이 책이 서문이나 발문도 없고, 편목의 차서나 체재도 어수선한 상태를 이렇게 명칭에 반영한 셈이다.

둘째, '강심만록'이라고 할 때 강심은 만록을 쓴 주체나 만록이 쓰인 공간을 지칭하게 된다. 『지봉유설』이나 『성호사설』, 『역옹패설』 등은 모두 글을 쓴 주체의 호를 앞세운 예이고, 『지수염필智水拈筆』은 홍한주가 지도智島에 유배 가서 쓴 글이라 집필 공간을 내건 예에 해당된다. 『강심만록』 역시 두 가지로 해석 가능하다. 먼저 강심이란 호를 가진 사람이 떠오르는 대로 기록한 만록이란 의미가 된다. 이 책의 필사자가 강심을 저자인 이덕리의 호로 인식했음을 선명하게 보여주는 명명이다.

『강심만록』의 필사자

이 『강심만록』은 누가 베껴 쓴 것일까? 이 책은 다산의 유배지로 찾아와 학문적 토론을 벌이며 벗이 된 문산文山 이재의李載毅(1772~1839) 집안에서 나온 것으로 알려져 있다. 함께 나온 『잡록』과 『다죽문답』이 다산과 문산 사이에 벌어진 학술 토론을 정리한 책인 것만 봐도 이 점은 확인된다. 이 밖에 다산이 정리한 속담 모음집인 『이담속찬耳談續纂』과 아암 혜장의 문인 철경製鯨 응언鷹彦 스님이 정리한 『화범별華梵別』 등의 책이 함께 나왔다. 모두 다산의 저술이거나 다산과 밀접한 관련이 있는 인물들의 저술이다. 이들 책의 원소장자는 문산 이재의 본인이었을 가능성이 가장 높다.

그런데 다섯 책 중 『잡록』과 『다죽문답』은 전형적인 다산 제자 그룹의 특징적인 필체를 그대로 반영했고, 아직 실물을 직접 보진 못했지만 『이담속찬』은 표지 글씨만 보더라도 앞서 두 책과 동일한 필치다. 이 중 『강심만록』만은 필체가 다른 책들과 완전히 상이하다. 어쨌거나 책 묶음의 성격으로 보아 『강심만록』의 필사자는 다산과 직접적인 영향관계에 있고 문산 이재의와도 안면이 있던 인물일 것으로 판단된다. 그게 누굴까?

필자는 이 책의 필사자가 다산의 제자 황상黃裳(1788~1870)일 가능성이 없지 않다고 본다. 그 이유는 다음 두 가지에서다. 첫째, 황상이 자신의 시집 『치원소고卮園小稿』(표제는 『치시卮詩』) 권6에 수록된 「벽은혜병차碧隱惠餠茶」란 작품에서 이덕리의 『강심』과 관련된 언급을 구체적으로 남기고 있다. 둘째, 『강심만록』의 필체가 『치원총서』에 남아 전하는 황상의 서체와 일부 흡사한 점이 있다.

먼저 문집에 실린 시를 살펴보자. 이 작품은 초의의『동다송』각주 외에 여타 어떤 문헌에서도 찾을 수 없는, 현재까지 확인된『강심』의 유일한 인용 사례다.『강심만록』과 함께『치원소고』또한 김규선 교수 소장 필사본으로 그에 의해 최초로 소개되었다. 이 시는 황상이 1861년 만년의 벗인 권균權均(1786~1870)에게 떡차 선물을 받고 보낸 답시다.

백 개 포갠 자용향紫茸香이 꿰미에 가득해도	百疊紫茸香滿串
아끼느라 안 달이니 그 마음이 어떠한가.	愛而不煎意如何
장천長川의 좋은 밭서 사람 시켜 채집하니	長川佳圃令人采
어느 곳 명원名園인들 이처럼 많겠는가.	幾處名園若此多
강심江心이 육우陸羽를 스승 삼음 생각다가	正憶江心師陸羽
추사秋史가 동파東坡 이음 애오라지 사랑하네.	聊憐秋史繼東坡
그대가 신선술을 얻고자 함 느낌 일어	感君欲得仙家術
진청秦靑의 한 곡 노래 부치어 보낸다오.	寄送秦靑一曲歌

100개의 자용향 떡차를 꿰미에 꿰어 벽은碧隱 권균이 선물로 보내왔다. 자용향이란 당나라 때 각림사覺林寺 승려 지숭志崇이 삼품차三品茶를 만들어 자신이 먹는 차에는 경뇌소驚雷笑란 이름을 붙이고, 부처님께 올리는 차는 훤초대萱艸帶라 하고, 손님에게 접대하는 차는 자용향紫茸香이라 했다고 한 데서 나온 말이다.『군방보』에 보이고『동다송』에서도 인용한 구절이다.

황상은 당신이 보내준 귀한 차가 너무 아까워서 차마 이것을 달여 마시지 못하는 마음을 알겠느냐며 고마운 뜻을 피력했다. 장천은 장흥 천관산 아래 기슭 장천재長川齋 계곡 인근을 말하는 듯하다. 권균은 강진군 작천면 군자리 사람인데 당시 장흥 지역에 거주하고 있었는지는 분명치 않다. 차밭에서 사람을 시켜 딴 찻잎으로 이처럼 많은 차를 만들어 보내주니 감격한다는 뜻이다.

5, 6구에서 강심과 육우, 추사와 동파를 짝지어 말한 것을 보면 황상은 강심을 이덕리의 호로 이해한 것이 분명하다. 추사 김정희가 소동파를 사모해서 보소재寶蘇齋의 당호를 끌어 쓰고 당시 조선의 모소慕蘇 열풍을 이끌었던 일과 강심 이덕리가 육우의『다경』을 사모하여「기다」를 지은 일을 나란히 봤다.

제8구의 진청秦靑의 노래 한 곡조는『열자列子』「탕문湯問」에서 진秦나라 때 명창 진청이 노래를 부르자 가던 구름도 그 소리를 듣고 멈춰 섰다는 고사에서 끌어왔다.

위의 시로 볼 때 황상이 이덕리의『강심』을 정독했고 특별히 차에 대해 기술한「기다」를 읽었던 것만은 분명하다. 그를 제외하고는 초의가 또한 자신의『동다송』에서『동다기』의 한 단락을 인용했으니 실제 남은 문헌을 통해 볼 때 이덕리의『강심』을 읽거나 베껴서 보관했던 사람은 초의와 이시헌, 황상 세 사람뿐이다. 그리고 이 셋은 모두 다산에게 직접 배운 제자라는 공통점을 지녔다.

그렇다면 다산은『강심』을 봤을까? 이시헌이『강심』을 필사한 것은 아무리 낮춰 잡아도 다산이 해배된 해인 1819년 이후이고 초의의『동다송』에 인용된 것을 기준으로 보면 1837년 봄 이전이다.

초의가 인용한 『동다기』도 이시헌의 필사본을 참고했던 것으로 판단되는 까닭이다. 또한 이덕리의 『상두지』를 자신의 저술에서 세차례나 인용했던 다산이 정작 중국의 차 전매제도를 연구한 논문인 「각다고」 같은 글을 쓰면서 이덕리의 『강심』을 일체 인용하지 않았고 그 밖의 편지나 기록에서 전혀 언급되지 않은 것으로 미루어 다산은 『상두지』만 보고 『강심』까지는 직접 보지 못했던 것이 분명하다.

한편 황상의 위 시는 이덕리의 『강심』이 조금씩 입소문을 타고 강진 지역 인사들의 입에 오르내리던 정황을 가늠케 해준다. 하지만 거기까지였다. 이후 이 책은 그 존재마저 오랫동안 잊혔고 지은이의 이름조차 남아 있지 않아 백운동본 『강심』 끝에 작은 글씨로 적힌 이시헌의 부기를 필자가 확인한 뒤에야 겨우 저자를 알게 되었다.

한편 지난 2014년 2월 필자는 광주광역시의 황한석 선생가에 전하는 황상의 친필본 『치원총서』와 그의 동생 황경의 『양포총서』 등 십수 책에 달하는 필사본을 눈으로 직접 확인할 기회를 가졌다. 『치원총서』 중 『달마대사관심론達摩大師觀心論』 등 황상의 친필 필체가 『강심만록』의 필체와 상당히 유사한 느낌을 준다. 하지만 이것만으로는 『강심만록』의 필사자가 황상이라고 단정하기는 어렵다. 필사 연대 및 황상과 이시헌, 황상과 이재의 등의 상호 접촉 시기 등을 고려한 좀더 심층적인 분석이 요구된다. 여기서는 이 정도로 조심스런 추정에 그치고 향후 더 많은 자료의 출현을 기다려보기로 한다.

강력한 금연책 시행을 건의한
「기연다」

3.

「기연다」의 형식과 내용

이 글에서 살필 「기연다記烟茶」는 『강심』에 수록된 글 가운데 이덕리의 실학자적 면모를 잘 보여주는 담배 관련 저작이다. 「기다」는 제3부와 4부에서 집중적으로 검토했으므로, 여기 제2부에서는 이덕리의 실학적 저술의 하나로 「기연다」만을 따로 빼서 전체 내용을 간략히 소개하고 전문 번역과 탈초 원문을 제시하기로 한다.

「기연다」는 당시 백성의 기호품으로 각광받던 담배에 관한 글이다. 지금까지 담배에 관한 최초의 저술로 알려진 1810년에 지어진 이옥의 『연경烟經』보다 20여 년 앞서 지어진, 최초의 담배 관련 저작이다. 이 글은 당시 조선의 흡연 문화 전반에 걸쳐 아주 상세하면서도 유익한 정보를 담고 있다. 「기연다」는 『강심』에 「기다」와 나란히 수록되어 있다.

「기연다」는 객과의 문답 형식으로 담배의 폐해와 기호품으로서
의 특성, 그리고 금연 정책의 시행 주장 등을 차례로 담아냈다. 글
은 모두 8개 단락으로 구성되었다. 단락별 내용을 요약하면 다음과
같다.

1. 담배의 연원과 명칭: 일본에서 건너온 담배에 얽힌 전설 소
   개. 담배의 여러 이칭.
2. 계곡 장유의 담배벽: 장유의 담배에 대한 기호와 이에 얽힌
   일화 소개.
3. 우리나라 흡연법의 문제점: 중국·일본과 달리 독한 것만
   좋아하는 잘못된 흡연 방식의 폐해 지적.
4. 이덕리가 말하는 담배의 열 가지 해로움: 진기 소모, 시력
   저하, 의복 착색, 서책 오염, 화재 요인, 치아 상해, 체면 손
   상, 행동 불편, 예모禮貌 불경, 공경 소홀 등 열 가지 이유를
   들어 담배의 해로움을 설명함.
5. 객이 말하는 담배가 꼭 필요한 열 가지 상황과 담배의 세
   가지 큰 이로움: 비 오는 밤 잠 안 올 때, 잠이 덜 깨 몽롱할
   때, 입에 기름기를 씻어낼 때, 주객이 처음 만나 머쓱할 때,
   벼슬아치들이 모여 나라 위한 대책을 궁리할 때, 사랑하는
   사람과 헤어져 안타까울 때, 시상이 막혀 떠오르지 않을 때,
   모내기하다가 잠시 쉴 때, 손님이 왔는데 술상을 내올 형편
   이 안 될 때, 장마철 절집과 여관 화장실에서 냄새로 괴로울
   때 등 열 장면을 들어 담배가 없어서는 안 되는 상황을 설명

했다. 이어 담배가 농사나 행상과 좌상坐商 등 세 가지 일에 종사하는 것보다 이익이 훨씬 낫다고 설명함.

6. 객의 말에 대한 이덕리의 반박: 담배의 효용을 부정하진 않지만, 끝에 말한 세 가지 이로움은 사실은 세 가지 큰 해악임을 논변함. 백성을 농사일에 전념치 않게 하고, 며칠 사이에 연기로 흩어져버릴 것에 재화를 다 쓰게 만들기 때문임. 만일 국가적으로 금연 정책을 시행한다면 1년에 1260만 냥을 절약할 수 있고, 이 돈이면 온 나라에 흉년이 들어도 충분히 구휼할 수 있는 큰 재물임.

7. 금연령의 실효성을 회의하는 객의 반박: 담배는 술이나 차와 같은 기호품이고, 이로움과 해로움이 반반임을 들어 전면적인 금연령이 어려울 것이며, 그것이 꼭 필요한지조차 의문임.

8. 금연령 시행의 구체적인 방법을 논한 이덕리의 대답: 금년에 영을 내려 이듬해부터 금지시키면 됨. 금연령을 내려 씨앗을 태우고, 불법적인 담배 재배를 전담 관리를 파견해 감시하며, 국경 시장을 통해 담배 반입을 원천적으로 봉쇄하면, 2년 안에 모든 백성이 담배 맛을 잊어버리게 될 것임을 주장.

처음 짧은 세 단락의 도입 부분 이후 객과 주고받은 세 차례의 문답으로 전체 내용이 구성되어 있다. 작가가 담배의 열 가지 해악을 말하자, 객은 즉각 열 가지 효용으로 응수한다. 이어 객이 담배의 세 가지 이로움을 언급하자, 작가는 그것이 실은 세 가지 해로움이라고 말하며, 금연 정책으로 얻을 수 있는 막대한 경제적 이익을 설명한다. 이에 객은 다시 정책 시행의 실효성에 회의를 표시하고, 작가가 다시 그 구체적 방법을 제시하는 것으로 글이 끝난다.

글의 전체 주제는 이덕리의 실학자적 관점을 반영한 듯, 담배가 국가 경제에 미치는 악영향을 우려하고, 담배로 인한 실생활의 폐해를 고발하는 내용으로 되어 있다. 나아가 그는 국가 정책으로 확고하고 단호하게 금연령을 시행하여, 이를 통해 창출되는 경제 효과만으로도 1년에 1260만 냥을 절약할 수 있다며 시행의 구체적인 방법까지 단계별로 제시했다.

이 글보다 나중에 나온 이옥의 『연경』이 담배에 인이 박힌 애호가로서 담배의 재배와 관리, 흡연 도구 및 흡연 문화 전반에 걸쳐 구체적으로 논함으로써 담배 사랑의 변을 밝힌 것임에 반해, 이덕리의 「기연다」는 정반대 논조를 띠고 있는 것이 흥미롭다. 이옥은 『연경』 권4에서 담배의 일곱 가지 효용, 담배를 피우기 좋은 열여섯 가지 상황, 담배를 피워서는 안 되는 열여섯 가지 상황, 담배 맛을 돋우는 다섯 가지 상황, 품위 없이 담배를 피우는 여섯 가지 모습, 담배를 피우는 가장 멋진 다섯 가지 장면 등을 흥미롭게 설명했다. 이 가운데 「연용烟用」, 즉 담배의 일곱 가지 효용을 논한 대목과 「연미烟味」, 즉 담배가 가장 맛있는 다섯 가지 상황 등의 대목은 「기연다」에서 담배가 없어서는 안 될 열 가지 상황에 대한 설명과 겹쳐 읽어보면 아주 흥미롭다.

「기연다」의 번역 및 원문

먼저 「기연다」의 전체 역문과 원문을 제시한다.

연다烟茶, 즉 담배는 일본에서 나왔다. 어떤 이는 이렇게 말한다. 남편이 가래 끓는 병을 앓는 일본 여자가 있었다. 여자는 늘 자기가 죽더라도 지아비의 병이 낫게 되기를 소원했다. 뒤에 과연 무덤 위로 풀이 돋았는데, 남편이 그 잎을 따서 연기로 마시자 병이 좋아졌다는 것이다. 그래서 담박귀淡泊鬼라 하고, 또한 담파괴痰破塊라고도 한다. 우리나라에서는 남령초南靈草라 하고, 또 줄여 남초南草라고도 한다.

계곡谿谷 장유張維(1587~1638)의 『계곡만필』에는 담배의 이로운 점과 해로운 점이 적혀 있는데, 해로운 점이 훨씬 많다. 하지만 계곡은 담배를 가장 즐겼던 사람이다. 그래서 선원仙源 김상용金尙容(1561~1637)이 일찍이 인조 임금께 아뢰었다. "전하께서는 장 아무개가 취할 만한 구석이 있다고 하셨습니다. 하지만 신이 그에게 담배를 피우지 말라고 경계했건만 끝내 능히 끊지 못하니, 이는 그가 취할 만한 것이 없다는 한 증거이옵니다." 계곡은 선원의 사위였다. 번번이 주의를 듣고 담배를 끊으려 했지만 끊을 수가 없었으므로 만필에다 이를 적었던 것이다. 세상에서는 비변사의 청사 안에서 연죽煙竹이 횡행하기 시작한 것은 계곡부터라고 한다.

담배를 피우기 시작한 지 수백 년도 못 되었는데 천하에 두루 퍼졌다. 중국과 일본에서는 모두 잘게 썰어 김을 쐬어 말려서 독한 기운을 죽인다. 유독 우리나라 사람만 진액이 많은 것을 취해 진미로 여긴다. 심한 경우 담뱃잎을 자르지도 않고 연기를 들이 마시며 담배 맛이 맵지 않은 것만 염려한다. 다른 나라 사람들은 담배를 피운 것이 오래되었지만 단지 술 마실 때 잠깐 피우거나, 담뱃대烟盞 옆에 작은 구멍을 뚫어놓고 구멍 속에 불이 보이면 피우기를 그친다. 우리나라 사람들은 천천히 오래 피우는 것을 맛이라 여겨 재가 된 뒤에야 그치므로, 원기를 손상하고 일에 방해되는 것이 더욱 심하다 하겠다.

나는 말한다. 담배는 진기를 소모시킨다. 첫 번째 해로움이다. 눈이 어두워지는 것을 재촉하니 두 번째 해로움이다. 담배 연기가 옷가지를 물들이니 세 번째 해로움이다. 연기의 진액이 의복과 서책을 얼룩지게 하니 네 번째 해로움이다. 불씨가 늘 몸 가까이에 있어 불이 나기 쉽다. 작게는 옷이나 자리를 태우고, 크게는 집이나 들판을 태우니, 다섯 번째 해로움이다. 입 속에 늘 긴 작대기를 물고 있다보니 치아가 일찍 상한다. 간혹 목구멍을 찌를 염려도 있다. 여섯 번째 해로움이다. 구하는 바가 사소하여 별 혐의가 없기 때문에 상하노소上下老少는 물론 친소와 남녀를 떠나 서로에게 구하기를 그치지 않는다. 혹 가다가는 얻으려다 업신여김을 받기까지 한다. 일곱 번째 해로움이다. 집에서 지내는 자가 화로 숯을 간수하지 않고 툭하면 불을 찾는다. 길 가는 자가 부시나 담뱃갑 챙기는 것이 늘 한 가지 번거로움이 된다. 여덟 번째 해로움이다. 한번 들이마시고 내쉴 때 늘 건방진 기운을 띠는 것이 다른 음식에 견줄 바가 아니다. 때문에 젊은이가 자리를 피해 달아나는 습속을 열고, 아랫사람이 윗사람을 범하는 풍조를 여니, 아홉 번째 해로움이다. 담배란 물건은 항상 입과 손을 부려야 한다. 그러다보니 피우려 하면 좌우가 거추장스럽다. 다른 사람과 수작할 때도 자꾸 맥락이 끊긴다. 공경스런 뜻을 잃게 되고, 또 용모를 단정히 하라는 가르침에 소홀하게 되니 열 번째 해로움이다.
객이 말했다.

"담배의 해로움이 과연 그대의 말과 같다. 하지만 담배가 없어서는 안 될 곳이 또 몇 곳 있다. 객창에서 비 오는 밤, 친구 없어 고적한데, 누워도 잠 안 오고, 입은 텁텁하고 목은 탄다. 화로를 뒤적이다 좋은 벗이 곁에 있어 담뱃대를 빨아대니 침이 절로 솟는다. 이것이 담배가 꼭 필요한 첫 번째다. 덜 깬 잠이 몽롱하여 숨을 잠깐 골라본다. 하인 녀석 곤히 자고 등불은 가물가물. 일삼아 빨아대며, 괴로움을 절로 잊는다. 이것이 담배가 꼭 필요한 두 번째다. 잔치가 끝난 뒤에 술도 없고 차도 없다. 단맛과 기름기가 이와 혀에 여태 남아, 이 뿌리 씻어낼 제 이쑤시개 어이 쓰리. 혀는 본시 청정하여 설도雪桃(이쑤시개)보다 재빠르다. 이것이 담배가 꼭 필요한 세 번째다. 손님 잔치 처음에는 주객이 서먹하다. 인사 겨우 마치고는 멀뚱멀뚱 마주 보네. 한번은 풍경 보고, 한번은 허공 구경. 이것이 담배가 꼭 필요한 네 번째다. 의정부와 비변사에 벼슬아치 가득한데, 경국經國 대책 바이없어 모두 나만 바라볼 제, 담뱃대 매

166

만지면 고심하는 느낌 들고, 담배 연기 머금으면 깊은 생각 잠긴 듯해. 이것이 담배가 꼭 필요한 다섯 번째다. 사랑하는 사람을 변방으로 보내거나 남포에서 연인과 헤어지고 난 뒤, 눈에서 사라지자 넋은 녹고, 꿈결인 듯 목이 메어 정신 온통 멍한데, 높은 산서 돌 굴리듯 기분 빨리 가라앉고, 바늘구멍에 수레 달리듯 번민은 빨리 해소된다. 이것이 담배가 꼭 필요한 여섯 번째다. 시 지어 덜 다듬고 긴 글 아직 뻑뻑한데, 글 쓸 힘도 다 빠져서 턱을 괴고 우두커니. 여의如意를 매만지자 글 생각이 샘솟아나 금세 좋은 글 토하니 기이한 말 자옥하다. 이것이 담배가 꼭 필요한 일곱 번째다. 불볕더위 김을 매니 붉은 땀이 뚝뚝 듣네. 여름비에 모내기라 진창길이 배에 찬다. 비옷 속에 부시 치니 갓 아래서 연기 난다. 쉬면서 힘듦 잊어 괴로움을 즐기나니. 이것이 담배가 꼭 필요한 여덟 번째다. 산집에 손님 와도 잔술 마련 어려워서, 한 잎 쪼개 얇게 늘여 허공 보며 내뿜으니 그래도 좋은 것을. 이것이 담배가 꼭 필요한 아홉 번째다. 절집이나 여관 뒷간 찌는 더위 장맛비에 구린내는 올라와 코 막아도 소용없네. 담배가 꼭 필요한 열 번째다.

담배는 배고픈 자를 배부르게 하고 배부른 자는 배를 꺼지게 한다. 추운 자는 따습게 하고 더운 자는 시원하게 해준다. 이것이 비록 담배에 빠진 사람의 이야기라고는 하지만 일리가 없지 않다. 이제 와 굳이 옳고 그르고를 따질 것까지는 없다. 작은 초가집에 혼자 살며 송곳 세울 땅도 없는 사람은 공역과 사채에 마침내 대책이 없게 마련이다. 쟁기를 들고 산에 들어가 불을 질러 담배 밭을 개간하고 게알 같은 씨 뿌리고, 봉새 꼬리 같은 잎이 나니, 오곡이 익기도 전 이것 이미 장에 들어 근량 달아 돈을 얻는 집이 가장 많다. 지고 이고 나르는 무리가 이를 서울로 주지 않고, 천천히 외쳐 장사하여 부족한 것을 채워 기뻐하며 돌아온다. 처자는 기뻐하는 기색이 있고, 난폭한 아전은 공연히 소리 지르는 위엄을 잃는다. 심지 않고 거두지 않아도 1년 내내 죽을 먹을 수 있으니, 이것이 농사짓는 것보다 이로움이 되는 점이다.

먼 고을의 가난한 장사치는 자본이 적어 비싼 것을 사기에는 돈이 부족하고, 싼 것으로 바꾸자니 애쓴 것이 아깝다. 싸지도 않고 비싸지도 않은 엽화葉貨(담배를 말함)가 여기 있어, 진삼鎭 三에서 나는 것이 서남에서 으뜸이 되니, 자른 연초를 담은 궤짝이 서울로 절반이 온다. 등급을 매겨 값을 정하고, 빛깔을 살피고 맛을 따진다. 적으면 바리에 싣고, 주머니가 비었으면 어깨에 멘다. 못해도 입에 풀칠은 할 수 있고, 잘하면 집안 살림을 윤택하게 할 수도 있다. 이것이 행상보다 이익이 되는 점이다.

한가로이 노니는 무리는 먼 길 떠나는 것을 꺼린다. 인적이 끊긴 험한 길이나 먼 나루를 높은 곳에 올라가 바라보다가 교활한 토끼처럼 기회를 틈타 달려와 싼 것을 내놓으며 들러붙는다. 하루 사이에도 통하고 막힘이 여러 번 변하고, 그 솜씨에 높낮이는 있지만, 빼고 더함은 귀신과 같다. 이목이 미치지 않으면 다시 패거리끼리 결탁하여 찌끄러기를 주워 모으기만 해도 오히려 술을 한 차례 마실 수가 있다. 간혹 가다 운이 좋으면 대단히 많이 남기는 수도 있다. 이는 앉아 하는 장사보다 이익이 되는 점이다.

이왕에 없어서는 안 될 열 가지 이유가 있는 데다 이 같은 세 가지 큰 이익이 있고 보니 비록 열 가지 해로움이 있더라도 없앨 수 없을까 염려된다."

내가 말했다.

"그대가 말한 없을 수 없다는 것을 나 또한 감히 아니라고는 하지 않겠다. 하지만 세 가지 큰 이로움이라 한 것은 사실은 세 가지 큰 해악이다. 내가 이전에는 이 생각을 못 했는데, 다행이 그대의 말이 여기에 미친지라 내가 분변하지 않을 수가 없다. 대저 사자는 코끼리를 잡을 때도 온 힘을 다하고, 공을 굴릴 때도 온 힘을 다한다. 온힘을 다하지 않고 능히 성취를 이룰 수 있는 것은 없다. 이제 만약 쟁기를 들고 산에 들어가는 자가 몇 이랑의 땅을 파서 한 말의 곡식을 씨 뿌려 그 뿌리를 북돋우고 싹을 베는 힘을 들여, 잡초를 김매고 강아지풀을 제거한다면 이삭이 무성하지 않을까 걱정하지 않을 것이다. 그 줄기를 자르고 잎을 엮는 힘을 담장 쌓고 벼 거두는 데에 쓴다면 농사가 때를 맞추지 못할까봐 근심하지 않을 것이다. 남에게 물건을 팔아 돈을 버느니 내 힘으로 나의 먹을 것을 마련하는 것이 어떠하겠는가? 남에게 담배를 파느니 남에게 밥을 주는 것이 어떠한가? 이것이 씨 뿌리는 것보다 해가 되는 점이다.

헛된 꿈을 쫓아다니는 장사치들로 하여금 소들이 땀을 흘리며 어깨에 짐을 싣고 힘들게 나르도록 하느니 곡물을 나르는 데 쓰도록 하면 창화 땅의 쌀이 장차 잇달아서 해묵지 않을 것이다. 많은 가게의 장사치로 하여금 잎을 쪼개고 줄기를 가르는 데 힘을 쏟게 하느니 아주 적은 양의 무게를 다는 저울을 살피는 데 힘을 쏟게 한다면 동래東來와 무주의 시루가 장차 날마다 불을 때서 먼지 않는 일은 없을 것이다. 이것을 하지 않고 저것에만 힘을 쏟아, 시장 위에 쌓인 것이 반 너머 독한 냄새와 괴로운 먼지이고, 주머니 속에 남아도는 것은 자질구레한 동전에 지나지 않는다. 며칠 사이에 연기로 사라져 허공으로 돌아가버리니 이 어찌 신농씨가 낮에 시장을 만든 처음의 뜻이겠는가? 이것이 행상과 좌상보다 해가 되는 점이다. 다만 이러한 세 가지 큰 해로움은 앞서의 열 가지 해로움에 비해 해가 더 크다. 그런데도 그대는 이것을 큰 이로움으로 여기니 어찌 잘못이 아니겠는가?

이제 우리나라 360개 고을 중에서 큰 고을은 빼고, 작은 고을은 꼽지 않더라도, 하루 사이 한 고을 안에서 담뱃대를 입에 물고 연기를 뿜는 자가 만 명을 밑돌지 않을 것이다. 피우는 데 한 문의 돈이 든다 치면 360일로 누계하여 1260만 냥이 된다. 대저 1260만 냥이라면 온 나라에 흉년이 들었을 때 구휼하는 재물로 삼더라도 남을 것이다. 이것으로 마땅히 해마다 온 백성의 먹고 입는 비용의 절반을 제공할 수도 있을 것이다. 만약 능히 금하여 끊게 한다면 이는 해마다 360개 고을 사람

170

에게 1260만 냥을 나눠주는 것이니, 나라를 부유하게 하고 백성을 넉넉하게 함이 어찌 적다 하겠는가? 하물며 곡식을 생산하는 도리와 고르게 운반하는 이로움이 또 이것과 별개이겠는가?"

객이 말했다.

"그대의 말로 담배의 해로움이 과연 남김없이 드러났다. 하지만 우임금께서도 술을 미워했으나 금할 수는 없었다. 선왕 때에 금주령을 선포하고도 능히 끝을 보지 못했던 것은 이로움과 해로움이 반반인 데다 즐기는 자가 많았기 때문이다. 이제 술은 잠시 접어두고 말하지 말자. 황정견黃庭堅은 차를 노래한 시에서 차의 맛에 대해 자세히 형용했다. 「일곡주一斛珠」란 작품에서는 '밤 깊자 마치 선궐仙闕로 돌아감을 깨달아, 장대章臺 길로 말을 달려, 거리에 가득한 달빛을 밟아 부순다'고 했다. 또 「완랑귀阮郞歸」에서는 '붉은 갑사 등롱 아래 금안장에 뛰어올라, 돌아올 제 그 님은 난간에 기대었지'라고 했다. 또 「품령品令」에서는 '흡사 마치 등불 아래 만 리 먼 길 그리던 님 돌아와 마주한 듯. 입 열어 말 못 해도 마음만은 상쾌하여 스스로를 살피는 듯'이라 했다. 사람이 좋아하는 것에 집착하는 것이 이와 같다. 그러니 부형이 자기 자제에 대해서라 해도 반드시 시행함을 기약하기는 어렵다. 하물며 담배를 즐기는 것은 이보다 훨씬 더 심함에 있어서랴. 다행히 우리나라 조정에서 법으로 금한 것 중에 담배는 들어 있지 않다. 그러나 조정에 가득한 공경公卿들이 담배를 즐기는 것이 계곡 장유보다 심하지 않은 이가 없다. 그러니 누가 즐겨 온 나라 천만 명을 볼모 삼아 자기의 한때의 통쾌함을 버리려들겠는가? 그러니 이를 금지시키는 법은 마땅히 어떻게 해야 가능하겠는가?"

내가 말했다.

"담배를 금하는 것은 술을 금하는 것보다는 아주 쉽다. 올해에 영을 내리고 이듬해에 금지시킨다. 금년 정월에 그 씨앗을 가져다가 큰 길거리에서 이를 태워버리고 금연령을 내린 해 정월에는 아직 남은 담뱃잎을 거두어서 불사른다. 담뱃대 만드는 일도 금지시킨다. 여름과 가을에 경차관京差官을 나눠 보내, 깊은 산 궁벽한 골짜기의 밭두둑과 울타리 사이를 다니면서 살피게 해서, 담배를 심은 자에게는 중형을 내리고, 고발하지 않은 자에게는 그보다 조금 낮은 형벌을 준다. 동래東萊와 의주義州의 장이 서는 곳에 먼저 공문을 보내 담배를 가지고 국경을 들어오는 일이 없게끔 한다. 1년만 이를 시행하면 그 습관을 잊을 수 있고, 2년이면 그 맛을 잊을 수 있다. 담배를 끊기 어려운 것은 습관과 맛 때문이다. 습관과 맛을 다 잊은 뒤라야 끊을 수가 있다."

烟茶出於倭國. 或言倭國女子之夫有病痰者, 女子常願身死而療夫病. 後果塚上生草, 其夫取其葉, 吸烟而病良已. 故曰淡泊鬼, 亦曰痰破塊. 我國謂之南靈草, 又直謂之南草.

溪谷漫筆, 記烟茶利害. 而害居多. 然溪谷最嗜之. 故仙源曾奏長陵曰: "殿下以張某謂有可取, 然臣戒其毋吸烟茶, 而終不能斷. 此其無可取之一端也." 盖溪谷於仙源爲女婿. 而每受其戒, 欲斷未能.

故著之於筆也. 世傳備邊司廳中橫烟竹, 自溪谷始云.

烟茶之行, 不過數百年, 遍於天下. 中國及倭奴, 皆細剉蒸乾, 祛其毒氣. 獨我國人, 取其液氣津津者, 爲珍味. 甚者不切而吞烟, 惟恐其不辛辣也. 他國則吸烟之久, 只如飮盃酒之頃, 或烟盞傍開小穴, 穴中火現則止. 我國以遲延久吸爲味, 灰燼而後已. 其耗氣妨事, 爲尤甚.

余謂烟茶耗眞氣, 害一也; 催眼昏, 害二也; 烟氣薰染衣物, 害三也; 烟液點汚衣服書冊, 害四也; 火種恒不離身, 易致疏失, 小則燬衣燒席, 大則燔屋燎原, 害五也; 口中常啣長枚, 故齒牙早傷, 或有刺喉穴齶之患, 害六也; 爲其所求者, 小而無嫌, 故上下老少, 親疏男女, 相求不已, 或至取侮媒奸, 害七也; 居家者, 不以爐炭爲事, 則呼火不置. 行役者火具茶匣, 恒作一累, 害八也; 一吸一噗, 長傲帶慢, 非他飮食之比. 故開少輩逃席之習, 啓下流犯上之漸, 害九也; 惟其爲物, 常爲口手之役, 臨事則掣左碍右, 酬酢則間前斷後, 旣失執敬之義, 又忽容端之箴, 害十也.

客曰: "烟茶之害, 果如子言. 烟茶之不可無者, 又有幾處. 旅窓雨夜, 悄無伴侶, 寢睡不着, 口淡喉燥. 撥爐而良朋在座, 噏筒而華泉自涌, 其不可無者一也; 談詁未蘇, 鼻息乍調. 侍者困躄, 燈火明滅. 旣屑吻於有事, 幸呻吟之自忘, 其不可無者二也; 終宴之餘, 酒盡茶渴, 甘濃肥膩, 留漫牙舌. 牙根疏滌, 何煩桃籤. 舌本淸淨, 捷於雪桃, 其不可無者三也; 賓之初筵, 主客濶疏. 寒暄才畢, 瞪目相對, 一以爲接風之地, 一以爲望空之資, 其不可無者四也; 政府籌司, 僚屬滿座, 愧經國之無策, 憫具瞻之屬已. 弄竹則或疑乎運籌, 含烟則有類乎沈思, 其不可無者五也; 送愛邊城, 別美南浦, 目旣斷兮魂消, 夢屢咽兮神翕, 高山轉石, 其降氣之快也, 針孔走輪, 其攄懣之速也, 其不可無者六也; 句成而未琢, 篇長而未圓, 操觚力倦, 支頤無俚, 聊持如意, 藻思泉湧, 乍吐奇芬, 綺語雲興, 其不可無者七也; 炎天揮鋤, 赭汗滴土. 暑雨插秧, 泥塗及腹, 敲石襯底. 颺烟笠簷, 息勞忘咎, 以苦爲樂, 其不可無者八也; 山家客到, 盃酒難辦, 到一葉其縱薄, 視虛欲而猶賢, 其不可無者九也; 寺溷店厠, 炎蒸雨淋, 穢氣騰上, 塞鼻無棗, 其不可無者十也.

若夫飢者使之飽, 飽者使之消. 寒者使之熱, 熱者使之凉. 則雖是耽之者之說. 而亦不無其理, 然今不必索言. 至於蔀屋單丁, 卓錐無地, 公徭私債, 了當沒策. 携耒入山, 燒畬破塊, 子播蟹卵, 葉抽鳳尾, 五穀未秀, 此已入市. 掂兩播斤, 得錢最多. 負戴之倫, 莫之與京, 緩嘖補欠, 施施而歸, 妻孥有欣欣之色, 暴吏失虛喝之威, 不稼不穡, 畢歲饘粥, 此其爲利於種之者也.

下邑貧商, 缺少貨本, 買貴乏錢, 貿賤惜力. 匪賤匪貴, 爰有葉貨, 鎭三之産, 甲于西南, 截草之櫃, 半于京肆, 揣級論價, 辨色識味, 少有則駄載, 囊空則擔挑, 拙亦糊口. 巧能潤屋, 此其爲利於行商者也.

游閒之徒, 憚于遠役, 截路邀津, 登壟而望, 奔機如兎, 出賤戒膠. 一日之間, 通滯屢變, 高低其手, 抽添入神. 耳目不給, 則更結夥計, 拾零湊碎, 尙堪一醉. 時來運通, 或有奇羨, 此其爲利於坐賈者也.

旣有十不可無, 且有此三大利, 雖有十害, 恐未可去也."

余曰: "子所謂不可無者, 吾亦不敢埋沒他. 若所謂三大利, 實則是三大害也. 吾向也未及, 而幸子言之及此, 吾不可以不卞也. 夫獅子

174

之搏象也, 用全力, 弄丸也, 亦用全力. 未有不用全力. 而能致其有
者也. 今使携未入山者, 破數畝土, 種一斗粟, 致其培根剔芽之力於
耘草去莠, 則不患稼之不茂也. 致其削莖編葉之力於築墻納禾, 則
不患稭之不時也. 賣人取直, 何如我食我力, 賣人以烟, 何如惠人以
食. 此其爲害於種之者也.

使赴虛之商, 致其汗牛頹肩之勞於輸致穀物, 則昌化之米, 將陸續
而不陳矣. 使列肆之賈, 致其柝葉分莖之巧於揣摩圭撮, 則萊蕪之
甌, 將日炊而不塵矣. 此之不爲, 而惟彼之務. 市上堆積, 半是毒臭
苦塵. 囊裏贏餘, 無過零金碎鐵. 數日之間, 飄爲縷烟. 歸之盡空, 是
豈神農日中爲市之初意哉. 此其爲害於行商坐賈者也. 惟此三大害,
比前十害爲甚. 而子以爲大利, 豈不謬耶?

今我東三百六十州, 大邑過之, 小邑不及. 而要之一日之間, 一邑之
內, 含筒噴烟者, 不下萬人. 所吸可費一文錢, 則積計三百六十日,
可爲一千二百六十萬兩. 夫一千二百六十萬兩, 爲一國歉歲賑財,
而有餘矣. 使當恒年可供齊民衣食之半, 若能禁斷, 則是季季分俵
一千二百六十萬兩. 於三百六十州之人, 其饒於國, 而裕於民, 豈曰
少哉. 況生穀之道, 均輸之利, 又在此外者乎?

客曰: "子之言, 烟茶之害, 果無餘蘊. 然大禹惡旨酒, 而不能禁. 先
王禁酒, 而不能終者, 以利害相半, 而嗜之者多故也. 今姑置酒勿
論. 黃魯直詠茶詞, 形容茶味者極矣. 一斛珠則云: '夜闌似覺歸仙
闕, 走馬章臺. 踏碎滿街月.' 阮郎歸則云: '絳紗籠下躍金鞍, 歸時人
倚欄', 品令則云: '恰如燈下, 故人萬里, 歸來對影. 口中不言, 心下
快活自省.' 人之於所嗜, 偏着有如是. 則雖父兄之於子弟, 難期其

175

必施. 況嗜烟茶者, 有甚於此哉. 幸我國朝家法禁中, 不用烟茶, 而
滿朝公卿, 無不嗜過溪谷, 則誰肯爲一國千萬之費, 捨自己一時快
活乎. 然而禁之之法, 當如何而可?"

余曰: "禁烟茶, 比禁酒甚易甚易. 今年施令, 明年施禁, 而今之年首
春, 取其種而焚之於通衢大道, 禁之年首春, 斂其未盡之葉焚之. 禁
造筒之工, 夏秋分送差官, 行視深山窮谷墺圃藩籬之間, 種者服重
刑, 不告者受次刑. 萊灣開市處先期移咨, 使不得齎袠O入境. 行之
一年, 可忘其習, 二年 可忘其味. 烟茶之難斷, 習與味而已. 習與味,
俱忘而後可.

「기연다」의 자료 가치와 의의

「기연다」를 통해 우리는 당시 조선의 흡연 문화의 구체적인 현황을
알 수 있다. 이덕리는 이 시기에 우리나라 360개 고을에서 한 고을
평균 1만 명 이상의 흡연자가 있다고 주장했다. 한 사람이 담배 피
우는 비용을 하루 1문으로만 쳐도 360일로 누계하면 무려 1260만
냥의 거금이 된다. 아무짝에 쓸모없는 담배 연기로 이 많은 돈이 사
라져버리니 국가의 재정적 손실과 낭비가 얼마나 크냐고 하면서,
전면적인 금연 정책의 실시를 강력히 주장했다.

「기다」에서 이덕리는 아무도 거들떠보지 않는 차 재배와 관리를
국가가 전매함으로써 엄청난 국부 창출이 가능하다고 역설했는데,
이와 반대로 담배는 금연령 시행을 통해 국가 경제의 활로를 모색

해야 한다고 주장한 것이다. 이 자료의 가치를 다음 몇 가지로 간략히 정리한다.

첫째, 「기연다」는 18세기 조선의 흡연 문화의 실상과 시장 규모를 여실히 보여준다. 독한 것만 찾는 잘못된 흡연 습관이 미치는 건강상의 유해성과 화재 위험과 예절의 문란 등 여러 폐해를 들어 흡연 문화가 가져온 사회상의 변화를 설명했다. 또한 경제활동 면에서 담배 생산이 가져온 기초 경제활동 경시 풍조 등의 폐단도 날카롭게 지적했다.

둘째, 흡연의 열 가지 즐거움을 제시한 대목을 통해 당시 흡연이 온 백성에게 얼마나 확산되어 있고, 생필품 이상으로 중요한 기호품의 위치를 차지하고 있었는지를 알 수 있다.

셋째, 담배 생산과 유통에 관한 구체적인 정보를 얻을 수 있다. 진삼鎭三 등의 담배 주산지와 유통 방식, 담배 장사치들의 이윤 추구 방법 등을 엿볼 수 있다.

넷째, 구체적인 금연 정책 방안이 제시되어, 이덕리의 실학자적인 면모를 재차 확인할 수 있다. 「기연다」와 「기다」는 자매편격 성격을 지니는 저술이다. 이를 이어 『상두지』에서는 차 전매와 금연 정책을 통해 벌어들인 엄청난 이익을 국방력 강화에 어떻게 활용할 것인지에 대한 실천 방안을 제시했다. 이덕리의 3부작 저술은 모두 긴밀한 상관관계를 맺고 있음을 알 수 있다.

조선시대의 흡연 문화는 그것만으로도 매우 흥미롭고 유익한 탐구 주제다. 이 자료의 소개를 통해 흡연 문화의 실상에 좀더 가깝게 다가설 수 있게 된 것은 무엇보다 소중한 성과가 아닐 수 없다.

제3부

이덕리,
차와 만나다

이덕리와
차에 얽힌 인연

1.

상고당 김광수와 이덕리

이덕리는 어떤 계기로 차에 처음 관심을 갖게 되었을까? 먼저 이덕리의 생애에서 차에 얽힌 인연을 만들어가는 계기를 살펴보자. 이덕리는 진도 유배지에서 차의 유용성에 대해 새롭게 눈을 떴다. 그의 차 체험은 진도 유배 이후에 시작된 것일까, 아니면 그 전부터 차에 대한 식견을 지녔을까?

이덕리의 얼마 알려지지 않은 생애의 단편 속에서 차와의 인연은 지속적으로 포착된다. 그가 차와 처음 해후한 것은 19세 때인 1743년이다. 「기다」 중 「다사茶事」 본문 제7조에 관련 내용이 보인다.

계해년(1743) 봄에 내가 상고당尙古堂에 들렀다가 요양遼陽의

180

사인士人 임任 아무개가 부쳐온 차를 마셨다. 잎이 작고 창槍이 없었으니, 생각건대 손초孫樵가 말한 우렛소리를 들으며 딴 것인가 싶었다. 당시는 한창 봄날이어서 뜨락에 꽃이 아직 시들지 않았다. 주인은 자리를 펴고 소나무 아래서 손님을 접대했다. 곁에 차화로를 놓아두었는데 차화로와 탕관은 모두 해묵은 골동품 그릇이었다. 각자 한 잔씩을 다 마셨다. 그때 마침 감기를 앓는 늙은 하인이 있었다. 주인이 몇 잔 마실 것을 명하며 말했다. "이것으로 감기를 치료할 수 있다." 벌써 40여 년 전의 일이다.

余於癸亥春, 過尙古堂, 飮遼陽士人任某所寄茶, 而葉小無槍, 想是孫樵所謂聞雷而採者也. 時方春月, 庭花未謝. 主人設席, 松下相待. 傍置茶爐, 爐罐皆古董彝器. 各盡一杯. 適有老傔患感者, 主人命飮數盃曰: '是可以療感氣.' 距今四十餘年.

상고당尙古堂은 조선 후기 골동품 수장가로 이름을 날렸던 김광수金光遂(1699~1770)의 당호다. 김광수는 이덕리보다 나이가 26세나 위였다. 방문의 연유는 밝혀져 있지 않다. 1743년 늦봄에 이덕리는 김광수의 집을 방문했고, 소나무 아래에 자리를 깔고 골동품 다기와 차 화로에 중국차를 끓여내 함께 마셨던 모양이다. 이 자리에서 김광수는 마침 감기를 앓고 있던 늙은 하인에게 몇 잔 마시게 하면서 차가 감기를 낫게 한다는 약리적 효능을 강조했다. 이때 차가 처음으로 이덕리에게 깊이 각인된 듯하다.

김광수는 어떤 인물인가? 그는 이조판서를 지낸 김동필金東弼

의 둘째 아들로 태어나 일찍 과거를 그만두고 당시 조선의 대표적인 골동품 수장가로 이름이 높았던 인물이다. 이덕수李德壽(1673~1744)가 지은 「상고당김씨전尙古堂金氏傳」이 남아 있고, 자신이 직접 지은 「생광生壙」 탁본이 전해온다. 박지원朴趾源은 「필세설筆洗說」에서 그의 골동품 수장벽에 대해 자세히 언급한 일이 있고, 박제가朴齊家와 이광사李匡師도 그에 관한 글을 따로 남기고 있을 만큼 당대에 명망이 상당했던 수장가다.

위 글에서 이덕리가 1743년 봄 김광수의 집에서 차맛을 처음 본 것이 40여 년 전이라 했으니 이 글은 적어도 1783년 이후에 쓴 것이다. 이덕리는 40여 년 전의 광경을 또렷하게 기억하여 차가 갖는 약성에 대해 인상 깊게 설명했다. 이 일이 특별한 기억으로 남은 것으로 보아 이전까지 이덕리는 차를 마신 경험이 전혀 없고 이후로도 이와 비슷한 찻자리는 거의 체험해보지 못했던 듯하다.

그런데 비슷한 시기에 김광수의 집에서 가진 찻자리를 증언한 또 다른 사람의 기록이 따로 남아 전한다. 심사정沈師正(1707~1769)이 그린 「와룡암소집도臥龍菴小集圖」가 그것이다. 화제畫題에 "비 온 뒤 와룡암에서 흥에 겨워雨後在臥龍菴乘興"라고 적었다. 여기서는 김광수의 거처 이름을 와룡암이라고 했다. 와룡이란 기울어 누운 용린龍麟의 거송巨松을 가리킨다. 앞서 이덕리가 찻자리의 배경으로 말한 '송하松下'가 바로 이 소나무 아래다. 그림을 보면 토담벽 사이로 일각문—脚門이 나 있다. 상단에 상고당尙古堂이란 이름으로 불렸을 사랑채의 실루엣이 보이고 축대 아래 솔그늘에 마련된 널찍한 평지에 둘러앉은 세 사람과 심부름하는 더벅머리 동자 둘의 모습이 보

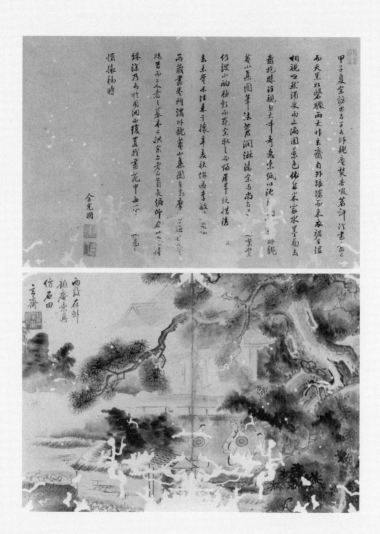

와룡암소집도와 와룡암소집도제발(간송미술관 소장)

인다. 주인은 탕건에 학창의鶴氅衣를 입었다. 그 맞은편에 등을 보인 채 갓을 쓴 두 사람이 있다. 화면이 벌레 먹어 훼손되었지만 화면 오른쪽의 동자는 차 끓이는 다동茶童의 모습이다. 화면 위 길게 드리운 소나무가 바로 와룡臥龍의 별칭을 지녔던 유명한 소나무다.

이 그림은 김광수와 마찬가지로 그다음 세대에 회화 수장가로 이름 높았던 김광국金光國(1727~1797)이 소장했던 것이다. 그림과 별도로 이 그림의 내력을 적은 김광국의 「와룡암소집도제발臥龍菴小集圖題跋」이 남아 있다.

> 갑자년(1744) 여름에 내가 상고자尙古子 김광수金光遂(1699~ 1770)를 와룡암으로 방문했다. 향을 사르고 차를 마시며 서화를 평론했다. 갑자기 하늘이 시커멓게 흐려지더니 소나기가 크게 쏟아졌다. 현재玄齋 심사정이 밖에서 허둥지둥 들어오는데 의복이 온통 젖은지라 서로 보며 깜짝 놀랐다. 잠시 후 비가 그치자 정원 가득한 풍경이 미불米芾의 수묵화와 다름없었다. 심사정이 무릎을 안고 주시하더니 갑자기 크게 이상한 소리를 지르며 급히 종이를 찾더니만 심계沈啓南의 화법으로 붓을 휘둘러 「와룡암소집도」를 그렸다. 필법이 굳세고 윤기나며 물기가 뚝뚝 듣는 듯했다. 나는 김광수와 함께 무릎을 치며 감탄했다. 인하여 작은 술자리를 베풀어 한껏 즐기고 헤어졌다.
>
> 甲子夏, 余訪尙古子於臥龍庵. 焚香啜茗, 評論書畵. 已而天黑如 瑿, 驟雨大作. 玄齋自外踉蹡而來, 衣裾盡濕, 相視啞然. 須臾雨止,

滿園景色, 依然米家水墨圖. 玄齋抱膝注視, 忽大叫奇, 急索紙, 以
沈啓南法, 揮酒臥龍菴小集圖. 筆法蒼潤淋漓, 余與尙古子○○歡
賞, 仍設小酌, 極歡而罷.

「와룡암소집도」가 탄생하는 순간의 광경을 묘사했다. 심사정이
도착하기 전까지 김광수는 김광국과 함께 분향철명焚香啜茗, 즉 향
을 사르고 차를 마시면서 서화를 감상하며 평론하고 있었다. 당시
김광국은 18세였고 김광수는 그보다 28세나 많은 46세였다. 부자
간이라 보기에도 나이차가 많은 두 사람이 자리를 함께했다. 바로
1년 전 봄날 김광수는 19세의 이덕리에게 차를 대접했고, 이듬해
여름 다시 18세의 김광국을 초대해서 찻자리를 가졌던 것이다. 김
광국은 뒤에 이 그림을 분실했다. 1791년에 이 그림이 곡절 끝에
다시 그의 손에 들어오면서 이를 기념하여 위 발문을 지었다.

이덕리와 김광국 두 사람 다 1743년과 1744년에 각각 19세와
18세의 어린 나이에 김광수의 집에서 특별한 찻자리를 가졌다. 그
리고 그로부터 40여 년이 지난 1785년 이후와 1791년 이후에 각
각 당시의 일을 기록으로 남긴 것도 꼭 같다. 우연치고는 참으로 묘
하다.

찻자리 격식을 처음으로 갖췄던 김광수

김광수는 18세기 중엽 조선에서 문인차文人茶의 품격을 갖춘 찻자

리를 처음으로 열었던 인물이다. 그는 골동품 수집을 하면서 다기茶器와 차 화로 등을 함께 구입했고, 당시 성행한 상고도尚古圖나 아집도雅集圖 그림에 어김없이 등장하는 쌍상투를 튼 다동의 모습을 본뜬 다회茶會를 열었다.

차에 관한 그의 조예는 박제가朴齊家가 「희방왕어양세모회인戲倣王漁洋歲暮懷人」 60수 중에서 "차 끓임은 오직 다만 김성중金成仲을 허락하니, 송풍성松風聲과 회우성檜雨聲을 알아듣기 때문일세煎茶獨許金成仲, 解聽松風檜雨聲"라는 시를 남긴 데서도 증명된다. 시 속의 김성중은 바로 김광수다. 송풍성과 회우성이란 찻물을 끓일 때 불기운의 세기에 따라 탕관에서 물이 끓을 때 나는 소리다. 처음엔 솔바람 소리처럼 들리다가 물이 더 끓으면 마치 전나무에서 빗방울이 떨어지는 듯한 소리가 난다. 그러면 차화로에서 숯불을 꺼내 불기운을 가라앉혀야 한다. 그가 이 소리를 잘 분간했다는 말은 그가 물이 끓을 때 주전자에서 나는 소리만 듣고도 화후火候를 가늠했을 만큼 차 끓이는 데 조예가 있었다는 뜻이다.

이광사李匡師(1705~1777)는 김광수와 매우 가까운 사이였다. 김광수의 사랑방은 내도재來道齋란 이름으로도 불렸던 듯 이광사는 「내도재기來道齋記」에서 그의 서재 내부를 이렇게 묘사했다.

내 친구 김성중이 거처의 이름을 내도재來道齋라 한 것은 도보道甫가 오는 집이어서다. 도보는 누구인고 하니 바로 나다. 대개 명나라 왕세정王世貞의 내옥루來玉樓나 동기창董其昌의 내중루來仲樓에서 뜻을 취했다. 성중은 이 집에다 기이한 글씨와 이

상한 글, 종정鐘鼎과 고비古碑, 좋은 향과 곡우 이전에 채취한
고저차顧渚茶 및 단계端溪와 흡주歙州의 벼루, 호주湖州의 붓, 휘
주徽州의 먹을 쌓아두었다. 나를 위해 좋은 술을 차려놓고 흥
이 돋아 문득 생각이 나면 그대로 말을 보내 나를 청하곤 했
다. 나 또한 기쁘게 달려가서 문에 들어서서 마주하면 손바닥
을 어루만지며 웃고 마주해서는 다른 말이 필요 없었다. 책상
위의 책 몇 권을 가져다가 빠르게 읽고는 옛 종이를 펼쳐 주周
나라 「석고문石鼓文」과 한나라 때 비석 두세 개를 어루만지노
라면 성중은 어느새 손수 향을 사르고 건巾을 드러내 보인 채
팔짱을 끼고 앉아 직접 차를 끓여서 함께 마셨다. 종일 즐겁게
놀다가 저물녘이 되어서야 돌아오곤 했다.

甲子夏, 余訪尙古子於臥龍庵. 焚香啜茗, 評論書畵. 已而天黑如
翳, 驟雨大作. 玄齋自外蹌踉而來, 衣裾盡濕, 相視啞然. 須臾雨止,
滿園景色, 依然米家水墨圖. 玄齋抱膝注視, 忽大叫奇, 急索紙, 以
沈啓南法, 揮洒臥龍菴小集圖. 筆法蒼潤淋漓, 余與尙古子○○歎
賞, 仍設小酌, 極歡而罷.

서재 안의 묘사에서도 역시 차가 등장한다. 그의 집에는 고저우
전차顧渚雨前茶, 즉 고저산에서 생산되는 명품의 우전차雨前茶가 준비
되어 있었다. 이렇게 볼 때 앞서 이덕리나 김광국이 김광수의 집에
서 차를 맛본 일이 두 사람에게는 매우 특별한 기억이었겠지만, 김
광수는 18세기 중반에 이미 골동품 수장가로서뿐만 아니라 문인차
의 품미를 아는 다인의 한 사람으로 널리 각인되어 있었다.

김광수의 음차는 중국제 골동품 다기와 다로에 중국제 차를 끓이는 중국풍이었다. 그에 이르러 조선의 지식인들은 중국의 「상고도」 같은 그림에서나 볼 수 있었던 찻자리의 풍경을 자신의 사랑방속에 비로소 들일 수가 있었다. 이는 문화사의 발전 단계에서 대단히 상징적인 장면의 하나다. 문인들의 아집에서 차가 비로소 술을 대신하여 자리를 차지하게 되었고, 찻자리는 이제 가장 고급한 문화적 소비 행위로서 자리매김하게 되었던 것이다.

『부풍향차보』와 이덕리

이덕리의 차에 얽힌 두 번째 인연은 아무래도 『부풍향차보扶風鄕茶譜』를 꼽지 않을 수 없겠다. 황윤석黃胤錫(1729~1791)의 일기 『이재난고頤齋亂藁』에 전재되어 운 좋게 남게 된 이운해李運海(1710~?)의 이 책은 1755년 부안현감 재직 당시 인근 고창 선운사禪雲寺의 차를 채취해 증세에 따른 향약香藥을 가미해 만든 7종 차의 제법을 소개한 내용이다. 특별히 이 책 속에 그는 자신이 사용했던 계량화된 각종 찻그릇을 그림으로 그려 소개했다. 적어도 조선에서 차의 제법과 다기의 종류 및 크기에 대해 이처럼 자세한 기록을 남긴 것은 전에 없던 일이었다.

그에 따르면 차를 마시기 위해 갖추어야 할 도구는 노爐와 관罐, 부缶와 종鍾, 잔盞과 반盤 등이다. 관은 차화로에 얹어 물을 끓이는 탕관을 말한다. 그다음부터는 각각 절반 크기로 줄어든다. 찻잔은

한 홉들이다. 반은 부와 종, 잔을 얹어놓는 소반이다.

당시에도 이미 차를 마시는 일은 이렇듯 많은 도구가 필요하고 차를 끓이는 데 여러 복잡한 절차가 요구되는 까다로운 문화 행위였다. 일반적으로 1828년 초의가 지리산의 칠불아원에서 직접 목격했던 솥에 넣고 탕약 끓이듯 끓이는 바람에 써서 입에 댈 수조차 없었다던 약용 차를 마시는 것과는 전혀 다른 활동이었다. 이때까지만 해도 차는 결코 아무나 즐길 수 있는 물건이 아니었다. 이 같은 음다풍의 진작은 김광수 이후 중국과의 접촉 폭이 커지면서 경화사족을 중심으로 서서히 불기 시작한 중국 문인풍의 취향이 점차 국내적 수요를 넓혀간 현상의 하나로 이해된다. 『부풍향차보』의 차 문화사적 의의에 대해서는 필자의 『새로 쓰는 조선의 차 문화』와 이에 이은 별도의 논문을 통해 자세히 소개한 바 있으므로 여기서는 다시 논하지 않겠다.

앞서 윤광심의 『병세집』에 수록된 이덕사, 이덕리 형제의 시를 소개하는 자리에서 살핀 것처럼 『부풍향차보』를 지은 이운해의 동생 이중해李重海(1717~1775)는 이덕리 형제와 매우 가까운 사이였다. 이렇게 볼 때 이덕리는 이중해를 통해 그의 형 이운해가 만든 부풍향차를 맛봤거나, 적어도 이 책에 대한 정보를 알고 있었을 가능성이 없지 않다. 설령 이덕리가 『부풍향차보』의 존재를 몰랐다 해도 이중해와의 교유 과정에서 차에 관한 대화가 오갔을 가능성은 대단히 높다.

정리하면 이렇다. 이덕리는 19세 때인 1743년 당시, 도입 단계에 있던 문인차의 취향을 김광수의 집에서 처음 경험했고, 그로부터

12년 뒤 이운해는『부풍향차보』에서 국내에서 채취한 찻잎에 각종 약재를 섞어 만든 7종 향차香茶 세트의 제법을 소개했다. 전적으로 중국차에 의존하고 있던 서울 지역의 문인차 문화가 조금씩 확산되면서 국내에서의 수요 또한 조금씩 꾸준히 증가하고 있었음을 시사하는 대목이다. 게다가 책의 저자 이운해가 자신과 가까웠던 이중해의 친형이란 점에서 이덕리와『부풍향차보』와의 연결 맥락을 상정해볼 수 있다.

2.

표류선이 실고 온 중국 황차

앞서 두 차례에 걸친 차와의 접촉 이후, 이덕리와 차에 얽힌 인연은 1760년에 남해안에 표착한 중국차 무역선을 통해 들어와 향후 10년간 조선에서 소비되었던 엄청난 양의 중국차와의 세 번째 만남으로 이어진다.

18세기 중반 이후 청나라의 해금海禁 정책이 풀리자 중국의 서남 해안에서 북상하는 뱃길이 열렸다. 배를 통한 물류의 이동이 빈번해지면서 서남 연안에 중국 상선의 표착이 부쩍 늘어났다. 특별히 1760년 서해안에 표착한 중국 배에는 황차黃茶가 가득 실려 있었다. 이에 대해서는 「기다」 중 「다설」 제3조에 남은 이덕리의 기록이 있다.

경진년(1760, 영조 36)에 차 파는 상선이 와서 온 나라가 그제야 차의 생김새를 처음으로 알았다. 이후 10년간 실컷 먹고 떨어진 것이 하마 오래되었는데도 또한 채취해서 쓸 줄은 모른다. 이렇게 보면 우리나라 사람에게 차는 그다지 긴요한 물건이 아니어서 있고 없고를 따질 것이 못 됨이 분명하다. 비록 물건을 죄다 취한다 해도 이익을 독점한다는 혐의는 없을 것이다.

庚辰舶茶之來, 一國始識茶面. 十年爛用, 告乏已久, 亦不知採用, 則茶之於東人, 其亦沒緊要之物, 不足爲有無, 明矣. 雖盡物取之, 無權利之嫌.

이 글에 따르면 1760년 중국 표류선에서 나와 조선 전역에 깔린 차는 1770년 전후까지 유통되었다. 조선 사람들은 이전까지 '차면茶面', 즉 차의 생김새조차 제대로 몰랐다. 배에서 흘러나온 차를 이후 10년간 실컷 마셔 떨어진 지가 오래인데도 차를 생산하는 데는 아무도 관심이 없다. 조선 사람에게 차는 애초부터 긴요한 물건이 아닌지라 국가에서 이를 전매해도 하등 문제될 것이 없다는 주장을 펴기 위한 전제로 한 언급이다.

1760년에 왔다는 표류선의 존재는 박제가의 『북학의北學議』에서도 포착된다. 그는 1778년에 쓴 『북학의』에서 강남 및 절강 지역의 상선과 통상하자는 주장을 펴면서 이렇게 썼다.

나는 황차黃茶를 실은 배 한 척이 표류하여 남해에 정박한 것

을 본 적이 있다. 온 나라가 그 황차를 10여 년 동안 사용했는
데 지금도 여전히 남아 있다.

　중국에서 황차를 실은 배가 남해로 표류해와서, 그 배에서 풀린
차를 전 조선이 10년간 먹고도 여태 남아 유통되고 있다는 전언을
담았다. 이덕리의 언급과 다른 점은 1770년이 아닌 1778년까지도
그 차가 남아 있다고 말한 점이다. 배 한 척에 실린 차의 양이 얼마
나 많았기에 조선 전체가 10년간 마시고도 다시 여러 해가 지난 시
점까지 그 차가 남아 있다는 것인가?
　이때 중국 표류선을 통해 들어와 조선에 유통된 차는 어떤 형태
였을까? 이에 대해서는 이덕리가 「기다」 속에 몇 군데 더 비교적
상세한 증언을 남겨놓았다. 다시 「기다」 중 「다사茶事」 제14조의 내
용을 살펴보자.

　　차서茶書에 또 편갑片甲이란 것이 있으니 이른 봄에 딴 황차다.
　　차 파는 배가 오자 온 나라 사람들이 황차라고 일컬었다. 하지
　　만 창槍과 기旗가 이미 자라 결코 이른 봄에 딴 것이 아니었다.
　　당시 표류해온 사람들이 과연 그 이름을 이처럼 전했는지는
　　모르겠다.
　　茶書文有片甲者, 早春黃茶. 而舶茶之來, 擧國稱以黃茶. 然其槍枝
　　已長, 決非早春採者. 未知當時漂來人, 果傳其名如此否也.

　이 글로 보아 이덕리는 당시 표류선의 황차를 직접 목격했던 것

이 분명하다. 이는 「다사」 제2조에서 "배에서 파는 차를 보니 줄기가 몇 치 길이 되는 것이 있고, 잎이 네댓 개씩이나 잇달아 달린 것이 있었다見舶茶, 莖有數寸長, 葉有四五連綴者"고 한 언급과, 「다조」 제3조에서 "예전에 배에서 팔던 차를 보니 겉면에 찍어서 써 붙인 가격이 은 2전이었고, 첩에 든 차는 1냥 무게였다曾見舶茶, 帖面印寫價, 銀二戔. 而貼中之茶, 乃一兩也"고 한 데서 좀더 명확해진다.

이 두 대목의 인용은 대단히 흥미롭다. 일단 황차라고 불린 차는 우렸을 때 녹색이 아닌 누런빛이 나는 발효차였다. 오늘날 황차는 찻잎의 크기에 따라 황아차黃芽茶와 황소차黃小茶, 황대차黃大茶로 구분하는데, 황대차의 경우 일창삼기一槍三旗나 일창사기一槍四旗까지도 재료로 쓴다. 그렇다면 표류선에서 흘러나온 황차는 황대차에 해당된다. 하지만 편갑片甲은 원래 최고급 산차에 붙이는 이름으로 노란 첫 싹이 갑옷 비늘처럼 포개져 있다서 나온 표현이다. 이것을 황차에다 견준 것을 보면 이덕리의 차 이해 수준이 당시에는 그다지 높지 않았음을 짐작케 한다. 그리고 글 속에서 말한 황차가 오늘날 말하는 발효황차인지도 분명치 않다. 편갑에 대한 설명은 오대五代 모문석의 『다보』를 그대로 인용했다.

황차에 대해 조금 더 논의하면 이규경은 『오주연문장전산고五洲衍文長箋散稿』 중의 「도다변증설荼茶辨證說」에서 이렇게 적었다.

지금 북경의 차 제품 중 자자하게 성행하는 것은 보이차가 으뜸이고, 백호차白毫茶가 그다음이다. 청차靑茶가 세 번째이고, 황차黃茶는 네 번째가 된다. 황차는 매년 우리나라로 흘러들어

오는 것이 많아 일용으로 마신다. 하지만 사대부 집안이나 부
호들이나 쓸 뿐이어서 중원 사람들이 늘 마시는 것만 못하다.
우리나라가 차에 벽이 없음을 또한 알 수가 있다.

今燕都茶品之藉藉盛行者, 普洱茶爲第一, 白毫茶爲第二, 靑茶爲
第三, 黃茶爲第四. 而黃茶每多流入我東, 爲日用所飮. 然惟在士大
夫家及富豪者所用, 而不如中原之以爲恒用也. 東之無癖於茶, 又
可知也.

글로 미루어볼 때, 당시 표류선에서 흘러나온 황차는 고급 차가
아닌 비교적 저렴한 가격의 차였다. 이는 『계산기정』에서 "황차는
연경 사람 중에는 마시는 자가 없고, 오직 요동과 심양瀋陽의 시장
에서만 판다"고 한 언급을 통해서도 확인된다.

공식 기록 속의 표류선 기사

막상 1760년의 공식 기록에서 황차를 싣고 온 표류선의 존재는 전
혀 포착되지 않는다. 어찌된 셈인가? 한 해 앞서 1759년(영조 35)
12월 19일 『승정원일기』 기사에는 강남 태창주太倉州 보산현寶山縣
출신 상인 15명이 전라도 무장현茂長縣 상용복면上龍伏面 포구에 표
착해와 우수영의 우후虞候 유성협柳聖協이 작성해 올린 문정기問情記
가 보인다. 하지만 이들이 탔던 배는 모두 부서져 남은 것이 없었
고, 규모도 그다지 크지 않은 소형 선박이었던 듯하다.

다시 나흘 뒤인 1759년 12월 23일에도 전라우수사 심봉징沈鳳徵이 보낸 장계가 올라왔는데, 복건성福建省 흥화부興化府 보전현莆田縣 출신 상인 28명이 탄 배가 나주목 흑산도로 표착한 일에 대한 처리를 묻는 내용이었다. 역시 차와 관련된 내용은 보이지 않는다.

다시 1760년 1월 21일에는 앞서 무장현에 표착한 표류선에서 나온 물건을 해당 지역 거주민들이 많이 훔쳐내는 바람에 문제가 발생해 이를 징치하고 추급推給하는 기사가 나온다. 이후로도 이들 두 표류선의 표류민 처리에 관한 글이 4월까지 계속 보이지만 여기에도 차에 관한 언급은 일체 없다.

1760년의 표류선 관련 기록은 그해 말인 11월 18일 『승정원일기』에 한 번 더 보인다. 나주목 자은도慈恩島 분계촌分界村에 표착한 복건성 동안현同安縣 출신 상인 24명에 관한 보고서다. 역시 타고 온 배가 전파되어 이들 또한 육로로 회송되었다.

이렇듯 이덕리가 「강심」에서 말한 황차를 싣고 온 표류선 관련 내용은 1760년 기록에서는 확인되지 않는다. 정작 황차를 가득 실은 표류선 기사는 그로부터 두 해 뒤인 1762년 11월 7일자 『승정원일기』에 처음 등장한다. 흥미로운 내용이니 해당 부분을 함께 읽어보자.

영의정 신만申晩이 말했다. "고군산古群山 표인漂人이 싣고 온 물건이 많게는 300바리에 이르는지라 운송하는 데 어려움이 있습니다." 좌의정 홍봉한洪鳳漢이 말했다. "호조에서 계산하는 인원을 파견해 값을 쳐서 대신 지급하는 것이 좋을 듯하오." 우의정 윤동도尹東度가 말했다. "호남의 백성에게 300바리나 되는 물건을 운반하게 해서는 안 됩니다." 상께서 정존 겸鄭存謙에게 명한 글에서 말씀하셨다. "이제 들으니 고군산 표인이 싣고 온 물건을 운반해올 것 같으면 300바리나 된다고 한다. 이러한 때에 어찌 본도의 백성을 쓰겠는가?"(…) 상께서 말씀하셨다. "황차 잎이 올라오면 틀림없이 다투어 이를 살 것이오." 봉한이 말했다. "비록 백성이 아니라 신 등도 또한 사고 싶습니다." 상께서 말씀하셨다. "술이 없기 때문인가? 중관中官 중에 식용 소금으로 술 마시는 것을 대신하는 자가 있다더구나." 홍봉한이 말했다. "근래에는 차로 술을 대신해서 제사지낼 때 씁니다."

이들의 최초 표착 기사는 1762년 10월 19일자 『승정원일기』에 처음 보인다. 절강 상인 22명이 만경현萬頃縣 고군산진古群山鎭에 표착했고, 위 글에 따르면 300바리나 되는 화물 속에 황차가 가득 들어 있었다. 당시는 극심한 흉년으로 금주령이 시행되고 있었으므로 집안에서 제사 지낼 때도 술은 일체 쓸 수가 없었다. 이에 식염食鹽을 술 대신 먹는 일까지 있었다. 영조가 좌의정 홍봉한에게 표류선의 황차가 서울로 올라오면 다들 앞 다투어 이를 사려들 것이라고 하자, 홍봉한은 자신도 가능하면 구입하고 싶다고 대답했다.

위의 대화는 당시 한양에서 제사 때 술을 쓸 수 없게 되자, 차라도 대신 올리려는 수요로 인해 표류선에서 나온 황차가 대단한 관심을 끌었음을 말해준다. 차례상에 말 그대로 차를 올려야 하는 상황이 온 것이다.

사흘 뒤인 11월 12일자『승정원일기』에는 또 다음과 같은 언급이 보인다.

> 서지수徐志修가 말했다. "고군산의 표류 한인들이 이제 막 들
> 어왔습니다. 그들의 짐 중에 무거워서 운반하기 어려운 물건
> 은 중도에 남겨두고 값으로 쳐서 지급했습니다. 고군산진에
> 남겨둔 황차엽 같은 것은 쓸데없는 물건이라 하여 저들이 값
> 을 쳐서 받기를 원치 않지만, 마땅히 불쌍히 여기는 뜻으로 짐
> 작하여 은으로 지급했습니다. 합쳐서 계산해보니 7000여 냥
> 쯤 될 듯합니다." (…) 상께서 말씀하셨다. "그대로 하라."

더 이상 표류선에서 나온 황차에 대한 자세한 언급이 없어 아쉽지만, 표류선 관련 기록에서 황차가 등장하는 것은 이때가 유일하다. 고군산진에 표착한 절강 상인의 배에 황차엽黃茶葉이 대량으로 실려 있었고, 당시 금주령 상태에 있던 조선에서 이 황차는 제사 때 쓰는 제주祭酒 대신으로 각광을 받아 수요가 갑작스레 급증하게 되었던 사정이 짐작된다. 배에서 나온 황차의 총량이 얼마쯤이었는지, 이것이 어느 정도의 가격에 팔렸고, 판매의 주체와 그 방식이 어떠했는지는 모두 기록으로 확인되지 않는다.

정리하면 이덕리는「기다」에서 황차를 실은 표류선이 경진년, 즉 1760년에 왔다고 했는데, 실제『승정원일기』의 기록을 통해 볼 때 2년 뒤인 1762년 만경현 고군산진에 표착한 절강 상인의 배에 황

차가 실려 있었던 것이다. 이덕리의 기억에 착오가 있었던 셈이다. 어쨌거나 이 시기에 중국 남쪽 배들의 서남해안 표착이 상당히 빈번해지기 시작했고, 금주령 하의 시대 상황과 맞물려 황차가 특수特需를 누리면서, 비로소 차의 존재가 조선인의 뇌리에 깊이 각인되는 계기가 마련되었다.

차의 효능과 수요

박제가와 이덕리가 동시에 이때 서울에 풀린 차에 대해 기록한 것을 보면, 이 이상한 사건이 당시 조선인에게 꽤 깊은 인상을 남겼음을 짐작할 수 있다. 이렇게 한꺼번에 풀린 차는 무엇보다 조선인의 차에 대한 생각을 바꿔주었다. 특별히 약용이 아닌 음용으로 경험한 차의 효능은 놀라웠다. 무엇보다 각성 효과가 대단했다. 서생들이 차를 마시고 공부하면 집중력이 현저하게 향상되는 놀라운 경험을 했다.

　이 점에 대해서는 이덕리가 「기다」 중 「다조」 제7조에서 "차는 능히 잠을 적게 하므로 혹 밤새 눈을 붙이지 못하게 한다. 새벽부터 밤까지 공무에 있거나, 혼정신성하며 어버이를 봉양하는 사람에게는 모두 필요한 것이다. 닭이 울자마자 물레에 앉는 여자나, 한묵의 장막 아래서 학업에 힘 쏟는 선비도 모두 이것이 적어서는 안 된다. 만약 열심히 돌아보지 않고 쉬지 않고 밤을 새우는 군자라면 즉시 받들어 받아들여야 할 것이다"라고 한 데서 확인된다.

물론 체증을 내리는 약효도 여전했다. 이덕리는 또 「다사茶事」 제 7조에서 "그 뒤 배에 실은 차가 들어오자, 사람들은 또 설사를 치료하는 약제로 여겼다. 지금 내가 딴 것은 겨울철 여름철 감기에 두루 시험해봤을 뿐 아니라, 식체나 주육독酒肉毒, 흉복통胸腹痛에까지 모두 효험이 있었다. 설사병 걸린 자가 소변이 막혀 지리려 하는 데 효과가 있다. 차가 소변이 내려가는 길을 순조롭게 해주기 때문이다. 학질 걸린 사람이 두통 없이 잠시 후 문득 병이 나으니, 이는 차가 머리와 눈을 맑게 해주기 때문이다. 마지막으로 염병을 앓는 자도 이제 막 하루 이틀 아팠을 때 뜨겁게 몇 잔을 마시면 병이 마침내 멈춘다. 염병을 앓은 지 오래되었는데도 땀을 내지 못한 자는 마셨다 하면 그 즉시 땀이 난다. 이는 고금의 사람이 논하지 않았던 것으로, 내가 몸소 징험한 바이다"라고 썼다.

이덕리는 젊어 서울생활 당시 앞서 본 김광수의 와룡암에서 차를 얻어 마신 경험이 있었다. 중국에서 들여온 고급 차를 골동 다기에 끓여 마셨다. 그 흐뭇한 기억이 오래 남아 있었고, 여기에 더해 절친했던 벗 이중해를 통해 그의 형 이운해가 만들었다는 이운해의 『부풍향차보』 전문傳聞이 얹어지면서 이덕리는 차에 대해 급격한 관심과 흥미를 느꼈던 듯하다.

이렇듯 차는 놀라운 각성 효과뿐만 아니라 전천후 만병통치약으로까지 인식되었다. 1762년 고군산도에 표착한 표류선에서 흘러나온 차는 이후 10년 동안 조선 사람들에게 특별한 소비 형태로 각인되었다. 호기심에 차를 마셔본 사람들은 차가 중독성 있는 음료임을 느꼈다. 아무도 거들떠보지 않던 그 차가 돈이 된다는 점은 놀랍고도 흥미로운 발견이었다.

직접 만든 차로 꾼 부국강병의 꿈

이덕리는 유배지인 진도에서 다시 차와 네 번째로 대면했다. 그가
유배 왔을 당시 표류선의 차는 이미 흔적도 없는 옛일이었지만, 차
에 관한 강렬한 인상은 그 지역에도 남아 있었다. 이덕리는 주변을
문득 둘러봤다. 거처하는 뒷동산 자락에도 중국 표류선에서 팔던
것과 꼭 같은 차나무가 자생하고 있었다. 차나무는 어디나 흔했다.
잡목 취급해서 땔감으로나 쓰던 천덕꾸러기 나무였다.「강심」의 기
록을 통해 볼 때, 이덕리는 진도에서 차를 직접 만들어보기까지 했
던 듯하다. 효과가 괜찮았다. 맛도 좋았다. 이 체험을 살려 그는「기
다」를 저술하여 차 제조 방법과 차 전매 제도 운용 방안을 체계적
으로 설명했다. 이와 별도로『상두지』를 저술해서 차 판매로 얻어
진 재정을 국가 안보에 어떤 식으로 활용할 수 있는지에 대한 장대
한 구상을 얹어 구체적인 청사진을 그려 보였다.

이처럼 실제로 얼마 남아 있지 않은 이덕리의 생애에서 차는 고
비마다 그의 시선에 포착되었다. 만약 이덕리가「기다」에서 펼쳐
보인 차 무역 제안이 실현되었더라면 조선은 생각지 않게 엄청난
국부 창출의 기회를 갖게 되었을 것이다. 그는 이 방책으로 국가에
지은 죄를 속죄할 수 있기를 바랐다. 하지만 세상이 완전히 잊은 유
배 죄인이 유배지의 골방에서 파지 조각에 적어둔 이 저술에 관심

201

을 기울이는 이는 아무도 없었다.

문화는 때로 뜻밖의 한 장면을 통해 뜬금없이 진화한다. 표류선의 차가 바로 그렇다. 여기에 무슨 필연성이나 정합성의 잣대를 들이댈 수는 없다. 차는 당시까지 약용 음료였고, 나중에 기호음료로 바뀌었다. 중국이나 일본은 차가 필수적인 일상 음료였다. 중국과 일본 모두에게 차가 없는 일상이란 상상하기 힘들었다. 조선 사람들의 눈에는 저들이 차를 왜 마시는지, 절차는 어찌 저리 까다로운지 이해되지 않았다. 표류선에서 흘러나온 차가 지속적으로 이런 인식을 조금씩 바꿔놓았다. 차는 더 이상 괴상한 음료가 아니라, 뜻밖에 잘하면 엄청난 국부를 창출할 수 있는 유형의 자산이면서 입맛과 건강을 담보해줄 블루오션이었다.

제4부

『동다기』
(「기다」)
이본 검토

명칭 논란과 3종 이본

– 『동다기』인가 『기다』인가?

1.

명칭을 둘러싼 논란

『동다기』(「기다」)에 대한 본격적인 논의에 앞서 이 저술의 명칭 문제를 검토하겠다. 법진본의 『다경(합)』목차에는 『다기茶記』로 적혀 있다. 바로 옆에 초의의 『다송』이란 명칭과 나란하다. 초의의 『동다송』을 『다송』으로 적은 것은 그 옆의 『다기』 또한 『동다기』로 읽어야 한다는 뜻이다. 실제로 초의는 『동다송』의 각주에서 『동다기』란 명칭으로 이 책의 한 단락을 인용해 이 저술의 존재를 최초로 알렸다.

막상 법진본의 해당 본문을 펼치면 『기다記茶』로 되어 있다. 이는 뒤에서 살피겠지만 백운동에서 필자가 발굴한 『강심』 속의 표제 「기다記茶」와 일치한다. 이 저술의 애초 제목이 '기다'였다는 뜻이다. 법진은 대둔사에서 초의의 소장서임이 분명한 이 책의 원본을 보고 베꼈다. 초의는 이 자료를 베낄 때 다경, 다탕, 다보, 다기, 다론, 다송 등 '다'자로 이어지는 6편의 저작명을 적으면서 '다기'만 규칙적인 리듬을 깨고 '기다'로 적기가 어려워 목차상에 '다기'로 순서를 바꿔 적었던 듯하다. 이후 자신의 『동다송』에 이 글의 한 단락을 인용하면서 제목을 『동다기』라고 표기함으로써 책의 이름은 그렇게 굳어졌다.

정리하면 이렇다. 이 저술의 원래 제목은 『강심』 속에 들어 있던 「기다」였다. 초의가 이를 따로 떼어 옮길 때 자신의 『동다송』과 짝을 맞추려고 『동다기』로 바꾸었다. 법진본 『다경(합)』에는 6종 가운데 중국 측 다서가 4종이나 포함되어 있었으므로 이것과 우리 쪽 저술을 구분하기 위해 '동東'이라는 접두어를 넣었다. '기다'를 초의식 제목으로 바꾸면 '기동다記東茶'로 했어야 하는데, 의미가 눈에 쏙 들어오지 않을 뿐 아니라 어감이 어색하다. 하나의 독립된 저술이라기보다 한 편의 문장 같다는 느낌도 든다. 이런 어정쩡한 심리 상태가 책의 목차와 본문의 제목을 바꿔 쓰게끔 만든 것이 아닌가 짐작한다. 말 그대로 '기다'라 하면 '차에 대해 기록한다'라는 뜻이 되어 편명에 가깝고, 『동다기』라 하면 '우리나라 차에 대한 기록'이 되어 하나의 독립된 저술의 느낌이 생긴다.

이것이 『다경』에서 초의가 '기다'를 '다기'로 바꾸고, 자신의 『동다송』에서 한 걸음 더 나아가 『동다기』라고 고친 이유다. 이 책의 명칭을 굳어진 『동다기』로 써야 할까, 아니면 원래 이름인 「기다」로 되찾아주어야 할까? 이 문제는 그리 단순하지가 않고, 양쪽 모두 득실이 있다. 그 이유는 이렇다.

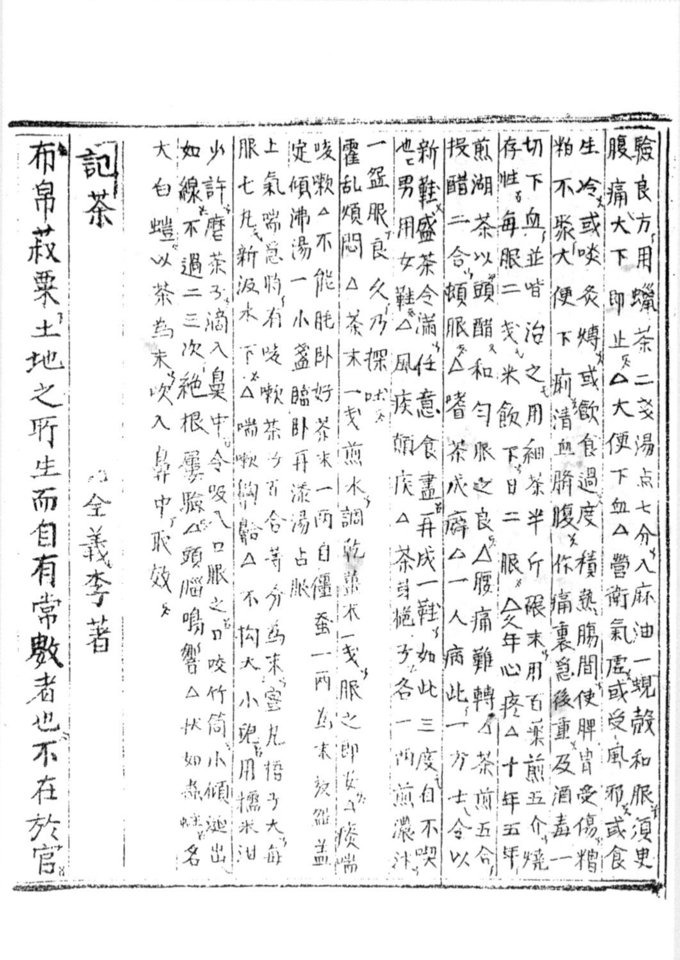

驗良方用蠟茶二錢湯点七分入麻油一蜆殼和服須臾
腹痛大下卽止△大便下血△營衛氣虛或受風邪或食
生冷或啖炙煿或飮食過度積熱腸間使脾胃受傷糟
粕不聚大便下痢淸血臍腹作痛裏急後重及酒毒一
切下血並皆治之用細茶半斤碾末用百藥煎五介燒
存性每服二錢米飮下日二服△久年心疼△十年五年
煎湖茶以頭醋和勻服之良△腹痛難轉△茶煎五合
投醋二合頓服△嗜茶成癖△一人病此一方士令以
新鞋盛茶令滿任意食盡再成一鞋如此三度自不喫
也男用女鞋△風痰顚疾△茶芽梔子各一兩煎濃汁
一盌服良久乃探吐△
霍乱煩悶△茶末一錢煎水調乾薑末一錢服之卽安△痰喘
咳嗽△不能睡臥好茶末一兩白僵蚕一兩爲末放盌盖
定傾沸湯一小盞臨卧再添湯点服
上氣喘急時有咳嗽茶子百合等分爲末蜜丸梧子大每
服七丸新汲水下△喘嗽齁𪖙△不拘大小兒用糯米泔
少許磨茶子滴入鼻中令吸入口服之口咬竹筒少頃涎出
如線不過二三次絶根屢驗△頭腦鳴響△狀如蟲蛀名
大白蟻以茶爲末吹入鼻中取效△
記茶 全義李著
布帛菽粟土地之所生而自有常數者也不在於官

법진본 중 『기다』가 시작되는 첫 면

첫째, 이 저술이 처음 시민권을 얻은 것은 『강심』에 수록된 「기다」를 통해서가 아니라 초의의 『동다송』에 『동다기』란 이름으로 한 단락 인용되면서라는 점이다. 『동다기』는 『동다송』에 인용된 이래 이미 시민권을 얻은 명칭이다. 영성한 우리 차 문화사의 기록 가운데 중국의 차론과 구분되는 것이 『동다송』과 『동다기』 2종뿐이니 이 명칭을 그대로 받아쓰는 것이 이 책의 차 문화사적 위상과 내용 특성을 반영하는 데 한결 좋은 점이 있다.

둘째, 근세 이후 비록 저자가 정약용으로 오해되긴 했어도 이능화, 문일평, 최남선 등의 선학들이 이미 이 이름을 빌려 자료의 의의를 설명한 바 있으므로, 책 제목으로는 다소 낯설고 조금 어색하기까지 한 「기다」보다는 『동다기』로 쓰는 것이 이 저술의 역사성을 분명하게 드러낼 수 있고 어감도 좋다.

셋째, 「기다」는 차차 논의하겠지만 처음부터 완성된 형태의 저작이 아니었다. 현행 법진본에 수록된 글은 뒤에 살펴보게 될 백운동본과 비교해보면 내용에 상당한 차이가 있다. 백운동본은 「기다」 뒤편에 다시 「다조茶條」 7항목이 길게 추가되었고, 김규선 교수 소장 의암본은 이 둘을 한데 묶어 「기다」로 정리했다.

넷째, 뒤에서 살피겠지만 이 저술의 저자는 자신의 문집 『강심』에 하나의 편명으로, 차를 논한 「기다」와 담배를 논한 「기연다」를 수록하고 있다. 자신의 다른 저작인 『상두지』에서는 자신이 차에 관해 쓴 글의 제목을 「다설茶說」이라 하는 등 그 자신도 아직 정리되지 않은 초고 형태의 이 글에 대해 여러 명칭을 혼용하고 있다.

무엇보다 『동다송』과 짝도 맞고 의미도 선명한 『동다기』란 이름을 기사문 제목 같은 「기다」로 되돌리는 것은 득보다 실이 더 많아 보인다. 하지만 『강심』과 『강심만록』의 출현으로 저자 이덕리가 부여한 애초의 제목이 「기다」임이 분명한 이상 공식 명칭을 여전히 『동다기』로 고집하는 데에도 난점이 없지 않다. 이 두 제목의 어정쩡한 동거는 앞으로도 계속될 듯하다. 이 책에서는 저자의 원래 의도에 따라 「기다」를 따르되, 『동다기』라는 기존 명칭을 필요에 따라 병용하기로 한다.

법진본
『다경(합)』에 대하여

2.

용화사 찾아가는 길

이제 본격적으로 『동다기』를 둘러싼 여러 논의의 중심으로 들어가보겠다. 앞서 말했듯 필자는 강진 백운동에서 찾은 자료가 『동다기』임을 확인하는 과정에서 당시 일지암의 용운 스님에 의해 1992년 월간 『다담』지에 또 다른 『동다기』가 발굴 소개된 적이 있음을 알게 되었다. 하지만 어쩐 일인지 이 자료는 그 후 20여 년 동안 세상에 원본이 공개된 적이 없었다. 8회에 걸친 용운 스님의 연재가 끝난 뒤에도 이 자료는 그 가치와 중요성에 비춰볼 때 정말 흔적도 없이 사라져버렸다. 오히려 이 책이 가짜이고 다산의 『동다기』가 언젠가 세상에 나타날 것이라는 글이 적지 않았다. 원본이 미국에 있다는 근거 모를 얘기도 떠돌았다. 인터넷상에서도 『동다기』는 여전히 다산 정약용의 사라진 저술로만 이야기되고 있었다.

여기서는 먼저 용운 스님이 소개한 법진본『다경(합)』에 수록된
『동다기』에 대해 살펴보겠다. 이 자료를 최초로 소개한 용운 스님
의 기록은 이렇다.

> 이 책은 가로 20센티미터, 세로 25센티미터의 한지로 장정된
> 우리나라식 다섯 매듭을 한 고서로서, 모두 33장(68面)으로 되
> 어 있다. 말미에 연담후인蓮潭后人 법진法眞 스님의 발문이 붙어
> 있는데 이 발문에 의하면『동다기』는 법진 스님이 대흥사에서
> 1891년에 필사하여 전한 것으로 그 후 여러 스님의 손에 전전
> 하다가 전라도 모 사찰에 거주하는 스님에게 보관되어 있던
> 것을 모 대학에서 자료 수집차 정리하던 중 발견해 내게 알려
> 줌으로써 입수하게 된 것이다.
> 이『동다기』는 원본이 아니라 법진法眞 스님의 필사본으로 그
> 원본은 아직도 발견되지 않고 있다. 다만 이 필사본을 통해서
> 『동다기』의 내용 전문을 파악할 수 있는 것만도 천만다행이
> 아닐 수 없으며 이 지면을 통해서『동다기』가 빛을 보도록 해
> 준 분들께 깊은 감사를 드린다.

위 글은『다담』1991년 12월호에 소개된 내용이다. 필자는
2014년 4월 3일, 무안의 초의문화재단으로 용운 스님을 찾아뵈었
다. 법진본『동다기』를 연구에 활용하게 해달라고 간곡히 요청했
다. 뜻밖에 선선한 허락이 떨어졌다. 제본된 사본 한 권을 내어주셨
다. 이 글에서는 스님의 쾌락으로 입수한 법진본『다경(합)』필사본

의 내용과 여기에 수록된 자료 전반에 대해 소개하겠다. 귀중한 자료를 제공해주신 용운 스님께 특별한 감사의 뜻을 표한다.

용운 스님과의 대담에 따르면 1991년 동국대학교에서 『한국불교전서』를 편찬할 당시 전남 담양의 용화사龍華寺 소장 불적佛籍 중에 이 자료가 포함되어 관계자를 통해 복사본을 구했는데, 원본은 당신도 직접 본 적이 없고 원본 소장자의 동의 없이 자료를 섣불리 세상에 내놓을 수도 없어 이제껏 자료를 공개하지 못했다는 전언이었다. 위 인용문에도 당시의 조심스런 심경이 잘 드러나 있다.

이후 필자는 귀경 후 바로 담양 용화사의 수진守眞 주지 스님께 편지를 보내 이 자료의 공개 열람을 신청했다. 얼마 후 해당 자료를 도저히 찾을 수 없노라는 답변을 들었다. 이에 다시 용화사 전적 자료를 직접 열람해볼 수 있도록 허락해달라는 요청을 드려 2014년 5월 29일에 용화사를 다녀왔다. 예전 전남 사찰문화재보고서 작성 당시 만든 도서 목록과 서고의 자료까지 직접 대조하며 찾아봤으나 법진본 『다경(합)』의 원본은 끝내 찾을 수 없었다.

수진 스님은 당신도 이 자료의 실물을 본 적이 한 번도 없어 중간에 자료가 유실된 듯하다는 말씀이셨고, 혹 당시 관계자의 기억 착오로 다른 사찰에서 나온 것을 혼동했을 가능성이 남는데 아무래도 전자 쪽에 무게가 실린다. 어쨌거나 현재로서는 용운 스님이 소장한 『다경(합)』의 복사본이 유일한 원본인 셈이다. 훗날 이 자료의 원본 출현을 기대하는 마음으로 증언 삼아 이 기록을 남겨둔다. 더 나아가 대둔사에 보관되어 있던 법진 필사본의 저본이 된 원본 자체가 세상에 나온다면 더 바랄 것이 없겠다.

목차와 발문

『다경』은 예전 공개된 목차에 따르면 백암사白巖寺 사미 법진法眞이 필사한 책이다. 표제 아래에 여러 종류의 다서를 한데 묶었다는 의미인 '합合'이란 글자가 보인다. 육우의『다경』과 당나라 소이蘇廙의 『다탕茶湯』, 명나라 왕상진王象晉의『다보茶譜』, 그리고 전의리全義李가 지은『다기茶記』, 이어 지은이를 알 수 없는『다론茶論』과 초의의『다송茶頌』을 필사하고 끝에 법진의 발기跋記가 적혀 있었다.

이를 다시 활자로 옮기면 다음과 같다.

合付

茶經 唐竟陵陸羽 述

茶湯 唐蘇廙 述

茶譜 濟南王象晉 述

茶記 全義李 著

茶論

茶頌 東國沙門草衣 述

跋記 東國白巖寺沙彌法眞 述

목차에서 다른 글은 모두 '술述'이라 하고『다기』만 '저著'라 한 것이 눈길을 끈다. 다른 것들은 기존의 자료를 모아 설명한 것임에 반해 이 책만큼은 제 목소리를 낸 독자적 저술로 평가한 것이다. 앞의 육우와 소이의 두 저술은 익히 알려진 자료였고, 왕상진의『다보』

는 기존의 차 관련 저술 목록이나 검색에서 전혀 나오지 않는 생소한 이름이었다. 『다론』은 저술의 주체가 적혀 있지 않아 역시 궁금증을 자아낸다. 초의의 『다송』이란 말할 것도 없이 『동다송』을 지칭한다.

용운 스님에게서 이 책의 사본을 구한 뒤 나는 먼저 책 끝에 실린 백암사 승려 법진의 발문부터 읽어봤다. 자료 소개를 겸해 전문과 번역문을 소개한다.

광서 17년(1891) 신묘년 여름에 내가 두륜산 가운데 있을 때 이 책을 얻어 살펴봤다. 바로 당나라 때 여러 어진 분이 저마다 지극히 현묘함을 얻어 지은 저술이었다. 우리나라의 경우 중간에 초의대사께서 조주趙州의 현풍玄風을 계승하여 떨쳐 차에 있어서 스스로 묘한 이치를 터득하고 아울러 『다송』을 지으니 세상에서는 초의차라고 일컫는다. 재관宰官이 『다송』을 부러워하지 않는 이가 없었다. 초의차와 조주차는 비록 옛날과 지금이 달라도 법만큼은 선후가 없음을 이를 통해 가늠할 수 있다. 대개 차라는 물건은 능히 잠을 없애주고 온갖 병을 치료해준다. 잠을 없애주고 병을 낫게 해주므로 참선하는 사람은 참선하고 책 읽는 자는 책을 읽으니 여러 세간의 일에 어찌 좋지 않겠는가? 참으로 마침내 온갖 법을 성취시켜주는 묘하고 훌륭한 약이라 하겠다. 하지만 이 『다경』은 도가道家의 방식을 행하여 세상에 흔하지가 않다. 그래서 6월 22일에 문방사우로 베껴 썼다. 7일 뒤 오전 10시경에 붓을 놓고 책 말미에 직접 적는다.

연담 후인 법진이 삼가 발문을 쓴다.

光緒十七年辛卯夏, 余在頭崙山中, 得此經閱之, 卽大唐諸賢家, 各
得玄玄妙妙之所述作. 至若東國, 則中間草衣大師繼振趙州之玄風,
於茶自得妙理, 兼述茶頌, 世稱草衣茶, 宰官莫不健羨此頌矣. 草衣
茶趙州茶, 古今雖殊, 法無先後. 於斯可量. 盖茶之爲物, 能除睡魔,
能治百病. 除魔治病, 則禪者禪, 讀者讀, 種種世間事, 豈不好哉. 眞
是究竟成就百法之妙嘉藥也. 然而此經行道家之案目, 於世未數數
有. 故流月念二日, 仍命四友揮膽, 越七日巳時放兎, 自記卷尾.

蓮潭后人 法眞謹跋.

법진은 앞쪽 목차에서 자신의 소속과 신분을 백암사 사미로 밝
혔다. 백암사는 오늘날 백양사白羊寺의 옛 이름이다. 그는 본래 백양
사에 소속된 승려였다. 연담후인이라 한 것은 그가 당시 계를 받기
위해 두륜산 대둔사 강원에 머물면서 연담蓮潭 유일有一(1720~1799)
스님 연원에 몸을 담고 있었음을 알려준다. 아마도 그는 연담 유일
에서 백련白蓮 도연禱演(1737~1807), 완호玩虎 윤우倫佑(1758~1826)를
거쳐 초의草衣 의순意恂(1786~1866), 서암恕庵 선기善機(1812~1876)
또는 호의縞衣 시오始悟(1778~1868), 범해梵海 각안覺岸(1820~1896)으
로 이어지는 법맥에서 공부했던 승려인 듯하다.

1891년 6월 22일에 법진은 필사된 『다경(합)』을 당시 대둔사의
승방에서 처음 봤던 듯하다. 역대 중국 제가의 차에 대한 저작을 모
으고, 여기에 초의대사의 『다송』 등이 포함된 책이었다. 그는 초의

차에 대한 세간의 명성을 전하는 한편 '제수마除睡魔' '치백병治百病' 하는, 즉 잠을 쫓고 온갖 병을 낫게 해주는 차의 효용을 칭찬했다. 선정禪定에 드는 선승들은 차를 마셔 수마를 내치고 공부하는 학생들은 이를 마셔 잠을 몰아낼 수가 있다. 차야말로 온갖 일을 다 성취하게 해주는 절묘하고도 훌륭한 약이라며 높였다. 하지만 차에 관한 저술은 도가의 전적처럼 비전祕傳되어 세상에서 찾아보기 힘들기 때문에 자신이 7일간에 걸쳐 베껴 쓰게 되었노라며 그 경위를 적었다.

백암사는 백양사의 옛 이름이다. 6·25 때 불타는 바람에 이곳에서 수행하던 비구니 스님 90여 명이 모두 흩어졌다. 법진의 『다경(합)』은 묵담默潭 스님이 백양사를 떠날 때 자신이 소장했던 문적을 가지고 나오면서 함께 담양 용화사로 들어온 자료다. 용화사에 있는 전적 대부분은 묵담의 소장 자료다.

이 발문에서 법진이 책 속의 전의리全義李 저著 『다기』에 대해 끝내 한마디도 하지 않은 점은 몹시 이상하다. 이것은 우리나라 사람의 저술이고 유일하게 '저著'로 평가된 책이 아니었던가? 더욱이 '이李' 자 아래의 여백을 보면 그의 이름 두 글자를 의도적으로 쓰지 않았음을 짐작케 한다. 이름을 지우고 발문에서조차 이 저술에 대해 함구한 데에는 뭔가 그럴 만한 이유가 있었을 것이다. 이에 대해서는 차차 논의하겠다.

『일지암서책목록』속의 필사본『다경(합)』

여기서 한 차례 짚고 넘어갈 일이 있다. 1891년 당시 법진이 두륜산 대둔사에서 옮겨 적었다는『다경』의 원본에 관한 문제다. 법진이 당시에 본 원본은 어디에 있었을까? 또 이 책은 대둔사에 남아 있던 여러 종류의 다서를 직접 베껴 한 권으로 묶었던 것일까, 아니면 원래 하나로 묶여 있던 책을 그대로 베낀 것일까?

먼저 원본의 소재처를 살펴보자. 소치小痴 허련許鍊은『소치실록』에서 "초의선사께서는 마침내 새 집을 지어 거처를 일로향실로 옮기셨다가 나이 들어 돌아가셨다. 그 고족인 서암 선기가 의발을 받아 지금 진불암에 있다"고 적었다. 그로부터 20여 년 뒤의 일이지만 이때까지도 초의의 소장서는 대부분 진불암으로 옮겨져 그대로 보관되어 있었을 것이다.

또한 앞서 읽은 발문에서 법진이 이 책에 대해 '중국의 여러 어진 이가 저마다 지극히 현묘함을 얻어 지은 저술'이라 한 데서 당시 대둔사에 남아 있던『다경(합)』원본 또한 육우의『다경』뿐 아니라 여러 사람의 다서를 한데 묶은 책이었음을 확인하게 된다. 다시 말해 법진은 있는 책을 그대로 통째로 베낀 것이지 이 책 저 책에서 베낀 것을 모아 자기 나름대로 편집한 것이 아니었다. 또한 전사傳寫상의 여러 오자로 볼 때 법진은 고작 7일 동안 여러 다서를 나름대로 편집해가며 베껴 쓸 수준의 역량은 갖추지 못했던 것으로 보인다.

여기서 잠깐 살펴야 할 책이『일지암서책목록』이다. 이 자료는

一枝庵書冊目錄

法華經全帙四卷 具足手寫

觀世音菩薩經 一부 添足手寫

七俱眠陀羅尼經 一부 添足手寫

石金注金剛經 一부 唐紙本

六祖注金剛經 一부

感應圖金剛經 一부 粉唐紙小本

佛說末劫救念眞經 一부 添足手寫

禪敎要覽 單卷 添足手寫

禪門拈頌選要疏 單卷 添足手寫

禪門四辨漫語 單卷 添足手寫

禪課

禪門綱要集 單卷 添足手寫

禪宗永嘉集 單卷

禪喜老坡集 單卷 似乎疑可寫

賢

大東禪敎考 法

奏對機緣

寒山拾得詩

諸經要句

火道篇

東林十八高傳

法苑珠林序

羅漢講試

一부 大藏諸法手抄

一부 法足手抄

各一부 法足手抄

一부 法足手寫

一부 法足手抄

一부

一부 秋史流寫

一부

華音集 單卷 唐本

中峯論錄 單卷 鶴東所寫

真覺法語 單卷

善提增長論 單卷 法足手寫大歷

元亨釋書 單卷 大歷

黃后公壽書 單卷 法足手寫

積陰德書 單卷 大歷

祝聖疏 單卷

일제강점기에 대흥사 주지였던 응송 영희 스님이 1960년대 초 법난 당시 대처승으로 절에서 밀려날 때 무단 반출한 수많은 대흥사 자료 중 하나로, 지금은 그의 차 제자인 박동춘이 소장하고 있다. 그녀의 저서 『초의선사의 차문화 연구』(일지사, 2010)에 그 내용이 처음 공개되었다.

이 목록은 1866년 초의가 세상을 뜬 뒤 초의의 유품을 상세하게 정리한 것이다. 「서책목록」, 「첩책목록」, 「주련목록柱聯目錄」, 「명한시초明翰詩抄」, 「산업물종기産業物種記」, 「선사답기禪師畓記」로 구분했다.

이 가운데 「명한시초」에 『문자반야집文字般若集』 2규䊴, 『동다송』 1규, 『다보서기茶譜序紀』 1규, 『다경』 1규, 『문자반야집』 초본 2규 등 7책이 따로 오동나무 칠함漆函에 함께 보관되어 있다는 내용이 들어 있다. 여기서 규䊴란 종이 노끈으로 묶은 소박한 제본의 형태를 뜻하는 표현이다. 초의가 이 7책을 다른 책보다 특별히 중시해 따로 간수했다는 의미여서 시사하는 바가 크다. 초의는 어째서 특별히 차에 관한 저술만 별도로 오동나무 상자에 소중하게 간직했을까?

법진이 대둔사에 머물면서 그곳에 보관되어 있던 『다경』을 읽고 이를 베껴 썼다면 초의의 오동나무 상자에 들어 있던 이 책 말고 다른 책이 있을 것 같지 않다. 상자 속의 7책 중 차와 관련 있는 것은 『동다송』과 『다경』, 『다보서기』 3종이다. 이를 다시 앞서 법진본 『다경(합)』의 목록과 견줘보면 육우의 『다경』이 맨 앞에 실려 있고, 『다보서기』는 『군방보』에 수록된 왕상진의 『다보』와 일치한다. 『동다송』도 포함된다. 법진본 『다경』 중에서 서책 목록에 보이지 않는 것은 소이의 『다탕』과 전의리의 『다기』, 그리고 이름을 밝히지 않은 『다론』이다.

이 중 전의리의 『다기』는 초의가 자신의 『동다송』에 이미 『동다기』란 이름으로 한 단락을 인용한 바 있으니 당연히 초의의 목록에 들어 있던 책이다. 하지만 『일지암서책목록』에서 이를 별도로 뽑지 않았던 것으로 미루어, 당시에도 이미 『다탕』과 『다기』, 『다론』 등은 육우의 『다경』 뒤쪽에 '합부合付' 형태로 포함되어 있었던 것으로 보인다.

실제 법진본 『다경』의 내용을 검토해보니 『다탕』은 당나라 때 소이의 『십육탕품十六湯品』으로 이 글 또한 『동다송』에 한 단락이 인용된 바 있다. 또 일지암 목록 중의 『다보서기』는 다름 아닌 왕상진의 『군방보群芳譜』 중 「다보茶譜」 장만 떼어 책 이름으로 삼은 것이다. 「다보」 첫머리에 소서小序가 있는지라 『다보서기』란 책명은 소서와 본기本紀를 옮겨 적었다는 의미로 붙인 이름이다. 박동춘은 자신의 저서에서 이 책이 차에 관한 알려지지 않은 초의의 저술일 가능성을 여러 차례 강조했는데 이 『다보』가 실은 『군방보』의 한 챕터라는 사실을 확인하지 못한 데 말미암은 오류다.

법진본 『다경(합)』에 실린 육우의 『다경』과 왕상진의 『군방보』 중 『다보』 부분은 전체 필사가 아닌 초록 형태의 책이다. 원본은 초의가 이들 다서 중에서 우리 실정에서 참고할 만한 내용을 중심으로 초록한 것이었고, 초의는 이들 자료를 특히 소중하게 여겨 옻칠한 오동나무 상자에 따로 보관해왔다. 특히 초의는 왕상진의 『다보』를 특별히 아껴 별도의 사본을 하나 더 가지고 있었음이 『일지암서책목록』을 통해 드러난다. 필자가 확인해보니 초의의 『동다송』

에 인용된 주석의 원출전 중 무려 열두 곳이 왕상진의 『다보』에서 그대로 가져온 것이었다. 이에 대해서는 나중에 『동다송』에 관한 글을 쓸 때 상세히 설명하겠다. 다시 말해 왕상진의 『다보』는 『만보전서』에서 초출한 『다론』 및 육우의 『다경』과 함께 『동다송』 집필 당시 가장 큰 영향을 미친 저술이다. 그간 『동다송』에 관한 논의에서 왕상진의 『다보』가 끼친 영향이 한 번도 제대로 음미되지 않던 것은 사뭇 놀라운 일이다.

정리하면 이렇다. 법진이 1891년 대둔사에 체류할 때 승방에서 보고 베낀 『다경(합)』은 당시 초의 문중에서 보관하고 있던 초의의 필사본을 원본으로 삼았다. 이 필사 원본에는 중국 다서로 육우의 『다경』과 소이의 『십육탕품』, 왕상진의 『군방보』 중 『다보』 부분을 초록해 실었고, 우리 쪽 다서로는 전의리의 「기다」와 『만보전서』에서 초출한 『채다론』, 그리고 초의의 『동다송』 등이 합철되어 있었다. 법진은 이를 원본 상태 그대로 필사했다.

초의가 읽은 『군방보』와 『초의본초』

이야기가 나온 김에 초의가 왕상진의 『군방보』를 애독했을 뿐 아니라 이를 초서한 책을 가지고 있었음을 알려주는 자료를 더 살펴보도록 한다. 추사 김정희의 『완당전집』 권10에 수록된 「장난삼아 초의에게 주다戲贈草衣 병서並序」란 시에 관련 내용이 보인다. 함께 읽어보자.

초의가 『군방보群方譜』를 베껴 썼는데 증명하여 바로잡은 것이
제법 많았다. 해당화나 우미인 같은 종류가 한둘이 아니었다.
내가 말했다. "『잡화경襍花經』 중에도 『소초疏鈔』 때문에 잘못
된 것이 또 해당화나 우미인 정도가 아닐세. 마땅히 하나하나
증명하여 이처럼 바로잡아야 할 것일세.

매괴화를 해당이라 뒤집어 써 전하고	玫瑰仍冒海棠傳
우미인을 잘못해서 노소년이라 하네.	虞美人訛老少年
『잡화경』의 참된 뜻을 환하게 알려면	的的襍花眞實義
『소초疏鈔』에서 얽힌 것을 깨뜨려야 하리라.	且於疏鈔破牽纏

시의 뜻은 이렇다. 초의가 『군방보』를 초서鈔書했다. 초서란 책을
필요에 따라 발췌 또는 전체를 베껴 쓰는 것이다. 다산이 제자 훈련
의 방식으로 언제나 권장했던 학습법이다. 그런데 추사가 보니 그
의 『군방보』 초서는 단순히 책을 베끼기만 하지 않고 책 속 내용 가
운데 잘못된 것을 하나하나 지적해서 주석으로 바로잡아놓기까지
했다. 예를 들어 장미과의 매괴화를 해당화와 같은 꽃으로 착각한
것이라든지, 우리가 양귀비로 알고 있는 우미인초를 안래홍雁來紅이
란 식물의 별칭인 노소년老少年으로 혼동한 것이라든지 하는 오류
를 하나하나 지적하여 고쳐놓았다.
　추사는 여기서 갑자기 장난기가 동해, 단지 『군방보』의 오류를
바로잡는 일이 다급한 게 아니라 『잡화경襍花經』의 내용도 『소초疏
鈔』를 하나하나 살펴서 그 안에 얽히고설킨 오류를 마저 바로잡는

것이 어떻겠냐고 했다.『잡화경』은『화엄경』의 별칭이다.『소초』는 징관澄觀이『화엄경』본문을 풀이한『화엄대소초華嚴大疏鈔』의 줄임 말이다. 이에 대해서는 진작에 추사와 백파선사白坡禪師 사이에 치열한 논쟁이 있었고, 초의 또한 그 경과를 잘 알고 있었으므로, 한가롭게 꽃 이야기 풀이 글을 바로잡는 데 힘쓸 시간에『잡화경』에 얽힌 오해를 타파하는 데 힘을 쏟는 것은 어떻냐고 장난삼아 말한 내용이다. 시 제목에서 '희증戱贈'이라 한 뜻이 여기에 있다.

초의는 왕상진의『군방보』를 몹시 아껴 꽃 부분 기사를 다 초서하는 동시에,『다보』는 그것대로 별권의 책으로 베껴 써서『동다송』 저술 당시 적극 활용했다. 한편 2014년 4월 3일 용운 스님과 나눈 대담 당시의 술회에 따르면 당신이 예전에『본초本草』란 표제의 초의 친필 필사본을 직접 본 기억이 또렷하다고 했다. 이 책은 과거 삼산초등학교 교장으로 있다가 나중에 승려가 된 학천學泉 스님이란 분이 소장했고, 학천 스님은 뒤에 조계사에서 법문을 하시던 중 세상을 떴다고 한다. 그 뒤 그의 상좌였던 정윤이란 승려가 학천 스님의 짐을 정리할 때 이 책도 함께 가져갔다. 이후 책의 종적이 묘연한데 예전 이 책을 빌려 봤을 당시 약방문, 매화 심는 법, 화초의 이름과 키우는 법, 장 담그는 법과 음식 만드는 법 등이 기록된 내용이었다고 한다. 추사가 봤던 그 책임이 틀림없다. 책의 상태는 중국 책력을 뒤집어 이면지에 썼거나 그냥 한지를 묶어서 쓴 상태였던 것 같다고 기억했다. 초의가『군방보』에 꽃에 관한 내용만 적지 않고 뒤편에 장 담그고 음식 만드는 법까지 기록한 것이 사실이라면 퍽 흥미롭다. 분명 어딘가에 있을 이 책의 출현을 기대해본다.

법진본 「기다」의
내용과 구성

3.

앞 글에서는 백양사 승려 법진이 1891년에 대둔사에서 필사한 『다
경(합)』을 소개했다. 이번에는 이 책에 실린 「기다」 부분만 따로 떼
어 집중적으로 소개하겠다. 이미 지적했듯이 법진은 발문을 쓰면
서 이상하게도 자신이 유일하게 '저著'로 자리매김했던 전의리全義李
의 『다기』에 대해서는 아무 언급도 남기지 않았다. 이 자료의 비중
에 비춰볼 때 뜻밖의 느낌이 든다.

사실 전의리라는 이름도 이상하다. 본관이 전의인 이씨 성을 가
진 사람의 저술로 보는 것이 마땅하겠는데, 법진은 그의 이름을 공
란으로 두어 밝히지 않았다. 따라서 이 자료만으로는 저자의 실체
에 접근할 방법이 없다. 이 글에서는 이 저술이 다산의 것으로 오
해된 배경과 정확한 명칭, 내용 구성 등에 대해 개략적으로 살펴보
겠다.

다산의 저술로 오해된 『동다기』

『동다기』는 다산 정약용의 저술로 알려져왔다. 이 내용을 처음 확산시킨 것은 이능화李能和(1869~1943)의 『조선불교통사朝鮮佛敎通史』에서다. 1918년 신문관에서 간행한 이 책의 하편 「헌초위지문사기왕獻草爲芝文士譏王」 조에서 그는 『동다기』에 관해 이렇게 적었다.

근세에 열수 정약용이 강진에 귀양 살 때 『동다기』를 저술한 것이 있다. 또 자호를 다산이라 하니 다도에 깊은 조예가 있었다. 이 밖에 대둔사의 초의 의순 선사가 지은 차시 및 『동다송』이 있는데 차의 좋은 점에 대해 자세히 기술했다. 『동다송』의 주석을 살펴보니, "지리산 화개동에는 차나무가 40~50리나 퍼져 자란다. 우리나라에서 차밭의 너비로 이보다 더 큰 것은 없지 싶다. 골짜기에는 옥부대玉浮臺가 있고, 그 아래에 칠불선원이 있다. 좌선하는 자가 항상 가져다가 끓여 마신다"고 했다. 또 "우리나라 나는 것도 원래는 서로 같아, 빛깔과 향 기운과 맛, 효과가 한가지일세. 육안차의 맛에다 몽산차의 약효 지녀, 옛사람은 둘을 겸함 아주 높게 평가했네東國所産元相同, 色香氣味論一功. 陸安之味蒙山藥, 古人高判兼兩宗"라고 하고 그 주석에 이렇게 말했다. "『동다기』에서 말했다. '어떤 이는 우리나라 차의 효과가 중국 남쪽 지방에서 나는 것만 못하다고 의심한다. 내가 보기에는 빛깔과 향, 기운과 맛이 조금도 차이가 없다.' 『다서』에 이르기를 '육안차陸安茶는 맛이 좋고, 몽산차蒙山

茶는 약용으로 좋다'고 했다. 우리나라 차는 대개 이 두 가지를 겸했다. 이찬황李贊皇과 육자우陸子羽가 있더라도 그들은 반드시 내 말이 옳다고 여길 것이다.

近世洌水丁若鏞, 謫居康津, 著有東茶記. 又自號茶山, 蓋於茶道有深造焉. 又大芚寺草衣意恂禪師, 有茶詩及東茶頌, 備述茶之爲德. 按茶頌註, '智異山花開洞, 茶樹羅生四五十里, 東土所産元相同, 色香氣味論一功. 陸安之味蒙山藥, 古人高判兼兩宗.' 註云：東茶記云, '或疑東茶之效, 不及越産. 以余觀之, 色香氣味, 少無差異.' 茶書云: '陸安茶以味勝, 蒙山茶以藥用勝.' 東茶盖兼之矣. 若有李贊皇陸子羽, 其人則必以余言爲然.

정작 초의는 자신이 1837년에 지은 『동다송』에서 『동다기』의 저자를 그저 '고인古人'이라 했을 뿐 다산을 특정한 적이 없다. 이능화는 『조선불교통사』를 쓰면서 이 대목을 오해해서 초의가 말한 고인이 바로 1년 전인 1836년에 세상을 뜬 다산을 지칭한다고 봤다. 초의가 이제 막 세상을 뜬 스승을 고인古人으로 불렀을 리 없고, 당시 『동다기』의 저자를 그저 익명의 고인으로 처리한 것은 앞서 법진이 발문에서 『동다기』를 전혀 언급하지 못했던 사정과 동일한 이유에서였다.

어쨌거나 이능화의 이 언급 이후 호암湖巖 문일평文一平(1888~1939)이 1936년 12월 6일부터 1937년 1월 17일까지 20회에 걸쳐 조선일보 지면에 조선의 차 문화를 정리한 『차고사茶故事』를 연재하면서 이 논지를 계승했다. 이는 1939년 조광사에서 간행한 『호암전

집』제2권에 수록되었다.

이 글의 13장 「학인의 차 지식」에서 문일평은 "이조 말에 다산 정약용같이 『동다기』를 저술한 조선의 대가가 없는 바 아니나"라며 운을 뗐고, 14장 「초의의 다송茶頌」조에서 "근세 열수 정약용같이 다도에 조예가 깊던 이도 없는 바 아니다. 그는 전남 강진에 적거했을 때 산다山茶(동백)를 배양하며 또『동다기』를 저술하여 스스로 다산이라 호했다"며 이능화의 글을 그대로 인용함으로써『동다기』의 다산 창작설은 정설처럼 굳어지고 말았다.

문일평의 해당 대목은 이능화의『조선불교통사』내용을 거의 재인용하고 있는 것으로 보아 그 또한 원본은 보지 못한 것이 틀림없다. 더욱이 그는『동다기』의 인용문을 설명하면서, "다시 정다산의 『동다기』중 일부를 인용하여 가로되, 어떤 이는 우리나라 차의 효效가 월산越産에 미치지 못한다고 하나 나(초의)로 볼진대 색향기미가 조금도 차이가 없으며" 운운하여『동다기』의 원문 내용을 심지어 초의의 풀이 글로 오독하기까지 했다.

한편『조선불교통사』의 편집에 관여했던 육당 최남선도『조선상식문답속편』중 「농학은 어떻게 발달하여 나왔습니까」란 항목에서 "정다산의『동다기』와 초의의『동다송』은 조선에 있는 다도 부흥 상 이름이 있는 문헌입니다"라고 언급한 바 있다. 그도 정약용이『동다기』를 지었다고 믿었던 셈이다.

이능화의 최초 언급 이후『동다기』는 법진본 발견 전까지 근 65년간 아무도 실물을 못 본 채 정약용의 저술로 잘못 알려져왔다. 법진본이 소개된 이후, 김명배 선생은 「다산 정약용의 다도에 관한 연구」에서 "근래에는 『다경(합)』에 수록된 전의 이○○ 저著의 '다기茶記'를 다산의 『동다기』라고 발표한 잡지의 기사도 있었으나 객관성이 없다"고 지적하기까지 했다.

법진본 『동다기』의 세부

본문 첫 면부터 일련번호를 매길 경우, 법진본 「기다」는 37면부터 45면까지 9면에 걸쳐 필사되어 있다. 용운 스님은 이를 모두 서문 두 단락과 본문 12장으로 구분해서 14항목으로 끊어 월간 『다담』 1992년 1월호부터 그해 10월호까지 8회에 걸쳐 소개한 바 있다.

이 연재에서 서문과 본문을 구분한 표지는 본문 매 항목 위쪽에 표시된 '일一'자 표시였다. 조목의 단락 구분을 표시한 이 글자가 나오는 대목부터 본문으로 봤고, 그 앞쪽의 행을 바꿔 쓴 두 단락을 서문으로 간주했다. 용운 스님의 전문 소개를 매 단락의 원문 첫 구절로 배열하면 다음과 같다.

서문 제1절: "布帛菽粟, 土地之所生……"

서문 제2절: "茶者南方之嘉木也……"

본문 제1장: "茶有雨前雨後之名……"

본문 제2장: "茶有一槍一旗之稱……"

본문 제3장: "茶有苦口師晚甘侯之號……"

본문 제4장: "古人云, 墨色須黑, 茶色須白……"

본문 제5장: "茶之味, 黃魯直詠茶詞, 可謂盡之矣……"

본문 제6장: "茶之效, 或疑東茶, 不及越産……"

본문 제7장: "余於癸亥春, 過尙古堂……"

본문 제8장: "余傾濁酒數杯後……"

본문 제9장: "茶能使人小睡……"

본문 제10장: "茶之生, 多在山中多石處……"

본문 제11장: "茶之采, 宜於雨餘, 以其嫩淨故也……"

본문 제12장: "茶書又有片甲者, 早春黃茶……"

하지만 필자가 2006년 발굴한 백운동본 「기다」와 비교해본 결과, 법진본 「기다」는 필사 과정에서 수많은 오류와 누락을 범한 문제가 많은 사본이었다. 이 점은 이 책 앞부분에서 지적한 바 있다. 우선 본문의 무수한 오자는 차치하고라도 서문 제2절은 "我東産茶之邑, 遍於湖嶺"부터 새 단락으로 나누어야 하고, 이 첫 문장이 끝난 후 보이는 한 글자의 빈칸 부분에서 무려 1쪽에 달하는 긴 내용이 누락됨으로써 문맥이 이상해졌다. 또 이어지는 "中國之茶, 生於越絕島萬里之外"부터가 행갈이로 구분된 또 다른 단락이다.

따라서 서설에 해당되는 부분이 법진본의 두 단락이 아닌 모두 다섯 단락으로 구성되어야 한다. 본문 또한 한 항목이 통째로 누락되어 없고 두 개 항목이 하나로 합쳐져 12항목이 아닌 14항목인 것으로 확인된다. 여기에 백운동본에는 법진본에 없는 「다조」 7항목이 추가되어 있다.

4.

필사자 이시헌에 대하여

이제 『강심』을 필사해 「기다」의 존재와 이덕리의 작품세계를 세상에 알린 이시헌에 대해 검토하기로 한다.

이시헌은 다산에게 직접 배운 막내 제자였다. 그의 집은 강진군 성전면 월출산 남쪽 기슭 안운 마을에 있다. 몇 남지 않은 호남 원림의 원형이 잘 보존된 유서 깊은 공간이다. 개인적으로는 담양 소쇄원에 못지않다고 생각한다. 이곳은 다산의 제다법에 따라 떡차를 만들었던 우리 차 문화의 중요한 한 현장이기도 하다.

다산은 1805년 강진 읍내 주막집에 있을 당시 월출산 정상 등정을 목표로 왔다가 기운이 떨어져 중도에 포기한 적이 있다. 그 일이 유감으로 남아 7년 뒤인 1812년 가을에 다시 월출산 등정에 나섰다. 초당 제자 윤동尹峒과 승려 제자 초의草衣가 동행했는데, 군이 정

강진 백운동 별서정원 전경(사진 김춘호)

상 등정에 욕심 부리지 않고 천천히 산 아래서 유람하다가 백운동에 들러 하룻밤을 묵었다. 이때 본 백운동의 풍경이 그 후로도 진하게 마음에 남았던 다산은 돌아와 초의에게 「백운동도」를 그리게 했다. 그리고 백운동의 12경에 맞춰 모두 13수의 시를 지어 『백운첩』으로 제작했다. 앞에는 「백운동도」를 그리고 뒤에는 「다산도」를 그려 어디가 더 나은지 겨뤄보자는 뜻을 비쳤다.

다산이 백운동을 방문했을 당시 이시헌은 고작 9세의 소년이었다. 이후 이시헌의 부친 이덕휘와 다산은 지속적인 왕래로 교분을 이어갔다. 이덕휘는 다산이 필요로 하는 물품이나 음식을 수시로 제공해주었다. 이런 인연으로 이시헌은 어린 나이에 다산초당의 강학에 참여할 수 있었다. 이시헌은 자가 숙도叔度, 호는 자이自怡다. 본관은 원주다. 1803년에 태어나 1860년에 58세로 세상을 떴다. 호남관찰사 서헌순徐憲淳(1801~1868)과 이 고을 원으로 있던 박승휘朴承輝(1802~1869), 이인석李寅奭 등이 모두 그를 높이는 말을 남겼을 만큼 이 지역에서 명망이 높았던 선비다.

다산은 그를 몹시 아꼈다. 이시헌의 막내아들 이복흠李復欽이 지은 「선부군행장초기先府君行狀草記」에는 "탁옹 정약용 선생께서 내 조부님과 주고받은 편지 중에 이렇게 말씀하신 것이 있다. '아드님의 공부는 부지런하고도 독실해서 더 열심히 하라고 말할 필요가 없군요.' 부군께서 아버님을 뵈러 오자 또 이렇게 편지를 썼다. '아드님은 공부를 부지런히 합니까? 매번 그의 인품이 대단히 좋은 것을 생각하면 능히 잊지 못하겠습니다.' 어린 나이에 스승과 선배의 칭찬 및 기림이 이와 같았으니 부군의 품은 생각이 어려서부터 대단

다산이 초의를 시켜 그린 백운동도

하고 재주와 사고의 민첩함을 이를 통해서도 미루어 떠올려볼 수가 있겠다"라고 쓴 대목이 나온다. 만년에는 하석霞石 성근묵成近默의 문하에 나아가 학문의 깊은 조예로 인망이 더욱 높아졌다.

다산의 편지에 나오는 차에 관한 내용

현재 다산이 백운동에 보낸 편지는 무려 8통이나 남아 있다. 아들 정학연이 보낸 편지 1통도 따로 있다. 편지를 통해 볼 때 이시헌은 떡차를 지속적으로 만들어 다산에게 보냈던 다인이었다. 그가 『강심』에 흥미를 느껴 필사하게 된 데에는 다산과 차에 얽힌 인연이 중요한 몫을 했다.

다산이 이시헌에게 보낸 편지에 보이는 차에 관한 내용을 여기서 잠깐 살피고 지나가겠다. 전체 원문은 필자의 『강진 백운동 별서정원』(글항아리, 2015)에서 소개한 바 있으므로, 차에 관한 대목만 추려 읽겠다. 처음 읽을 편지는 1830년 3월 15일에 쓴 것이다. 해배 후 두릉에서 보낸 안부 내용이다. 이 중 두 번째 단락에 차에 대한 설명이 나온다.

지난번 보내준 차와 편지는 가까스로 도착했네. 이제껏 감사를 드리네. 올 들어 체증 앓는 것이 더욱 심해져서 잔약한 몸뚱이를 지탱하는 것이 오로지 떡차茶餠에 힘입어서일세. 이제 곡우 때가 되었으니 다시금 이어서 보내주길 바라네. 다만 지난번 보내준 떡차는 가루가 거칠어 썩 좋지가 않더군. 모름지기 세 번 찌고 세 번 말려 아주 곱게 빻아야 할 걸세. 또 반드시 돌샘물로 고루 반죽해서 진흙처럼 짓이겨 인판에 찍어서 작은 떡으로 만든 뒤라야 찰져서 넘길 수가 있다네. 잘 헤아려 주게나.

向惠茶封, 間關來到, 至今珍謝. 年來病滯益甚, 殘骸所支, 惟茶餅是靠. 今當穀雨之天, 復望續惠. 但向寄茶餅, 似或粗末, 未甚佳. 須三蒸三曬, 極細研, 又必以石泉水調均, 爛搗如泥, 乃印作小餅然後, 稠粘可嚥, 諒之如何.

다산의 제다법이 아주 정확하게 제시된 유일한 글이다. 그것도 친필 편지이니 이것이 다산 제다법의 틀림없는 준거가 된다. 다산이 밝힌 제다의 단계는 이렇다. 찻잎 채취 후 삼증삼쇄, 즉 세 번 찌고 세 번 말려 곱게 빻아 가루로 만든다. 이때 분말은 고울수록 좋다. 그러고 나서는 돌샘물로 찻잎 빻은 가루를 진흙처럼 반죽해 인판印版에 찍어 소병小餅, 즉 작은 크기의 떡차로 만든다. 이후 마실 때는 차 맷돌에 갈아서 다시 가루를 내어 끓이는데 그 방법은 다른 글에 상세하게 적혀 있다.

이로 보아 백운동에서 이시헌이 차를 만들게 된 것은 그 선대부터의 일이 아니라 다산의 지도에 따른 것임을 알 수 있다. 하지만 이시헌이 1829년에 만들어 다산에게 보내준 떡차는 분말이 거친 데다 제법을 준수하지 않아 제대로 된 맛이 나지 않았으므로 위 편지에서 다산은 정확한 제다법을 다시 설명해야만 했다.

다산이 제다법에 관해 언급한 편지

또 백운동에 전해오는 필첩 중에 이시헌의 친필로 옮겨 쓴 『시간일람時簡日覽』이란 책에도 다산의 편지 3통이 실려 있다. 그중 겉봉에 「두릉후장斗陵侯狀」이라 쓰인 안부 편지에 "차의 일은 이미 해묵은 약속이 있었으니 이번에 환기시켜드리네. 조금 많이 보내주면 고맙겠군茶事旣有宿約, 玆以提醒. 優惠幸甚"이라고 한 대목이 보인다. 이 편지는 쓴 날짜가 나와 있지 않지만 문맥상 1829년의 떡차를 받기 전의 것으로 생각된다. 뿐만 아니라 다산의 아들 정학연이 1857년에 이시헌에게 보낸 편지에도 네 첩의 향명四帖香茗을 받고 특별히 감사를 표한 대목이 보인다.

이로 보아 이시헌은 확인된 기록만으로도 1829년과 1830년에 다산에게 떡차를 만들어 보냈고 그로부터 27년이 지난 1857년에도 정학연에게 차 네 첩을 만들어 보냈다. 그런 그가 이덕리의 차에 관한 글을 보고 귀가 솔깃해졌을 것은 당연하다. 다산과 이시헌, 그리고 백운동에 관한 상세한 내용은 필자의 앞선 책 『강진 백운동 별서정원』을 참조하기 바란다. 차에 대해서도 상세한 기술이 있다.

백운동본 「기다」의 체재와 내용

이시헌이 이덕리의 『강심』을 필사할 당시 전체 서문이 없고 체재조차 갖춰지지 않은 난고亂藁 상태였다. 간략하게 정리하면 처음 이시헌은 이덕리의 『강심』에서 「기다」 부분을 보고 필사를 마친 뒤, 별개의 초고 상태로 있던 「다조」를 맨 끝에 추가로 옮겨 적었다. 법진

본 「기다」에 「다조」 부분이 모두 누락된 것을 보면 이덕리의 이 저
술은 본인에 의해 완성되지 않은 초고 상태였던 것이 분명하다.
전체 내용을 항목별로 간추리면 다음과 같다.

「다설茶說」

1. 차는 국가에 보탬이 되고 민생을 넉넉하게 할 수 있는 금은
   주옥金銀珠玉보다 소중한 자원이다.

2. 차는 그 연원이 오래되고, 위진부터 시작해서 당송 때 성행
   했다. 북로北虜는 차가 생산되지 않는 곳이지만 육식으로
   인해 배열병背熱病을 앓기 때문에 차를 몹시 즐긴다. 중국
   역대 왕조도 차를 미끼로 북방 민족을 제어했다.

3. 우리나라 차의 산지는 영남과 호남 지방에 산재해 있다. 하
   지만 우리는 작설차를 약용에 쓸 뿐 마실 줄 모른다. 경진
   년(1760, 영조 36) 차 파는 중국 배가 표류해와서 온 나라가
   비로소 차에 대해 알게 되었고 그 후 10년간 그 차를 마셨
   다. 하지만 차는 우리에게 그다지 긴요한 물건이 아니어서
   이후로도 차를 만들어 마실 줄 몰랐다. 차를 만들어 중국의
   은이나 말, 또는 비단과 교역하면 국용國用이 넉넉해지고,
   민력民力이 펴지니, 국가에 보탬이 되고 민생을 넉넉히 할
   수 있다.

4. 예전 중국의 여러 나라에서는 모두 그 타고난 환경을 이용
   하여 부국의 기틀을 다졌다.

5. 중국차는 아득히 만 리 밖에서 생산되는데도 이것을 취해

부국의 바탕으로 삼아왔다. 하지만 우리나라 차는 바로 울타리 가나 섬돌 옆에서 나는데도 사람들이 아무도 거들떠보지 않는다. 그래서 이 글을 지어 당국자들이 베풀어 시행해볼 것을 건의한다.

「다사茶事」

1. 차는 따는 시기에 따라 우전차雨前茶와 우후차雨後茶가 있다. 차 따는 시기는 동지에서 곡우 전까지와 곡우 후에서 망종까지로 구분된다. 잎의 크기로 진짜 가짜를 구별하는 것은 말 관상 잘 보는 구방고九方皐가 말을 살피는 것처럼 어렵다.

2. 차에는 일창一槍과 일기一旗의 구별이 있다. 잎의 크기만 가지고 따질 수는 없다. 일창은 처음 싹터 나온 한 가지이고, 일기는 한 가지에 달린 잎을 말한다. 그 뒤에 가지 위에 다시 가지가 나면 그 잎은 못 쓴다.

3. 차는 고구사苦口師니 만감후晚甘侯니 하는 명칭이 있다. 차는 맛이 달아 감초甘草라고도 하는데 혀로 핥으면 단맛이 난다. 달여서 차고茶膏처럼 만드는 것은 겨울 잎을 따도 괜찮을 듯하다. 우리나라 사람이 만든 차의 진액은 멋대로 된 것이라, 맛이 쓰고 약용으로밖에 못 쓴다. 일본 사람이 만든 향다고香茶膏만 못하다.

4. 흰 차는 떡차에 향약香藥을 넣어 만든 것이다. 송나라 때 문인들이 노래한 것은 모두 떡차다. 옥천자玉川子 노동盧仝의 「칠완다가七椀茶歌」는 엽차를 노래한 것이다. 떡차는 맛과

향이 좋을 뿐이니 중국의 방법을 본떠 만들 필요가 없다.

5. 떡차는 향약을 넣어 만든 후 맷돌로 가루 내어 끓는 물에 넣어 끓여 마신다. 차에 꿀을 타서 마시는 경우도 있는데 촌티를 못 면한 것이다.

6. 우리나라 차는 색과 향, 기운과 맛에서 중국 것과 조금도 차이가 없다. 중국의 육우나 이찬황 같은 사람도 내 말을 인정할 것이다.

7. 계해년(1743, 영조 19) 봄에 상고당尚古堂 김광수의 집에 들러 중국차를 맛봤다. 이때 주인이 감기 든 늙은 하인에게 차가 특효약이라며 몇 잔 마시게 하는 것을 봤다. 차 파는 배가 들어왔을 때 우리나라 사람은 설사약으로 차를 먹었다. 내가 직접 딴 차로 시험해보니, 감기와 식체食滯, 주육독酒肉毒, 흉복통胸腹痛에 모두 효과가 있었다. 이질 설사와 학질, 염병까지도 모두 효험이 있었다.

8. 냉차를 마시면 가래가 끓는다. 하지만 표류해온 사람들과 역관 서종망徐宗望의 경우를 보면 뜨거운 음식을 먹은 뒤에는 냉차를 마셔도 문제가 없는 듯하다.

9. 차는 잠을 적게 하므로 공부하는 사람이나 길쌈하는 아낙, 또 선정禪定에 든 스님네들에게 꼭 필요하다.

10. 차는 산속 바위 많은 곳에서 난다. 대숲 사이에서 나는 차가 특히 좋다. 해가 들지 않아 대숲의 차는 늦게까지 딸 수 있다.

11. 동복同福은 작은 고을인데, 한 원님이 여덟 말의 작설을 따

서 이를 달여 차고로 만들려 한 일이 있다. 이 엄청난 양을 따서 차로 만들면 수천 근은 될 테고, 이것을 따는 노력으로 수천 근의 차를 찌고 말릴 수도 있는데, 나라에 보탬이 되도록 쓸 줄 모르니 안타깝기 짝이 없다.

12. 차는 비 온 뒤에 따는 것이 가장 좋다. 깨끗하기 때문이다. 소동파의 시에도 그런 말이 있다.

13. 『문헌통고』를 보면 차를 딸 때 고을 관리가 몸소 산에 들어가서 백성을 독려하여 차를 따게 한다고 했다. 좋은 것은 공차貢茶로 하고, 그다음은 관차官茶로 하며, 나머지는 백성이 취하여 쓰게 허용한다. 차가 나라에 막대한 이익을 가져다줌이 이와 같다.

14. 차에 편갑片甲이란 것이 있으니, 이른 봄의 황차黃茶를 가리킨다. 차 배가 들어왔을 때 온 나라 사람들이 황차라고 불렀다. 하지만 살펴보니 이른 봄에 딴 것이 아니었다. 정유년(1777, 정조 1) 겨울 흑산도에서 온 사람에게 물어보니 표류해온 중국인이 아차兒茶, 즉 황매黃梅를 보고 황차라 했다고 한다. 황매는 생강 맛을 떠는데, 이것을 달여 손님을 대접하고 그 가지를 두 줌쯤 꺾어 주재료로 삼아 차와 약재를 섞어 마시면 감기와 여러 질병에 신통한 효험이 있다. 일종의 별차다.

「다조茶條」

1. 주사籌司, 즉 비변사備邊司에서는 전기前期에 호남 영남의 여

러 고을에 관문關文을 보내, 차의 유무를 보고하게 하고, 차가 나는 고을은 수령으로 하여금 가난해서 집이 없는 사람과 집이 있어도 십원十員이 못 되는 사람, 군역세를 중복해서 내는 사람을 가려 뽑아 대기하게 한다.

2. 비변사는 전기에 낭청첩郎廳帖 100여 장을 내서 서울 약국 사람 중에 일처리 잘하는 이를 가려 뽑아, 곡우가 지나기를 기다려, 해당 고을에서 뽑아 대기시킨 사람들을 이끌고 산에 들어가 차를 따서, 찌고 말리는 법을 가르친다. 차 한 근에 50문씩 쳐주어, 첫해는 5000냥으로 제한해서 1만 근의 차를 취한다. 일본 종이를 사서, 포장하여 서울로 나눠 보내고, 관가의 배로 서북 개시開市에 보낸다. 낭청 가운데 한 사람을 압해관押解官으로 임명해 납고納庫하게 하고 수고비를 준다.

3. 중국에서 온 차를 실은 배에 붙은 차 가격은 은 2전이었고, 첩帖에 담은 차는 1냥이었다. 압록강에서 북경까지 수천 리이고, 두만강에서 심양까지 또 수천 리이니, 한 첩에 2전이라면 값이 너무 싸다. 한 첩에 2전으로 값을 치면 1만 근의 찻값은 은으로는 3만2000냥이 되고, 돈으로 환산하면 9만6000냥이 된다. 해마다 생산량을 늘려 100만 근을 생산하면 비용이 50만이 될 것이니 국가의 경비로 써서 백성의 힘을 덜어준다면 큰 이익이 아닐 수 없다.

4. 어떤 이는 우리나라에 차가 나는 것을 알게 되면 중국에서 반드시 차를 공물로 바치라 할 것이므로, 새로운 폐단을 만

드는 것이라 한다. 하지만 만약 수백 근의 차를 중국에 보내 천하로 하여금 우리나라에서 차가 생산되는 것을 알게 하면 언나라 남쪽 조나라 북쪽의 상인들이 수레를 몰고 책문을 넘어 우리나라로 몰려올 것이다. 처음에 1만 근으로 제한하자고 한 것은 시일과 거리 때문에 재화가 정체될까 염려하기 때문이다. 만약 유통만 잘된다면 100만 근이라도 판매에는 문제가 없으니, 얻기 힘든 기회다. 제한을 두면 안 된다.

5. 차 시장을 열면 감시어사監市御史와 경역관京譯官 및 압해관押解官을 선발하여 이 일을 맡긴다. 수행 인원은 일 맡은 자의 재량으로 정한다. 의주 상인만 시장에 올 수 있게 하면 안 된다. 차 시장이 파하면 상급賞給을 좋게 주어 장려한다.

6. 경제 규모가 작은 우리나라는 갑작스레 수백만 냥의 세수稅收가 생기면 무슨 일이든 할 수 있다. 하지만 여러 비용 외에는 조금도 손대지 못하게 한다. 다만 서쪽 변방의 성 쌓고 연못 파며 둔전을 운영하는 데 쓴다. 길가 양옆으로 5리에 전조田租의 절반을 감면해주고, 힘껏 성관城館을 쌓고, 구혁溝洫을 파서 천 리 길에 그물망처럼 이어지게 한다. 올해 못 하면 내년에 계속하게 한다. 또 서쪽 변방의 재주나 힘을 갖춘 인사를 모집해서 활쏘기를 익히게 하고, 수백 명을 두어 대포 쏘는 연습을 시키며, 성적이 우수한 자에게 상을 준다면 외적의 침입을 막고, 이웃 나라에 위엄을 떨칠 수 있다.

7. 차는 잠을 적게 하므로 숙직 서는 사람이나 혼정신성昏定晨
省하며 어버이를 모시는 사람, 새벽부터 베틀에 앉는 여자,
과거 공부하는 선비 등에게 모두 없어서는 안 될 물건이다.

이렇듯 『동다기』는 「다설」 5조와 「다사」 14조, 「다조」 7조의 3부
로 구성된 저술이다. 「다설」은 서설격의 기술로 차 문화의 간추린
역사와 집필 의도를 설명했다. 「다사」는 차를 소개하는 일반론에
해당된다. 차의 산지와 종류 및 효용 등을 설명했다. 「다조」는 차
무역의 구체적인 방안을 단계별로 적었다.

이시헌이 전사한 『강심』에는 「다설」과 「다사」가 앞쪽에 나란히
실린 데 반해, 「다조」는 처음 필사 당시 원고를 찾지 못해 누락되었
다가 뒤에 원고를 찾아 후첨했다. 당시 이 저술이 완성도가 높지 않
은 초고 상태였음을 알려준다.

의암본 「기다」의
내용과 구성

5.

『강심만록』은 의암衣巖 김규선 교수가 소장한 필사본이다. 강진 시절 다산초당을 자주 방문하며 두터운 교분을 나누었던 문산 이재의 집안에 전해온 문적으로 알려져 있다. 백운동본 『강심』을 정성 들여 해서로 또박또박 옮겨 썼다. 수록한 작품도 『강심』과 같다. 다만 배열 순서가 조금 차이 난다.

『강심』은 앞에 사부辭賦를 싣고 중간에 「기다」와 「기연다」를 실은 뒤, 과체시를 다시 배열하는 순서로 되어 있다. 여기에 「기다」의 일부인 「다조」를 맨 끝에 추가했다. 따라서 「다설」, 「다사」, 「다조」의 3부가 모여 완성된 「기다」 한 편을 이루는데, 『강심』에서는 앞쪽 내용을 전사할 당시 이덕리가 「다조」 부분의 원고를 찾지 못했고, 과체시를 베껴 쓴 후 뒤늦게 「다조」를 찾는 바람에 이 부분이 맨 끝에 따로 떨어져 나갔던 사정이 있었다.

의암본 『강심만록』은 이 같은 편차상의 불합리를 새로운 편집과 배열을 통해 바로잡았다. 사부에 이어 과체시를 배치했고, 「기연다」를 앞에 두고 핵심인 「기다」를 맨 끝에 합쳐서 실었다. 그 결과 앞서 장절이 분리되어 산만했던 구성이 하나의 짜임새 있는 맥락을 갖추게 되었다.

또 『강심』이 초서체로 적혀 있어 판독에 상당한 어려움이 있었던 반면, 『강심만록』은 1행 30자, 1면 10행의 정연한 해서로 적혀 있어 가독성이 한층 높아졌다. 구절상 몇 곳의 탈락과 차이가 있는데, 대부분은 『강심』의 매끄럽지 못한 부분을 바로잡은 것이다. 그 구체적인 교감 내용은 본문 해설에서 상세히 다루고 있으므로 여기에 미룬다.

다만 「다조」의 제7조는 차가 지닌 각성 효과에 대해 말하면서 공부하는 학생이나 길쌈하는 여성들에게도 차가 요긴함을 강조한 내용이다. 그런데 「다사」 제9조에 이미 비슷한 내용이 포함되어 있는지라, 한 편으로 묶고 보니 이 부분의 중복이 눈에 거슬렸던 듯하다. 그래서 「다조」의 제7조는 앞선 본문에서 2행을 떼어 적고, 그 끝에 "이 단락은 바로 위에서 잠을 적게 한다는 조항을 고친 것이다"라는 추기를 달아, 한 권의 저작으로 묶어야 할 경우 이 단락을 삭제하는 것이 좋겠다는 뜻을 비쳤다. 이 같은 중복은 이덕리의 「기다」가 처음부터 완성도 높은 상태가 아닌 난필의 초고로 흩어져 있었음을 보여준다.

『강심만록』은 『강심』을 그대로 옮겨 썼고, 깔끔한 해서로 작성되었으며, 오자나 누락된 글귀가 없고, 『강심』의 일부 잘못을 바로잡았다. 또 목차를 바로잡고, 분리된 장절을 일관된 질서 속에 배치한

편집본이어서, 연구자들이 이것으로 정본을 삼는 것이 옳다고 본다. 이 책 부록에 의암본『강심만록』의 전문을 수록한 이유다.

제5부

『동다기』
(「기다」)
원전 교감 및 주해

이 장에서는 이덕리의 『동다기』 전체 원문을 풀이하고, 단락별로 주석과 해설을 달 것이다. 저본은 가장 깔끔하게 정리된 『강심만록』 표제의 의암본을 기준으로 번역문과 원문을 수록한 뒤, 법진본 「기다」와 백운동본 「기다」의 원문과 비교 교감하고 주석을 단 후 본문 내용에 대한 해설을 싣는 순서로 하겠다. 이해를 돕기 위해 단락마다 별도의 제목을 붙였다. 원문의 이동異同을 대조함에 있어 '於'를 '扵'로 쓴 것과 같은 이표기는 제외했다.

「다설」 5조

1 황량한 들판의 평범한 초목

베와 비단, 콩과 조는 땅에서 나는데 절로 일정한 수량이 있다. 관가에 있지 않고 반드시 백성에게 있다. 적게 취하면 나라에서 쓸 것이 부족하고 많이 거두면 백성의 삶이 고달파진다. 금은과 주옥은 산택山澤에서 난다. 애초에 품은 것에서 줄어들 뿐 늘어나는 법은 없다. 진나라와 한나라 때 상으로 하사하던 것을 보면 황금을 대략 100근이나 1000근을 기준으로 삼았다. 송나라나 명나라 시절에 이르러서는 황금 아닌 백금을 냥兩 단위로 헤아렸다. 고금의 빈부 차이를 여기에서 볼 수 있다.

지금 만약 베나 비단, 콩과 조처럼 백성을 위해 하늘이 주거나, 금은이나 주옥처럼 나라를 부유하게 해주는 것이 아니면서 황량한 들판의 구석진 땅에 절로 피고 지는 평범한 초목에서 얻어 이것으

249

로. 국가에 보탬이 되고 민생을 넉넉하게 할 수 있다면 어찌 그 일이 재물의 이익과 관련되어 있다 하여 말하지 않을 수 있겠는가?

布帛菽粟, 土地之所生, 而自有常數者也. 不在於官, 必在於民. 少取則國用不足, 多取則民生倒懸; 金銀珠玉, 山澤之所産, 而孕於厥初, 有減而無增者也. 觀於秦漢之賞賜, 黃金率以百千斤爲槩, 至於宋明之際, 白金以兩計, 古今之貧富, 於斯可見矣. 今若有非布帛菽粟之爲民所天, 金銀珠玉之爲國所富, 而得於荒原隙地, 自開自落之閑草木, 可以裨國家而裕民生, 則何可以事在財利, 而莫之言也.

교감

1 법진본에는 '觀於秦漢之賞賜' 가운데 '之'자가 빠진 '觀於秦漢賞賜'로 되어 있다.

2 '於斯可見矣'가 백운동본과 법진본에는 '於斯見矣'로 나온다. 의암본에 따른다.

3 법진본에는 '今若有非布帛菽粟之爲民所天'에서 '若'자가 누락되었다.

4 '自開自落之閑草木'의 '閑'을 법진본에는 '間'으로 썼다. 이때 한은 등한시等閑視, 즉 대수롭지 않게 본다는 뜻으로, '閑草木'은 '별것 아닌 초목'이란 의미다.

5 '可以裨國家而裕民生'의 '裨'를 법진본에는 '禪'자로 잘못 썼다. 裨는 돕다, 보태다의 뜻. 법진본에는 '而'자가 누락되었다.

해설

전체 글의 서설에 해당된다. 베나 비단, 콩과 조 같은 것은 모두 토지에서 생산되는 것들이다. 경작지가 늘지 않은 한 소출도 증가하지 않는다. 또 그 경작은 모두 백성의 노력에서 나오므로 관가의 소유가 아니다. 하지만 나라는 백성에게 세금 대신 이를 걷어 국가 경영의 재원으로 삼는다. 세금을 적게 거두면 국가 재정이 부실해지고 너무 많이 걷으면 백성의 삶이 피폐해진다.

금은이나 주옥은 어떤가? 이들 광물은 산택山澤의 돌이나 모래 속에 들어 있다. 수량이 일정해서 사람들이 파내어 채취하면 딱 그만큼 줄어든다. 결코 늘어나는 법이 없다. 그 명확한 증거는 진한 시절에 임금이 국가를 위해 공을 세운 신하에게 내리는 상금이 기본적으로 황금 100근 또는 1000근 단위였는데, 송명 시절에는 황금이 아닌 백금을 그나마 근 단위가 아니라 냥 단위로 하사하고 있는 것만 봐도 알 수 있다. 계속해서 채취하다보니 그만큼 자원이 고갈되어 예전처럼 100근이나 1000근씩 하사할 여력이 없어진 것이다.

이렇게 첫 단락에서 '포백숙속布帛菽粟'과 '금은주옥金銀珠玉'을 견주어 비교하는 것으로 글을 열었다. 곡식은 백성의 경작 노력이 있는 한 꾸준히 소출이 있지만 금은주옥은 자원일 뿐이어서 쓰면 쓸수록 딱 그만큼 고갈되어 점차 희귀해진다.

이를 이어 황량한 들판의 틈바구니 자투리 땅荒原隙地에 혼자 피었다가 혼자 지는, 아무도 거들떠보지 않는 초목 이야기를 슬며시 꺼내들었다. 그런데 만일 포백숙속처럼 백성의 의식衣食과 직접 관련이 없고, 금은주옥같이 보배로 여기기는커녕 평소 아무도 거들떠보지 않는 심상한 초목을 채취해서 국가 경제에 큰 도움이 되고 민생에 큰 보탬이 되게 할 수 있다면 어떠하겠는가? 그것이 비록 군자가 입에 담아서는 안 될 재물의 이익과 관련된 문제라 해도 거론하지 않을 수 있겠는가?

대부분의 사람이 등한시해서 그 존재조차 의식하지 못하는 초목은 다름 아닌 차나무다. 일부러 기른 것도 아닌데 산에서 자생한다. 애지중지함을 받아본 적이 한 번도 없다. 그런데 그것이 국가 재정을 살리고 민생을 구제하는 중요한 수단이 되기에 충분하다. 그렇다면 어찌 이것의 효용과 활용에 관심을 기울이지 않을 수 있겠느냐는 것이 글쓴이의 주장이다.

이덕리는 책의 서두를 이렇게 열어 장차 산속에 자생하는 찻잎을 채취하여 제품으로 만들고 이를 다시 외국에 내다 팔아 엄청난 국익을 창출하는 방안을 제시하겠다는 뜻을 피력했다. 이 첫 단락에는 차란 글자를 한 번도 쓰지 않았다. 다만 황량한 들판 구석진 땅에서 혼자 피었다가 혼자 지는, 모두들 등한히 여기는 초목이라고만 말해 차에 대해 무지한 현실을 지적하는 동시에 앞으로 이어질 글에 대한 궁금증을 증폭시켰다.

2 중국차의 역사와 북방 오랑캐

차는 남방의 좋은 나무다. 가을에 꽃이 피고 겨울에 싹이 튼다. 싹이 여린 것은 참새의 혀와 같다 하여 작설雀舌이라 하고 새의 부리와 비슷해서 조취鳥嘴라고 한다. 오래되어 쉰 잎은 명茗·설䓲 또는 가檟·천荈이라고 한다.

신농씨神農氏 때 세상에 드러나 주관周官에 나란히 섰다. 후대로 내려와 위진魏晉 시대부터 조금씩 성행하다가 당나라를 거쳐 송나라에 이르자 사람들의 솜씨가 점차 교묘해졌다. 천하의 맛 가운데 이보다 나은 것이 없고, 또한 천하에 차를 마시지 않는 나라가 없다.

북쪽 오랑캐는 차가 생산되는 고장에서 가장 멀리 떨어져 있다. 하지만 차를 즐기는 것이 북쪽 오랑캐만 한 경우도 없다. 그들은 늘 육식을 하므로 배열背熱, 즉 등에서 열이 나는 것을 견디지 못하기 때문이다. 이로 말미암아 송나라가 요하遼夏를 견제하고, 명나라가 삼관三關을 누를 때도 모두 차를 써서 미끼로 삼았다.

茶者南方之嘉木也. 花於秋而芽於冬. 芽之嫩者曰雀舌鳥嘴, 其老者曰茗䓲檟荈. 著於神農, 列於周官. 降自魏晉浸盛, 歷唐至宋, 人巧漸臻. 天下之味, 莫尙焉. 而天下亦無不飮茶之國. 北虜最遠於茶鄉, 嗜茶者, 無如北虜. 以其長時餕肉, 背熱不堪故也. 由是宋之撫遼夏, 明之撫三關, 皆用是以爲餌.

교감

1 '降自魏晉浸盛'이 법진본에는 '降自魏秦浸盛'으로 되어 있다.

2 '皆用是以爲餌'를 법진본에서는 '皆以是而爲之餌'라 했다. 용운 스님의 『동다기』 해설에서는 다음 단락을 한데 묶었다. 하지만 법진본 「기다」의 필사를 보면 위 단락의 마지막 글자가 줄 끝에 닿자 다음 단락의 첫 자를 한 줄 내려 적음으로써 단락 구분 표시를 두었다. 백운동본은 마지막 글자인 '이餌'자 아래에

단락 구분을 나타내는 'ㅇ' 부호를 표시해놓았다.

주석

작설조취雀舌鳥嘴　작설은 참새의 혓바닥, 조취는 새의 뾰족한 부리를 말한다. 갓 나온 어린 찻잎의 모양이 참새 혓바닥이나 부리 끝처럼 생겼다 해서 붙은 이름이다. 『동다송』의 '취금설翠禽舌'도 같은 의미다. 취금은 참새와 크기가 비슷한 물총새를 말한다.

명설가천茗蔎檟荈　명茗·설蔎·가檟·천荈은 차의 상태에 따른 별칭이다. 육우의 『다경』에 이 네 가지 이름을 소개한 후, "주공은 가檟는 고도苦茶라고 했다. 양집극揚執戟은 촉蜀 지역 서남쪽 사람들이 차를 설蔎이라 한다고 했다. 곽홍농郭弘農은 일찍 채취한 것을 차라 하고 늦게 딴 것은 명이라 하는데 혹 천이라 하기도 한다고 했다周公云: 檟苦茶, 揚執戟云: 蜀西南人, 爲茶曰蔎. 郭弘農云: 早取爲茶, 晚取爲茗, 或一曰荈耳"는 풀이를 달았다. 가檟를 고도라 한 것은 한나라 때 사전인 『이아爾雅』에 보인다. 이 내용은 명나라 왕상진王象晉의 『다보茶譜』 첫 대목에도 나온다. 이덕리는 서두의 이 같은 인용을 통해 자신이 육우의 『다경』을 이미 읽었음을 분명하게 드러냈다.

신농씨神農氏　태곳적 제왕인 삼황오제三皇五帝의 한 사람. 농사의 신으로 알려져 있다. 신농씨가 『식경食經』을 지었다고 하나 후대 사람의 가탁이다. 신농씨는 인간의 온갖 풀을 직접 맛보고 사람에게 이로운지 해로운지를 시험해 『신농본초神農本艸』를 지었다고 전해진다. 이 책에 "차를 오래 마시면 사람이 힘이 생기고 마음이 즐거워진다茶茗久服, 人有力悅志"고 적혀 있다. 초의의 『동다송』

제11구에 "염제께서 진작 맛봐 『식경食經』에 실으시매炎帝曾甞載食
經"라고 하고 그 아래 주석에 이 대목을 그대로 옮겼다.

주관周官 『주례周禮』「천관天官 · 선부膳夫」편에 제사 때 쓰는 여섯
가지 음료로 육청六淸을 꼽았는데, 차가 그 가운데 포함된다고 본
것이다. 진나라 때 장맹양張孟陽은 시 「등성도백토루登成都白菟樓」
에서 "정식鼎食을 계절 따라 나수어오니, 갖은 맛 절묘하고 빼어
나구나. (…) 향기론 차 육청의 으뜸이 되어, 넘치는 맛 천하에 두
루 퍼지네鼎食隨時進, 百和妙且殊. (…) 芳茶冠六淸, 溢味播九區"라고 하여 차
를 육청의 음료 중 으뜸으로 꼽았다.

배열背熱 북방 유목민들은 육식만 하므로 기름기가 혈관을 막아
등이 자주 뜨거워져 통증을 견디기 힘들다. 이를 배열병이라 한
다. 차를 마시면 열을 내려주고 기름기를 녹여 배열병에 걸리지
않는다.

해설

「다설」의 두 번째 단락이다. 첫 문장인 "차는 남방의 좋은 나무다
茶者南方之嘉木也"는 육우가 지은 『다경』의 첫 문장이기도 하다. 차를
호명한 첫 문장을 『다경』의 첫 줄에서 끌어온 것은 그가 『다경』을
익히 읽은 바탕 위에서 이 글을 썼다는 증거다.

서두에서 차의 생태와 여러 이칭異稱, 역대 중국의 차 역사를 간
략히 설명했다. 이어 북방 오랑캐가 차를 즐기게 된 까닭과 역대 중
국에서 차를 북방 오랑캐를 견제하는 수단으로 활용해온 사실을
말했다.

차는 남쪽 지방에서 나는 식물이다. 보통의 식물과 달리 꽃은 늦가을에 피고, 추운 겨울에 새싹이 돋는다. 여린 첫 싹은 작설雀舌 혹은 조취鳥嘴라 한다. 작설은 참새 혓바닥이다. 갈쭉한 첫 순이 크기도 그렇고 생김새도 꼭 참새 혓바닥만 하므로 이런 이름이 붙었다. 조취는 새의 부리다. 참새의 노란 부리 모양이 꼭 차의 첫 순과 비슷하다. 잎이 쇠어 뻣뻣한 것은 명茗·설蔎 또는 가檟·천荈이라 하여 상품上品으로 쳐주지 않는다.

차는 태곳적의 황제 신농씨가 지었다고 전해지는 『신농본초』라는 책에 이미 그 이름이 올라 있다. 『주례』에도 육청六淸이니 사음四飮이니 하여 차에 관련된 언급과 직분이 보인다. 차의 유래가 오래되었음을 증명한다. 하지만 정작 차 마시는 일이 널리 퍼지기 시작한 것은 위진魏晉 시대 이후부터다. 당나라를 거쳐 송나라에 이르는 사이에 차 만드는 솜씨가 날로 발전해서 이제 차는 천하에서 가장 값비싸고 귀한 물건이 되었다. 차는 명실공히 음식 가운데 최고의 자리에 오르게 된 것이다.

차는 남방에서 나는 식물이다. 그런데 아이러니하게도 차를 가장 즐기는 민족은 차 산지에서 가장 멀리 떨어져 있는 북방 오랑캐들이다. 그들은 늘 고기만 먹기 때문에 차를 꾸준히 마시지 않으면 등에서 열이 나는 배열병을 앓다가 시름시름 젊은 나이에 죽고 만다. 차를 계속 마시면 배열병은 염려하지 않아도 된다. 그들에게 차는 생존을 위한 필수품인 셈이다. 그들은 자신들에게서 생산되지 않는 차를 구하기 위해 어쩔 수 없이 중국의 손아귀에 들어 순순히 복종하지 않을 수 없었다. 송나라가 요하의 금나라를 견제하고, 명나라 때 후금後金의 삼관三關을 억제할 수 있었던 것도 모두 차를 미끼로 삼았기에 가능했던 일이다.

3 차에 무지한 조선과 차 무역 제안

우리나라에서 차가 생산되는 고장은 호남과 영남에 두루 퍼져 있다. 『동국여지승람東國輿地勝覽』과 『고사촬요攷事撮要』 등에 실린 것은 그저 백 곳 열 곳 중 하나일 뿐이다. 우리나라 풍습이 작설을 약에 넣어 쓰면서도 차와 작설이 본래 같은 물건인 줄은 대부분 알지 못한다. 그래서 일찍이 차를 채취하거나 차를 마시는 자가 없었다. 혹 호사가가 연경燕京의 시장에서 사가지고 올망정 가까이 나라 안에서 취할 줄은 모른다.

경진년(1760, 영조 36)에 차 파는 상선이 와서 온 나라가 그제야 차의 생김새를 처음으로 알았다. 이후 10년간 실컷 먹고 떨어진 지가 하마 오래되었는데도 또한 채취해서 쓸 줄은 모른다. 이렇게 보면 우리나라 사람에게 차란 그다지 긴요한 물건이 아니어서 있고 없고를 따질 것이 못 됨이 분명하다. 비록 물건을 죄다 취한다 해도 이익을 독점한다는 혐의는 없을 것이다.

배로 서북 지역의 개시처開市處, 즉 시장이 열리는 곳으로 운반해 가서 차를 은과 맞바꾸면 주제朱提의 최고급 은으로 만든 그릇과 촛대가 물길을 따라 잇달아 들어와 지역마다 배당될 수 있다. 이것을 말과 교환한다면 기주冀州 북쪽 지방의 준마와 양마가 성 밖 유한

지有閑地에 가득하고 교외 목장에 넘쳐날 수 있다. 이를 비단과 맞바꾸면 서촉西蜀 지방에서 짠 고운 비단을 사녀土女들이 나들이옷으로 걸치고 깃발의 천도 바꿀 수 있다. 나라의 재정이 조금 나아지면 백성의 힘도 절로 펴질 것은 두말할 필요가 없다. 그럴진대 앞서 내가 황량한 들판의 구석진 땅에서 절로 피고 지는 평범한 초목을 얻어서 나라에 보탬이 되고 백성의 생활을 넉넉하게 할 수 있다고 한 것은 결코 지나친 말이 아니다.

我東産茶之邑, 遍於湖嶺. 載輿地勝覽, 攷事撮要等書者, 特其百十之一也. 東俗雖用雀舌入藥, 擧不知茶與雀舌, 本是一物. 故曾未有採茶飮茶者. 或好事者, 寧買來燕市, 而不知近取諸國中.

庚辰舶茶之來, 一國始識茶面. 十年爛用, 告乏已久, 亦不知採用, 則茶之於東人, 其亦沒緊要之物, 不足爲有無, 明矣. 雖盡物取之, 無榷利之嫌.

舟輸西北開市處, 以之換銀, 則朱提鍾燭, 可以軼川流而配地部矣. 以之換馬, 則冀北之駿良駃騠, 可以充外閑而溢郊牧矣. 以之換錦段, 則西蜀之織成綺羅, 可以袨士女而變旌幟矣. 國用稍優, 而民力自紓, 更不消言. 而向所云得於荒原隙地, 自開自落之閑草木, 而可以裨國家裕生民者, 殆非過言.

~

교감

1 이 단락의 내용 대부분이 법진본에는 누락되고 없다. 법진본에는 "我東産茶之邑, 遍於湖嶺. 載"까지만 수록하고 한 칸을 비운 뒤 두 단락 뒤의 첫 문장인 '中國之茶'로 시작되는 단락까지 건너뛰었다. '재載'자 이후 빈칸에 누락된 글자가 무려 398자나 된다. 법진본이 1행 20자, 1면 12행으로 된 것으로 보아 법

진이 『다경(합)』을 옮겨 쓸 당시 베껴 쓰다 말고 착각하여 아예 한 장을 그대로 넘겨 적었던 사정이 짐작된다. 본인도 쓰다가 문맥이 이상했으므로 '재載'자 아래에 빈칸을 하나 남겨두었다. 혹 『다경(합)』의 원본에도 이 부분이 빠져 있었을 가능성을 완전히 배제하기는 어렵다. 어쨌거나 이 대목이 통째로 빠지는 바람에 법진본의 이 대목은 문맥이 온통 뒤엉켜버린 이상한 글이 되고 말았다.

2 '而向所云得扵荒原隙地'가 백운동본에는 '則向所云得扵荒原隙地'로 되어 있다.

3 '而可以裨國家裕生民者'가 백운동본에는 '而可以裨國家裕民生者'로 되어 있다.

주석

동국여지승람東國輿地勝覽　성종 때 노사신盧思愼 등이 왕명으로 편찬한 지리서. 55권 25책 분량이다. 『대명일통지大明一統志』의 체재를 참고하여 각 도의 지리와 풍속, 특산 등을 기록했다. 누정樓亭과 불우佛宇, 고적古蹟과 제영題詠 등에 제가의 시문이 풍부하게 수록되어 있다. 각 권의 토산土山 항목에 차가 생산되는 지역을 표시하고 있는데, 울산·양산·밀양·진주·곤양·하동·산음·단성·고성·진해·고부·흥덕·옥구·태인·나주·광산·영암·영광·함평·고창·장성·진원·무장·남평·무안·진도·강진·해남·남원·담양·순창·순천·낙안·보성·능성·광양·흥양·동복·화순 등지에서 차가 난다고 했다.

고사찰요攷事撮要 1544년 어숙권魚叔權 등이 왕명으로 사대교린과 일상생활에 필요한 다양한 내용을 모아 엮은 책. 진공방물수목進貢方物數目과 중원진공노정中原進貢路程을 비롯하여 일상생활에 필요한 여러 서식과 약방, 각종 상식 등을 수록했다. 이 가운데 차 산지에 대한 언급이 나온다.

박차舶茶 1762년 차를 가득 싣고 호남 도서지역에 표류한 중국 상선을 가리킨다. 이 일은 박제가의 『북학의』에도 관련 기록이 있다. 「통강남절강상박의通江南浙江商舶議」에서 "나는 황차를 실은 배 한 척이 표류하여 남해에 정박한 것을 본 적이 있다. 온 나라가 그 황차를 10여 년 동안 사용했는데 지금도 여전히 남아 있다"고 한 것이 이것이다. 이 시기에 우리나라에 여러 차례 표류선이 왔으나 황차와 직접 관련된 것은 1762년 10월, 만경현萬頃縣 고군산도古群山島로 절강 상인 22명이 표류해온 사건뿐이다. 『승정원일기』 1762년 11월 12일자 기사 중 이 배에 가격으로 환산해 은 7000여 냥에 해당되는 여러 물화가 실려 있었고 그중 엄청난 양의 황차가 포함되어 있다는 내용이 보인다. 당시 조선은 금주령이 시행되었던 터라 제사 때 차로 술을 대신하려는 수요가 많아 표류선의 황차가 주목을 받았고, 조선에서 차에 대한 관심이 이는 중요한 계기가 되었다. 이덕리가 차 무역에 눈을 뜨게 된 것도 이 일과 무관하지 않다. 따라서 본문의 1760년은 1762년의 착오로 보는 것이 맞을 듯하다.

서북개시西北開市 개시開市는 대외무역 시장을 일컫는 말이다. 서북개시는 평안도 의주 국경의 책문에서 열린 무역 시장을 가리킨다.

주제종촉朱提鍾燭   주제朱提는 운남성 소통현昭通縣 경계에 있던 주제현朱提縣. 이곳에서 양질의 은이 많이 나서 은을 나타내는 대명사로 쓰인다. 종촉鍾燭은 그릇과 촛대. 주제종촉은 최고급 은으로 만든 그릇과 촛대의 의미.

기북冀北   지금의 하북성과 산서성 일대.

준량결제駿良駃騠   준량駿良은 준마와 양마. 결제駃騠는 암나귀와 수말 사이에서 태어난 준마. 훌륭한 말의 통칭으로 쓴다.

해설

앞 단락에서는 중국 역대 정부가 차로 북방 오랑캐를 제어한 일을 말했다. 이 글에서는 이와 반대로 우리나라 사람들이 차에 대해 전혀 모르는 현실을 지적했다. 그러므로 국가가 차 전매를 통해 이익을 독점해도 아무 문제가 없음을 말하고, 차를 은이나 말, 비단 같은 물건과 맞바꿔 국가 경제를 튼튼히 하고 민생 복지를 강화할 재원으로 삼을 것을 제안한 내용이다. 첫 단락에서 추상적으로 말한 것을 더 구체화했다.

우리나라는 영남과 호남 각처에서 차가 생산된다. 『동국여지승람』과 『고사촬요』 같은 조선 전기의 기록을 보면 차의 산지로 표시된 지역이 적지 않다. 실제로는 책에 나오는 장소보다 훨씬 더 광범위한 지역에서 차가 생산된다. 하지만 우리나라 사람들은 작설을 차고처럼 달이고 고아서 약용으로 쓸 줄만 알지 애초에 차와 작설이 같은 물건인지조차 모른다. 우리나라 사람들이 마시는 차는 고작해야 호사가들이 중국에 사신 갔다가 오는 길에 북경이나 심양

시장에서 비싼 돈을 주고 사온 중국차뿐이다. 바로 가까운 데서 차가 나는 줄 알았다면 많은 사람이 차를 따서 마셨을 텐데, 전혀 몰랐으므로 주변에 지천으로 널린 차나무를 내버려둔 채 비싼 돈을 주고 중국에서 사다 마시는 것이다.

경진년, 즉 1760년(실제로는 1762년)에 차를 가득 실은 중국 무역선이 전라도 섬에 표류한 일이 있었다. 이 표류선에서 흘러나온 차가 호남 지역에 널리 유통되면서 온 나라가 비로소 차의 생김새를 처음으로 알게 되었다. 그때 중국 배에서 유통된 차를 조선 전역에서 10년간 실컷 마셨다. 그 차가 떨어진 지가 벌써 오래되었는데도 여전히 주변에 널려 있는 차를 따서 마실 생각은 못 한다. 애초에 우리나라 사람들에게 차란 있어도 그만 없어도 그만인 물건이었던 것이다.

그렇다면 있어도 그만이고 없어도 상관없는 차를 국가에서 모두 취해 이익을 독점한다고 해도 달리 탓할 사람은 없을 것이다. 버려진 찻잎을 채취해 차로 만든 뒤 이 차를 서북개시로 가져가서 북방의 은이나 말 또는 비단과 맞바꾼다면, 온 나라에 질 좋은 은그릇과 은촛대가 넘쳐나고, 준마와 양마의 수효가 급증할 것이며, 귀한 비단옷을 모든 백성이 입을 수 있게 될 것이다. 우리에게는 있으나 마나 한 차를, 차 없이는 도저히 살 수 없는 북방 민족에게 팔아 우리에게 필요한 귀한 물건을 풍족하게 얻을 수 있다. 나라 살림에 큰 힘이 되고 다급한 민생에도 획기적 개선이 이루어질 것이다. 이것이야말로 누이 좋고 매부 좋은 격이 아니겠는가? 이덕리의 이러한 차 무역 주장은 그 발상이 참으로 신선하다.

4 재물을 버는 방법

재물을 버는 방법은 그 근원을 틔워 흐름을 끌어오면 된다. 그리하면 천하의 재물이 마치 물이 아래로 내닫는 것과 같아 내가 이를 골짜기로 삼는다. 그 뿌리를 북돋우고 막힌 것을 뻗어가게 하기만 하면 된다. 그리하면 천하의 재물이 마치 나무에 새 움이 터나오는 것 같아 내가 이를 숲으로 삼는다. 이런 까닭에 빈豳 지역의 땅이 기름지고 비옥해 주나라가 부지런히 심고 거두어서 일어났다. 바닷가 짠 땅을 개간해서 제나라는 여공女工, 즉 길쌈의 일을 권면하여 넉넉해졌다. 월나라는 계연計然의 계책을 써서 패자覇者가 되었고, 진나라는 경수涇水의 탁한 물을 관개灌漑해서 강성해졌다.

그러므로 물건에 일정한 생산이 없을 경우 물건을 통제하는 것은 사람에게 달려 있고, 나라에 고정적인 세금이 없을 때 나라를 부유하게 하는 것 또한 사람에게 말미암는다는 것을 알겠다. 오직 밝은 임금과 어진 재상이 있어 미루어 이를 행하고, 변화하여 통하게 하는 것이다. 하지만 사마천이 상홍양桑弘羊을 두고 백성에게 세금을 더 걷지 않고도 나라의 비용이 넉넉해졌다고 말한 것은 진실로 잘못이다. 관중管仲이 아홉 차례나 제후를 규합하여 한결같이 천하를 바로잡을 수 있었던 것 또한 어찌 구부九府의 법으로 한 것이 아니겠는가?

夫生財之道, 疏其源而導其流, 則天下之財, 如水趨下, 而我爲之壑; 培其根而遂其鬱, 則天下之財, 若木斯苗, 而我爲之藪. 是以豳土膏沃, 周勤稼穡而興, 海濱斥鹵, 齊勸女工而饒. 越用計然之策而覇, 秦漑涇水之濁而强. 故知

物無恒産, 制物者在於人, 國無常賦, 富國者亦由於人. 惟在明君賢相. 推而
行之, 變而通之. 而司馬遷謂桑弘羊不加賦於民, 國用足, 則固謬矣. 至若管
仲九合諸侯, 一匡天下, 則亦豈不以九府之法哉.

교감

1 이 단락이 법진본에는 온전히 누락되었다.

2 '越用計然之策而霸'가 백운동본에는 '越用計然之策而伯'으로 되
  어 있다. 의암본을 따른다.

3 '秦漑涇水之濁而强'이 백운동본에는 '秦漑湮水之濁而强'으로 되
  어 있다.

주석

빈토豳土 빈豳 지방은 지금 중국의 산시성 쉰이현旬邑縣 빈현彬縣
서남쪽으로 황하 유역의 비옥한 땅이다. 주나라는 은나라를 멸
망시킨 후 계층이 분화되면서 사전私田을 통한 자립경제 정책을
바탕으로 나라를 일으켰다. 『시경』 「빈풍·칠월」에 그들의 농사
장면이 나온다. 여기서는 경제 자립을 통한 국부 창출을 강조하
기 위해 쓴 것이다.

제나라는 여공女工, 즉 길쌈의 일을 권면하여…… 태공망 여상呂尙이 제
나라의 봉후가 되어 왔을 때 땅에 소금기가 많고 습지어서 사는
사람이 별로 없었다. 이에 여상이 부녀자들에게 방직과 바느질 등
을 가르치고 생선을 잡고 소금을 구워 유통시키자, 사람과 물자가
사방에서 몰려들었다. 사마천의 『사기』 「화식열전」에 보인다.

계연計然의 계책　계연은 춘추시대의 월나라 책사다. 그는 월나라 대부 범려范蠡의 스승으로 월왕 구천이 오왕 부차와 싸울 때 그에게 일곱 가지 계책을 주었는데, 그 가운데 다섯 가지를 써서 이겼다. 그는 "싸울 것을 알면 군비를 갖추어야 하고, 쓰는 것을 때에 맞게 하려면 물건을 알아야 한다. 이 두 가지가 드러나면 온갖 재화의 실정을 볼 수 있다. 가물 때 배를 사고, 홍수 때 수레를 사는 것이 물화의 이치다. 물자와 화폐는 흐르는 물처럼 쉼 없이 회전시켜야 한다. 이런 것을 미루어 힘쓸 경우 2년이면 나라가 부강해져서 전사戰士에게 넉넉하게 해줄 수 있다"고 말했다. 값쌀 때 사서 비싸게 팔고, 싼 곳에서 사서 비싼 곳에 파는 유통의 원리로 국부國富의 방책을 제시한 내용이다.

경수涇水　강 이름. 물이 몹시 탁해 쉬 진흙이 쌓여 메워지곤 했는데, 이 강물을 관개하여 물길을 통하게 하자 멀리 다른 지역의 물자가 들어와 교역이 활발해져서 진나라는 크게 부강해졌다.

상홍양桑弘羊(기원전 152~기원전 80)　한나라 무제 때의 신하. 관중의 변법을 본떠 소금과 철을 국가에서 전매하는 염철법鹽鐵法을 시행했고, 나아가 균수법均輸法과 평준법平准法을 시행하여 물가를 조절하고 가격을 관리하는 등 경제활동을 국가가 주관하여 백성의 세금 부담을 경감시키고 국가의 재원을 충실하게 함으로써 한 무제의 계속된 영토 확장을 위한 대외 전쟁 비용으로 충당하도록 했다. 국가의 전매 제도를 활용한 국부 창출의 예로 든 것이다.

구부지법九府之法　제나라는 시조인 강태공의 정책에 따라 상공商工

을 소통시키고, 어염魚鹽의 이익을 간편하게 하는 구부원법九府圓法을 행하여 국부를 강화했다. 관중이 제 환공齊桓公의 책사가 되어 강태공의 구부원법을 활용함으로써 어염의 이익을 국가에서 관리하여 생기는 수익으로 국가를 경영했다.

해설

다시 화제를 바꿔 재물 버는 방법에 대해 논했다. 차 무역의 당위성에 대한 논지를 강화하기 위해 펼친 단락이다.

재물을 모으는 것은 근원을 터서 물길을 이끌어오는 것이나, 뿌리를 북돋워 막힌 것을 뻗어가게 하는 것과 다를 바 없다. 막힌 물을 터주면 봇물이 터지듯 모든 물이 한곳으로 몰려든다. 거름을 주어 막힌 것을 뻗어가게 해주면 가지마다 움이 돋아 열매가 주렁주렁 매달린다. 물줄기가 모여들어 골짜기로 되고, 건강한 나무가 무리지어 울창한 숲을 이룬다.

이하 뒷부분에 든 여러 예는 대부분 사마천의 『사기』 「화식열전」에 보이는 내용을 모아 상공의 유통을 활성화시키고 전매 정책으로 국가의 부를 일으킨 것을 한데 모은 것이다. 주나라가 은나라를 멸망시키고 나라를 일으킨 것과, 제나라가 척박한 환경에서 국부를 창출한 일은 저마다 합심 단결하여 한가지 목표를 향해 노력했기에 가능한 일이었다. 계연은 물화의 유통을 잘 조절하여 월나라를 부강하게 만들고, 진나라가 경수涇水의 물길을 열어 경제적 부강을 이룰 수 있었던 것도 따지고 보면 모두 통상의 원리를 잘 파악하고 있었기에 가능한 일이다.

상홍양은 소금과 철의 생산과 판매를 국가가 전매하고, 오늘날로 치면 일종의 유통과 가격 조절 정책인 균수법과 평준법을 도입하여 백성에게 세금을 무겁게 걷지 않고도 한 무제의 엄청난 전쟁 비용을 충당할 수 있었다. 제 환공이 관중의 도움으로 패자가 되었던 것도 따지고 보면 어염의 이익을 국가가 전매하는 구부원법을 활용한 결과였다.

이렇게 본다면 결국 물이 높은 데서 낮은 데로 흐르듯 물자는 밤낮 쉼 없이 돌고 도는 것이다. 장사를 하든 물건을 만들든 이러한 경제활동을 통해 국가의 경제를 번영시키고 생민生民의 안정을 도모하는 것은 지극히 자연스런 이치가 아닐 수 없다. 더욱이 아무도 소중하게 생각지 않는 차를 지금부터라도 국가가 전매하여 엄청난 국부를 창출해낼 수 있다면 이야말로 일석이조가 아니겠는가? 그러니 이제라도 상업을 통한 이익을 말하는 것을 부끄럽게 생각하는 근시안적인 태도는 버려야 한다. 무엇이 국가를 위해 도움되는 일인지를 위정자 된 사람은 따져보지 않으면 안 된다. 대단히 힘 있는 주장이다.

5 차 무역 정책 건의

중국차는 아득히 떨어진 만 리 밖에서 난다. 그런데도 오히려 취해서 나라를 부유하게 하고 오랑캐를 방어하는 기이한 재화로 삼는다. 우리나라는 차가 울타리 가나 섬돌 옆에서 나는데도 마치 아무

짝에도 쓸모없는 토탄土炭처럼 본다. 뿐만 아니라 그 이름조차 잊어버렸다. 그래서 「다설茶說」 한 편을 짓고, 「다사茶事」를 아래에 조목별로 나열하여 당국자가 시행해볼 것을 건의한다.

中國之茶, 生於越絶萬里之外. 然猶取以爲富國禦戎之奇貨. 我東則産於笆籬堵疤, 而視若土炭無用之物. 並與其名而忘之. 故作茶說一篇, 條列茶事于左方, 以爲當局者, 建白措施之地云爾.

교감

1 '生於越絶萬里之外'가 법진본에는 '生於越, 絶島萬里之外'로 되어 있다. 월절越絶은 멀리 떨어져 격리되어 있다는 의미의 술어인데 중간에 '도島'가 엉뚱하게 끼어들어가 문맥이 이상해졌다.

2 법진본에는 '富國禦戎之奇貨'의 '奇'자가 누락되었다.

3 법진본에는 '産於笆籬堵疤'의 '疤'자가 빠졌다.

4 '視若土炭'의 '炭'을 법진본에서는 '灰'로 잘못 썼다.

5 '並與其名'의 '並'을 법진본에서는 '幷'으로 썼다.

6 '故作茶說一篇'의 '故'가 법진본에는 빠졌다.

7 '條列茶事于左方'의 '方'이 법진본에는 누락되었다.

8 '建白措施之地云爾'의 '地'자가 법진본에는 없다.

주석

중국차는 아득히 떨어진 만 리 밖에서 난다 법진본에 따라 '중국차는 월나라에서 나는데 만 리 밖에 섬으로 격리된 곳이다中國之茶, 生於越, 絶島萬里之外'라고 해서는 문리가 맞지 않는다. 월절越絶은 아득히 격절隔絕된 모양을 가리키는 술어다.

해설

「다설」의 제5단락에 해당되는 마무리 부분이다. 구체적인 방안 제시로 들어가기에 앞서 지금까지의 논의를 수렴하고, 당국자의 정책 입안을 건의했다.

중국은 만 리 밖 남방에서 나는 차를 가지고 나라를 부강하게 하며 외적을 막는 수단으로 삼는다. 우리도 호남과 영남 각지에 중국 못지않게 차나무가 많이 자란다. 하지만 중국과 달리 우리는 차를 아무도 거들떠보지 않을 뿐 아니라 차가 무엇에 쓰는 물건인지조차 모르고 그 이름마저 잊었다. 이덕리는 자신이 이제 「다설」 한 편을 지어 아래와 같이 조목별로 차에 대해 소개하고 차 무역의 구체적인 방법을 제시하려는 것은 이런 현실이 안타까워서라면서, 부디 눈 밝은 당국자가 자신의 글을 읽고서 시행을 건의해줄 것을 당부했다. 여기서 이덕리는 글 제목을 「다설」이라고 했다. 이어지는 본격적인 논의에 앞서 차의 의미와 가치에 대한 개괄적 주장을 담은 서설 성격의 글이란 의미다. 이덕리가 『상두지』에서 말한 「다설」도 이것을 가리킨다.

여기까지 해서 다섯 단락으로 이뤄진 전체 글의 서론격인 「다설」이 마무리된다. 이 글을 통해 볼 때, 당시 조선 사람들은 차에 대해 거의 무지한 수준이었다. 안다고 해도 차고로 고아서 급할 때 약으로 쓰는 정도였다. 차를 일상의 기호음료로 생각하는 인식은 전혀 없었다고 해도 지나친 말이 아니다. 때로 지식인 가운데 차를 즐긴 사람이 없지 않았으나, 대부분 중국 사행길에 연경에서 구해온 차를 가지고 시늉이나 하는 정도였고 그나마도 대어놓고 마실 형편은 못 되었다. 물론 고려 때는 우리나라에서도 차 문화가 대단히 성행했고 관련 시문도 적잖이 남아 있다. 하지만 조선 후기 이덕리의 시대에 이르면 차 문화는 거의 멸절의 수준에 이르렀던 것이 엄연한 사실이다.

「다사茶事」14조

1 우전차와 우후차

차에는 우전雨前과 우후雨後의 명칭이 있다. 우전이란 작설을 말한다. 우후는 바로 명설茗蔎이다. 차라는 물건은 움이 일찍 돋지만 싹은 뒤늦게 튼다. 그런 이유로 곡우穀雨 때에는 찻잎이 아직 자라지 않는다. 모름지기 소만小滿이나 망종芒種이 되어야만 바야흐로 싹이 능히 크게 자란다. 대개 섣달 이후에서 곡우 이전까지, 곡우 이후부터 망종 때까지 모두 채취할 수 있다. 어떤 이는 잎이 크고 작은 것으로 진짜와 가짜를 구별하기도 한다. 어찌 구방고九方皋가 말을 알아보던 것에 견주겠는가?

一. 茶有雨前雨後之名. 雨前者雀舌是已. 雨後者卽茗蔎也. 茶之爲物, 早芽而晚苗. 故穀雨時茶葉未長, 須至小滿芒種, 方能苗大. 盖自臘後至雨前, 自雨後至芒種, 皆可採取. 或以葉之大小, 爲眞贋之別者, 豈九方相馬之倫也.

1 '爲眞贗之別者'의 '贗'을 법진본에는 '贋'으로 잘못 적었다.

2 '豈九方相馬之倫也'를 법진본에는 '豈九方相馬之偏也'로 잘못 썼다.

주석

우전차雨前茶 곡우는 양력으로 4월 20일경이다. 봄비가 내려 농가에서 못자리를 마련하고 한 해 농사 준비를 시작하는 계절이다. 우전차는 곡우 이전에 나온 여린 잎을 따서 만든 차다.

조아만줄早芽晚茁 처음 싹터 나온 여린 싹을 조아早芽라 하고 잎이 쉰 뒤에 기旗가 펴져 나온 잎을 만줄晚茁이라 한다.

소만小滿·망종芒種 소만은 입하立夏와 망종芒種 사이에 있는 절기로, 음력 4월, 양력으로는 5월 21일경이다. 만물萬物이 점차 생장하여 가득 찬다는 의미로 모내기와 보리걷이가 시작되는 시절이다. 망종은 소만과 하지夏至 사이에 있는 절기로 양력 6월 6일경이다. 모내기와 보리걷이가 이때까지 끝난다.

구방상마九方相馬 춘추시대 사람 구방고九方皐는 말을 잘 알아보기로 유명했는데, 진나라 목공穆公을 위해 먼 곳으로 가서 천리마를 구해왔다. 그는 말을 살필 때 털 빛깔이나 암수의 구별 따위는 따지지 않고, 겉으로 드러나지 않는 말의 내면을 관찰하여 천하의 좋은 말을 얻었다. 사물의 본질은 외양만 봐서는 알 수 없다는 뜻으로 썼다. 본문의 윤倫은 구방고가 말 관상 보던 것과 우전차와 우후차를 구분하는 것이 비슷한 부류임을 말한 것이다.

해설

여기서부터 본문에 해당되는 「다사」 14조가 시작된다. 본문은 14개 소항목으로 구성되고, 항목 앞에 '일─'자를 써서 구분했다. 소항목의 제목에 일련번호를 붙인다. 첫 단락은 차의 생산 시기에 따른 구분으로 우전차와 우후차의 명칭을 설명했다. 곡우 이전은 여린 눈이 처음 나오는 시기다. 그 첫 움을 따서 만든 차가 바로 우전차다. 흔히 맥과차麥顆茶나 작설차라 하는 것이다. 곡우가 지나 소만이나 망종 때가 되면 잎이 쇠어 명설茗蔎이 된다. 이것은 우후차로 구분하여 부른다.

찻잎의 채취 시기로는 섣달 이후부터 곡우 때까지 채취한 것을 우전차라 하고, 곡우 이후 망종 때까지 채취한 것은 우후차로 불렀다. 찻잎의 크기로만 따져서도 안 되고 시기만으로 나눌 수도 없다. 이 두 가지를 함께 고려해야 한다. 우선은 채취 시기가 중요하고, 그다음이 잎의 크기다.

구방고는 명마를 감별하는 데 있어 백락伯樂과 함께 역대에 가장 이름 높은 전설적인 인물이다. 그의 명마 감별법은 독특했다. 보통 사람들은 말의 털 빛깔이나 암컷인지 수컷인지 등 말의 외관만 보고 말을 고른다. 하지만 그는 그런 데에는 전혀 관심을 두지 않고, 말이 지닌 내면적 자질을 한눈에 간파해서 고르는 안목을 지녔던 인물이다. 이덕리는 이 구방고의 고사를 끌어와 우전차와 우후차의 감별은 단지 잎의 크기만 가지고 판별할 수 없고, 그 안에 깃든 맛으로 감별해야 함을 말했다. 천하의 명마를 살피는 데 검은 말인지 흰 말인지, 또는 암컷인지 수컷인지는 그리 중요하지 않다. 중요

273

한 것은 이 말이 천리마냐 아니냐는 사실이다. 외형에 얽매여서는 본질을 놓치기 일쑤다. 마찬가지로 차의 맛도 단순히 찻잎의 크기나 채취 시기만으로 기계적으로 우전차와 우후차를 구분하는 것은 말의 검고 흰 빛깔이나 암수만 따지고 있는 하수下手의 안목이라는 것이다.

2 일창일기

차에는 일창一槍이니 일기一旗니 하는 명칭이 있다. 창槍은 가지를 말하고 기旗는 잎을 가리킨다. 만약 첫 잎 외에 따서는 안 된다고 한다면, 형주荊州 옥천사玉泉寺에서 나는 차는 크기가 손바닥만 하다 해서 희귀한 물건이 되었다. 무릇 초목의 갓 나온 첫 잎이 보통의 한 잎보다 크다 해도 점차 커지는 것이지 어찌 첫 잎이 문득 손바닥만 하게 자랄 수 있겠는가? 또 배에서 파는 차를 보니 줄기가 몇 치 길이 되는 것이 있고, 잎이 네댓 개씩 잇달아 달린 것이 있었다. 대개 일창이라는 것은 처음 싹튼 첫 가지이고, 일기란 그 첫 가지에 달린 잎을 말한다. 이후 가지 위에 또 가지가 돋으면 그제서는 쓰지 못한다.

茶有一槍一旗之稱. 槍卽枝而旗卽葉也. 若謂一葉之外, 不堪採, 則荊州玉泉寺茶, 以大如掌, 爲稀奇之物. 凡草木之始生一葉, 大於一葉, 漸成其大, 豈有一葉頓長如掌者乎. 且見舶茶, 莖有數寸長, 葉有四五連綴者. 蓋一槍者, 謂初苗一枝, 一旗者, 謂一枝之葉也. 此後枝上生枝, 則始不堪用矣.

교감

1 '槍卽枝而旗卽葉也'가 법진본에서는 '槍則枝而旗則葉也'로 되어
있다.

2 '有一葉頓長如掌者乎'의 '者'가 법진본에는 누락되었다.

3 '謂初苗一枝'의 '枝'를 법진본에서는 '槍'으로 썼다.

주석

일창일기—槍—旗 차의 여린 싹에서 나온 첫 잎이 마치 깃대에 깃
발을 매단 것처럼 달린 상태를 가리킨다. 잎이 두 개 달리면 일
창이기—槍二旗라 하고, 세 개 달리면 일창삼기라 한다. 남송 때 섭
몽득의 『피서록화避暑錄話』에 나온다. 우전차는 일창일기를 따서
만든 차다. 일창일기에 대한 정의는 차 문헌마다 다르다. 명나라
때 낭염郎瑛이 쓴 『칠수휘고七修彙稿』에서는 "세상에 전하기를 끓
이는 차에 일횡—橫과 일수—竪가 있다. 끓일 때 가늘고 여린 것을
일러 기창차旗槍茶라 한다. 『주사麈史』에서는 차가 처음 움터 여린
것을 일창—槍이라 하고, 조금 커서 펴진 것을 일기—旗라 한다. 이
시기를 지나면 쓰지 않는다世傳烹茶有一橫一竪, 而細嫩於湯中者, 謂之旗槍
茶. 麈史謂茶之始生而嫩者爲一槍, 寢大而展爲一旗. 過此則不堪矣"고 했다. 또 섭
청신葉淸臣은 「자다술煮茶述」에서 '분창말기粉槍末旗'란 말을 했다.
대개 찻잎이 처음 움튼 것은 마치 바늘 같은 백호白毫가 있기 때
문에 분창粉槍이라 하고, 말기末旗는 나중에 커지면서 깃발 같게
된다는 뜻이다. 이덕리가 창을 가지로 보고 기를 잎으로 설명한
것으로 미루어 창기에 대한 이해가 부족했음을 알 수 있다.

형주 옥천사차　이백의 「족질 중부中孚가 옥천산의 선인장차를 준 데 답례하여答族侄中孚贈玉泉仙人掌茶」라는 시에 나오는 선인장차를 가리킨다. 형주 옥천사 계곡의 종유동굴에서 나는 차로 옥천진공玉泉眞公이 이 차를 늘 마셔 나이 여든이 되어도 얼굴이 젊은 사람과 같았다고 한다. 원래는 찻잎을 포개놓은 모양이 손바닥과 같았으므로 선인장차라고 이름 붙였는데, 이덕리는 찻잎의 형태가 손바닥처럼 생긴 듯이 잘못 설명했다. 초의의 『동다송』에 관련 언급이 보인다. 초의가 쓴 중부中孚란 자도 여기서 따왔다.

해설

일창일기를 설명했다. 일창일기는 찻잎이 처음 움터 나온 어린 첫 잎을 가리키는 말이다. 차의 딱딱한 줄기 끝에서 새 줄기가 싹터 나오면 그 끝에 도르르 말린 첫 움이 마치 깃대에 깃발이 매달린 듯 퍼진다. 이 상태가 일창일기다. 조금 지나면 두 번째 잎과 세 번째 잎이 차례로 퍼진다. 이것은 일창이기, 일창삼기라 한다. 최상품의 차는 바로 일창일기를 따서 만든 것이다.

하지만 찻잎의 크기만 가지고 진짜 가짜를 따지며, 상품과 하품을 논하는 것은 구방고의 예에서 보듯 하수下手의 감별법이다. 사람들은 일창일기만이 최고라 하지만, 꼭 그런 것은 아니다. 형주 옥천사에서 나는 선인장차仙人掌茶는 이백의 시 때문에 천하에 널리 알려진 유명한 차다. 또 표류선에서 파는 차를 봐도 꽤 긴 줄기에 잎 서너 개가 줄달아 매달려 있는 것도 많았다. 그러니 찻잎 채취에서 말 그대로 일창일기만 고집해서는 그 수량도 얼마 되지 않을 뿐 아니라, 맛 또한 깊이 배지 않아서 좋은 차 맛을 기대하기 힘들다.

이덕리는 이에 일창일기 개념을 새롭게 정의할 것을 주장했다. 새 가지에 한 잎만 돋은 것을 일창일기라 하지 말고, 새 가지에 돋은 잎 전체를 일창일기로 보자는 것이다. 만일 새로 돋은 가지 위에 다시 새 가지가 뻗어나가면 그때는 잎이 너무 쇠어서 더 이상 차로 만들 수 없다. 일창일기에 대한 교조적 해석에 얽매여 차의 실상을 잃게 되는 폐단을 경계한 것이다.

하지만 이덕리의 이 같은 주장은 일창일기에 대한 분명치 못한 인식에서 기인한 것이다. 그는 자신이 직접 본 중국 표류선에서 나온 중국차를 기준으로 삼아 일창일기에 대한 설명을 더한 것인데, 이때까지 이덕리가 차를 직접 채취해서 만들지는 않았던 사정이 짐작된다.

3 고구사와 만감후

차에는 고구사苦口師니 만감후晚甘侯니 하는 이름이 있다. 또 천하의 단것에 차만 한 것이 없는지라 이를 일러 감초甘草, 즉 단 풀이라고도 한다. 차가 쓴 것은 사람들이 모두 능히 이를 말한다. 차가 달다고 하는 것은 내 생각에 이를 즐기는 자의 주장이다. 근래 차를 채취하다가 여러 종류의 잎을 두루 맛봤다. 유독 찻잎은 혀로 핥으면 마치 묽은 꿀물에 적셔낸 것 같았다. 그제야 옛사람들이 사물에 이름을 붙이는 뜻이 억지가 아님을 믿게 되었다. 차는 겨울에도 푸르다. 10월 사이에는 수분이 아주 많아져서 장차 이것으로 추위를 막는다. 그래서 잎 표면의 단맛이 더욱 강해진다. 내 생각에는 곡우 이전이냐 이후냐에 구애받지 않고 이때 찻잎을 따 달여서 차고처럼 만들어보고 싶은데 아직 해보지는 못했다. 달여서 차고처럼 만드는 것은 실로 우리나라 사람이 억탁으로 헤아려 억지로 만든 것이니, 맛이 써서 단지 약용으로나 쓸 수 있다고 한다. —일본의 향차고香茶膏는 마땅히 별도로 논해야 한다. 우리나라에서 만든 것이 가장 형편없다.

茶有苦口師·晚甘侯之號. 又有以天下之甘者, 無如茶. 謂之甘草. 茶之苦, 則夫人皆能言之. 茶之甘, 則意謂嗜之者之說. 近因採取, 遍嘗諸葉, 獨茶葉以舌舐之, 有若淡蜜水漬過者, 始信古人命物之意, 非苟然也. 茶是冬靑. 十月間液氣方盛, 將以禦冬. 故葉面之甘, 尤顯然. 意欲於此時採取煎膏, 不拘雨前雨後, 而未果然. 煎膏實東人之臆料硬做者, 味苦只堪藥用云. —倭國香茶膏, 當以別論. 我國所造最鹵莽.

교감

1 '又有以天下之甘者'가 법진본에는 '又有以天下甘者'로 되어 '之' 자가 빠졌다.

2 법진본에는 '謂之甘草'에서 '之'가 누락되었다.

3 '茶之甘則意謂嗜之者之說'이 법진본에는 '茶之甘則謂嗜之者之說'로 되어 '意'자가 없다.

4 '近因採取'가 법진본에는 '近因采取'로 되어 있다.

5 '獨茶葉以舌舐之'가 법진본에는 '獨茶以舌舐之'라 하여 '葉'자가

빠졌다.

6 '有若淡蜜水漬過者'가 법진본에는 '有苦淡蜜水漬遇者'라 하여 '若'이 '苦'로, '過'과 '遇'로 잘못 적혔다.

7 '尤顯然'이 법진본에는 '尤○然'으로 되어 '顯'자를 공백 처리했다.

8 '意欲於此時採取煎膏'를 법진본에서는 '意欲此時采取煎膏'라 했다. '於'가 빠졌고, '採'를 '采'로 썼다.

9 '而未果然'을 백운동본에는 '而未果然'이라 했다.

주석

고구사苦口師 당대 저명한 시인 피일휴皮日休의 아들 피광업皮光業이 차에 벽이 있어 차를 고구사로 부른 데서 나온 말. 잔치 자리에 참석했던 그가 술 대신 차를 급히 찾으므로 차를 큰 사발에 담아 내오자, 그는 "감심씨甘心氏를 아직 보지 못했지만, 우선 먼저 고구사를 맞이한다네未見甘心氏, 先迎苦口師"라는 시를 읊었다. 달콤한 술을 입에 넣기 전에 쓴 차를 먼저 마신다는 뜻이다. 이후 고구사가 차의 별칭이 되었다.

만감후晚甘侯 손초孫樵가 초형부焦刑部에게 차를 보내며 보낸 편지에서 차를 의인화하여 "만감후 15인을 보내 계시는 거처에서 모시게 합니다. 이들은 모두 우렛소리를 들으며 따서 물에 절 올리고 타서 만든 것입니다"라고 한 데서 나온 말. 차를 마신 후 이 뿌리에 단맛이 감도는 것을 두고 한 말이다. 명나라 때 육수성陸樹聲이 지은 『다료기茶寮記』에 나온다.

감초甘草 선성宣城 사람 하자화何子華가 손님들에게 차에 빠진 사람을 무슨 벽癖으로 불러야겠느냐고 묻자, 양수중楊粹仲이 "차는 지극히 진귀하지만 풀에 지나지 않습니다. 풀 가운데 달기로는 차 이상 가는 것이 없지요. 그러니 육우를 일러 감초벽甘草癖이라 하는 것이 좋겠습니다"라고 한 데서 나온 말. 이후 차를 즐기는 사람을 감초벽이 있다고 말하게 되었다. 명나라 하수방夏樹芳이 펴낸『다동茶董』에 보인다.

전고煎膏 오랜 시간 달여서 진하게 농축시킨 것을 말한다.

향차고香茶膏 찻잎에 다른 향초를 넣어 함께 오랜 시간 달여서 진하게 농축시킨 것.

해설

차의 별칭인 고구사와 만감후란 이름에 대해 논했다. 차 맛은 단가 아니면 쓴가? 고구사와 만감후란 말을 보면 그 대답이 나온다. 정답은 '첫맛은 쓰고 뒷맛은 달다'이다. 첫맛을 본 사람들은 누구나 차 맛이 쓰다고 말한다. 특히 우리나라처럼 차고로 만들어 약용으로 마시는 경우는 쓴맛이 이루 말할 수 없을 정도다. 하지만 차를 즐기는 사람들은 모두 차 맛이 달다면서 차의 별명을 감초甘草라 부르기까지 한다.

이덕리는 자신의 체험에 비추어볼 때, 10월경이 되면 겨울 추위를 견디기 위해 찻잎에 수분이 많아진다고 했다. 이때 찻잎에 혀를 대면 단맛이 느껴진다. 단물이 오른 찻잎을 보고 그는 문득 떠오른 아이디어를 제안했다. 이렇게 단맛이 느껴진다면 이때 잎을 채취해서 졸여 차고로 만들면 어떻겠느냐는 것이다. 10월의 잎은 이미 너무 쇠어 찻잎으로는 쓸 수 없는 상태다. 하지만 찻잎에 단맛이 있는 것을 보면 차고로 만드는 차 재료로는 충분히 쓸 수 있겠다는 것이다.

이 글을 보면 당시 우리나라 사람들은 차를 오직 약용으로만 여겼고, 그나마 찻잎과 작설이 같은 것인 줄도 모르고 있었다는 사실을 알 수 있다. 그리고 차약을 만드는 법도 불에 졸여서 그 진액을 고약처럼 굳혔다. 그 방법은 일반적으로 이렇다. 먼저 찻잎에 물을 붓고 졸인다. 20분가량 졸인 뒤 찻잎을 건져내고 다시 물과 새 찻잎을 넣고 졸인다. 이렇게 여러 차례 반복해서 찻잎이 다 우러났을 때 찌꺼기를 버리고, 은근한 불로 달여 고아 농축된 엑기스를 만든다. 최종적으로 남은 차고 상태의 차는 쓴맛이 말로 할 수 없을 정도였다. 일본 사람들도 이런 차를 만들기는 하지만 그들의 향차고는 일반 찻잎에 향초를 섞어 차 안에 다른 향기가 배어들게 하는 것일 뿐이어서, 소태처럼 쓴 우리 차와는 전혀 다르다고 이덕리는 주장했다. 또한 조선 사람들이 약용으로 차고처럼 만든 차는 일본의 향차고에 견주면 너무 형편없다고 봤다.

4 떡차와 엽차

옛사람은 "먹빛은 검어야 하고, 차 빛깔은 희어야 한다"고 했다. 색이 흰 것은 모두 떡차에 향약香藥을 넣고 만든 것을 말한다. 월토月兎

니 용봉단龍鳳團이니 하는 따위가 이것이다. 송나라 때 제현이 노래한 것은 모두 떡차다. 하지만 옥천자玉川子 노동盧仝의「칠완차가七椀茶歌」의 차는 엽차다. 엽차의 효능은 이미 대단했다. 떡차는 맛과 향이 더 나은 데 지나지 않았다. 또 앞쪽의 정위丁謂와 뒤쪽의 채양蔡襄이 이 때문에 나무람을 받았다. 그럴진대 굳이 그 방법을 구하여 만들 필요는 없을 것이다.

古人云, 墨色須黑, 茶色須白. 色之白者, 蓋謂餅茶之入香藥造成者. 月兔龍鳳團之屬是也. 宋之諸賢所賦, 皆餅茶, 而玉川七椀, 則乃葉茶. 葉茶之功效已大. 餅茶不過以味香爲勝. 且前丁後蔡, 以此招譏. 則不必求其法而造成者也.

교감

1 '蓋謂餅茶之入香藥造成者'를 법진본과 백운동본에서는 '盖謂餅茶之入香藥造成者'라고 썼다.

2 '宋之諸賢所賦, 皆餅茶'가 법진본에는 '宋之諸賢所賦餅茶'로 되어 '皆'자가 빠졌다.

주석

차 빛깔은 희어야 한다 송나라 때 채양蔡襄이『다록茶錄』에서 한 말. "차의 빛깔은 흰색을 귀하게 친다. 하지만 떡차는 진귀한 기름으로 그 표면을 바른 것이 많아서, 청황青黃과 자흑紫黑의 구별이 있다. 차를 잘 알아보는 사람은 관상쟁이가 사람의 낯빛을 살피는 것처럼 가만히 내면을 살펴, 육리肉理 즉 살결이 윤기 나는 것을 상품으로 친다. 이미 가루로 낸 뒤에 황백黃白색을 띤 것은 물에 넣으면 어둡고 무거운데, 청백靑白색을 띤 것은 물에 넣으면 선명하다. 그래서 건안建安 사람들이 다투어 시험하여 청백을 황백보다 낫게 여겼다." 또 청나라 육정찬陸廷燦이 지은 『속다경續茶經』에서는 "차는 빛깔이 희고 맛은 달고 신선하며 향기가 코를 찌르는 것을 정품精品으로 친다. 차 중에 좋은 것은 묽어도 희고 진해도 희다. 처음 우려낸 것도 희고, 오래 담궈둔 것도 희다"고 하여 흰 빛깔의 차를 상품으로 쳤다. 같은 책에서 "끓여 낸 차의 빛깔은 순백색을 상등으로 치고, 청백색은 그다음이다. 회백灰白은 그다음이고 황백黃白은 또 그다음이다"라고 한 대목도 있다. 소동파도 "차는 흰빛을 띠게 하려 하니 늘 검게 될까 염려한다. 먹은 이와 반대다. 하지만 먹을 갈아 하룻밤 재우면 색이 어두워진다. 차도 맷돌에 갈아 하루가 지나면 향기가 줄어드니 자못 서로 비슷하다"고 했다. 명나라 서발徐㶿이 엮은 『채단명별기蔡端明別紀』 중 「다벽茶癖」에 나온다.

월토용봉단月兔龍鳳團 월토와 용봉단은 송나라 때 만들어진 떡차의 이름이다. 명나라 문진형文震亨의 『장물지長物志』 권12 「품다品茶」에는 이렇게 적고 있다. "옛사람이 차의 일에 대해 논한 것은 수십 가지나 된다. 육우의 『다경』이나 채군모의 『다록』 같은 것은 아주 훌륭하다고 할 만하다. 하지만 당시의 방법은 차맷돌을 써서 가루를 낸 까닭에 명칭에 용봉단龍鳳團·소룡단小龍團·밀운룡密雲龍·서운상룡瑞雲翔龍 등이 있다. 선화宣和 연간에 들어서야 비로소 차의 빛깔이 흰 것을 귀하게 쳤다. 조신漕臣 정가문鄭可聞이 처음으로 은사빙아銀絲氷芽를 만들었다. 차의 잎을 발라내어 줄기를 취해 맑은 샘물에 담궈 용뇌향을 제거하며, 다만 새로 작은 용을 그 위에 찍어 용단승설龍團勝雪이라 일컬었다. 당시에는 바꿀 수 없는 최고의 방법으로 여겼다."

옥천칠완玉川七椀 당나라 때 시인 옥천자 노동의 「주필사맹간의기신차走筆謝孟諫議寄新茶」를 두고 하는 말. 시 가운데 "월단차 300편片을 손수 살펴보니手閱月團三百片"라는 구절이 있다.

전정후채前丁後蔡 정위丁謂와 채양蔡襄이 앞서거니 뒤서거니 하며 북송 북원北苑의 용봉단 등의 떡차를 처음으로 만들어 황제께 바친 일을 가리킨다. 명나라 진계유陳繼儒의 『다동보茶董補』권상에 '전정후채前丁後蔡' 항목이 실려 있다.

정위丁謂(966~1037) 송나라 장주長洲 사람. 자는 위지謂之, 또는 공언公言이다. 복건 지역의 전운사轉運使가 되어 건안 지역의 차밭과 차 기구, 차 따기와 차 만들기 방법을 기술한 『건안다록建安茶錄』 3권을 지었고, 새 차를 만들어 올리면서 지은 「진신차표進新茶表」라는 글이 전한다.

채양蔡襄(1012~1067) 북송 복건 선유仙遊 사람. 자는 군모君謨다. 소룡단小龍團 차를 처음 개발해서 인종에게 바쳤다. 인종이 이를 귀하게 여겨 신하에게도 나눠주지 않았다고 한다. 송나라 웅번이 지은 『선화북원공다록宣和北園貢茶錄』에는 "다품茶品은 용봉단보다 귀한 것이 없다. 무릇 떡차 8개의 무게가 한 근이다. 경력慶曆 연간에 채군모가 복건운사福建運使가 되어 처음으로 작은 조각의 용차龍茶를 만들었다. 그 품질이 아주 뛰어났는데 이를 소룡단이라 했다. 무릇 떡차 24개의 무게가 한 근이었다. 그 값은 황금 2냥이

었다. 하지만 황금이 있어도 차를 얻을 수가 없었다. 매번 남교南
郊에서 치재致齋할 때면 중서성과 추밀원에 각각 떡차 하나씩을
내려 네 사람이 이를 나눠 가졌다. 궁인宮人들은 종종 금을 그 위
에 아로새기기까지 했으니 귀중하게 여겨짐이 이와 같았다. 용
단龍團은 정진공丁晉公에게서 시작되어 채군모가 완성했다. 구양
영숙歐陽永叔이 탄식하여 말하기를, '채군모는 선비인데, 어찌 이
런 일을 하기에 이르렀는가?'라고 했다." 본문 끝에서 이 때문에
나무람을 받았다고 한 것은 바로 구양수의 언급을 두고 한 말이
다. 채양은 인종의 하문을 받고 『다록茶錄』을 지어 바치기도 했다.

해설

떡차와 엽차의 차이에 대해 설명한 단락이다. 송나라 때 마신 차
는 주로 떡차였다. 이때의 떡차는 용뇌향과 같은 향약을 넣어 만든
향차였다. 마시는 법도 지금과는 아주 달랐다. 당나라 때 노동이 노
래한 「칠완차가七椀茶歌」의 차는 떡차가 아닌 잎차였다. 차의 효능은
잎차가 낫다. 향약을 넣은 떡차는 맛과 향이 더 뛰어날 뿐 효능은
오히려 잎차만 못했다. 하지만 떡차를 만드는 데는 엄청난 비용이
들었으므로 월토나 용봉단 같은 떡차를 개발해서 황제에게 바쳤던
정위나 채양 등은 후대에 이 때문에 비방을 입기까지 했다. 오늘날
은 굳이 송나라 때 떡차 만들던 방법을 따라 비싼 비용을 들여가며
향약을 넣은 떡차를 만들 필요가 없다고 주장했다. 하지만 노동의
「주필사맹간의기신차走筆謝孟諫議寄新茶」는 실제로는 잎차가 아닌 떡
차였다. 이 부분에서 이덕리의 이해에 착오가 있다.

5 차 맛과 가미

차 맛은 황정견黃庭堅의 「영차사咏茶詞」에서 다 말했다고 할 만하다. 떡차는 향약을 가지고 합쳐서 만든 뒤에 맷돌로 가루를 내어 끓는 물에 넣는다. 특별한 한 가지 맛이어서 엽차에 견줄 바가 아닐 성싶다. 하지만 옥천자가 "두 겨드랑이에서 스멀스멀 맑은 바람이 나온다"고 한 것이 또한 어찌 일찍이 향약을 써서 맛을 보탠 것이겠는가? 당나라 사람 중에도 생강과 소금을 쓴 이가 있어 소동파가 비웃은 바이다. 지난번 한 귀가집의 잔치 자리에서 꿀을 써서 차에 타서 내오자 온 좌중이 찬송했으나 입에 넣을 수가 없었다. 참으로 이른바 촌티가 끈적끈적하다는 것이니, 오중태수를 지냈던 육자우陸子羽의 사당을 헐어 없앨 만하다.

茶之味, 黃魯直咏茶詞, 可謂盡之矣. 餠茶以香藥成合後, 用渠輪硏末入湯. 另是一味, 似非葉茶之比. 然玉川子'兩腋習習生淸風', 則亦何嘗用香藥助味哉. 唐人亦有用薑塩者, 坡公所哂. 而向時一貴家宴席, 用蜜和茶而進, 一座讚頌, 不容口. 眞所謂鄕態沃蜜者也. 正堪撥去吳中守陸子羽祠堂.

교감

1 '咏茶詞'를 법진본에서는 '詠茶詞'로 썼다.

2 '餠茶以香藥成合後'를 법진본에서는 '餠茶以香藥合成後'라 했다.

3 '玉川子·兩腋習習生淸風'이 법진본에는 '玉泉子·雨腋習習生淸風'으로 잘못 적혀 있다.

4 '則亦何嘗用香藥助味哉'가 법진본에는 '則何嘗用香藥助味哉'로

되어 있어 '亦'이 빠져 있다.

5 '唐人亦有用薑塩者'가 법진본에는 '唐人亦有用薑鹽者'로 되어 있다.

6 '一座讚頌'을 법진본에는 '一席讚頌'이라 했다.

주석

황정견黃庭堅의 「영차사詠茶詞」 송나라 때 시인 황정견의 「품령品令·영차詠茶」를 말함. 전문은 이렇다. "동글동글 떡차를 바람 춤추듯, 나눠 쪼개 부숨이 안타깝구나. 쇠맷돌을 깨끗이 씻어, 외바퀴로 천천히 빻자, 옥가루 빛 반짝이다. 끓으려 솔바람이 일더니만, 술 탈 난 것 얼마간 줄어드누나. 맛은 진하고 향은 오래가니, 취향醉鄕의 길에서 가경佳境을 이뤘네. 흡사 마치 등불 앞에 옛 벗이, 만리 길을 돌아와 마주 섰는데, 아무 말 못 해도, 마음이 쾌활하여 <u>스스로를 돌아보는 것만 같네</u>風舞團團餠, 恨分破, 敎孤另, 金渠體淨. 隻輪慢碾, 玉塵光瑩, 湯響松風, 早減二分酒病. 味濃香永, 醉鄕路, 成佳境. 恰如燈下故人, 萬里歸來對影, 口不能言, 心下快活自省." 떡차 끓이는 과정을 단계별로 잘 묘사했다.

옥천자가 두 겨드랑이에서…… 노동盧仝의 「주필사맹간의기신차」에서 "일곱 번째 사발을 다 마시기도 전에, 양 겨드랑이에서 맑은 바람이 일어남을 느낀다七碗喫不得也 唯覺兩腋習習淸風生"고 했다.

소동파가 비웃었다 강염薑塩을 넣어 먹은 것은 차의 성질이 냉하여 오래 먹으면 몸의 양기를 빼앗아가기 때문이다. 황산곡도 이런 방식으로 차를 마셨다. 이 내용은 『농정전서農政全書』에 보인다. 소동파의 이야기는 『속다경』 권하에 자세하다. 당나라 설능薛能의 「차시茶詩」에 "소금을 덜고 더함 늘 조심하고, 생강을 알맞게 넣음 더욱 뽐낸다鹽損添嘗戒, 薑宜著更誇"고 한 것이 있고, 소동파는 「화장기기다和蔣夔寄茶」에서 "늙은 아내 어린 아들 아낄 줄도 모르고, 생강 소금 반 덩이를 벌써 넣고 끓이네老妻稚子不知愛, 一半已入薑鹽煎"라고 했다. 생강과 소금을 넣고 차를 끓이는 일이 보편적이었음을 알 수 있는데, 소동파는 이것이 바른 방법이 아니라고 생각한 것이다. 우리나라에서도 차에 생강이나 인삼을 넣고 함께 달여 마신 경우가 적지 않았다. 서거정徐居正도 「야음夜吟」에서 "병든 뒤 마른 창자 우렛소리 같으니, 생강 인삼 손수 잘라 차를 끓여 마시네枯腸病後如雷吼, 手切薑蔘點小茶"라고 했다. 명나라 때 전예형田藝衡도 『자천소품煮泉小品』에서 "당나라 사람은 차를 끓일 때 생강과 소금을 많이 썼다唐人煎茶多用薑鹽"라고 적었다.

육자우陸子羽 『다경』을 지은 육우를 가리킨다. 차에 꿀을 타서 마시는 것은 차에 대해 너무 무지한 소치이므로, 이렇게 마실 바에야 차라리 육우의 사당을 헐어 없애는 편이 낫겠다는 뜻으로 한 말이다.

해설

앞 단락에 이어 떡차와 향차를 설명하고, 차 끓이는 방법을 말한 내용이다. 떡차를 끓이는 과정은 황정견의 「영차詠茶」라는 작품을 보면 매우 친절하게 설명되어 있다. 보통 송나라 때 마시던 떡차는 용뇌향 같은 향약을 찻잎과 섞어 만든 것이다. 절구에 빻아 차맷돌로 가루를 내서 끓이는데, 그 향기와 맛이 엽차에 비할 수 없이 훌륭하다.

당나라 때는 차를 마실 때 생강과 소금을 타서 마셨고, 소동파의 글에는 이를 두고 비웃은 내용이 보인다. 이 정도는 그래도 봐줄 만하다. 예전에 우리나라 귀족이 잔치를 열어 손님에게 차를 대접하면서 찻물에 꿀을 타서 내온 일이 있었다. 좌중이 입으로는 참으로 훌륭하다고 칭찬했지만 차마 입에 대고 마실 수가 없었다. 이런 것은 모두 차에 대해 너무 무지했던 탓에 생긴 일이다. 이런 식으로 차를 마실 바에는 차라리 『다경』을 쓴 육우의 사당을 헐어버리고, 차를 마시지 않는 것이 더 낫겠다고 말했다.

6 우리 차의 효능

차의 효능을 두고 어떤 이는 우리 차가 중국 남쪽 지방의 차만 못하다고 의심한다. 내가 보건대 빛깔과 향, 기운과 맛이 조금도 차이가 없다. 『다서』에 이르기를 "육안차陸安茶는 맛이 좋고, 몽산차蒙山茶는 약용으로 좋다"고 했다. 우리나라 차는 대개 이 두 가지를 겸했다. 이찬황李贊皇과 육자우가 있더라도 그들은 반드시 내 말이 옳다고 여길 것이다.

茶之效, 或疑東茶不及越産. 以余觀之, 色香氣味, 少無差異. 茶書云: "陸安茶以味勝, 蒙山茶以藥用勝." 東茶蓋兼之矣. 若有李贊皇陸子羽其人, 則必以余言爲然.

교감

1 '蒙山茶以藥用勝'이 법진본에는 '蒙山茶以藥用'으로 되어 있고, 석오본石梧本『동다송』에서는 '蒙山茶以藥勝'이라고 했다.

2 '則必以余言爲然'이 석오본『동다송』에서는 '必以余言爲然也'라 하여 '則'이 빠지고 끝에 '也'가 추가되어 있다.

주석

육안차陸安茶·몽산차蒙山茶 관련 언급은『동의보감』에 나온다. 육안과 몽산은 모두 차의 산지로 차 이름을 삼은 것이다.

이찬황李贊皇(787~849) 당나라 때의 이덕유李德裕를 가리킨다. 자는 문요文饒 또는 찬황이다. 그는 혜산천惠山泉의 물을 특히 아껴, 역말을 동원해 이곳의 물을 운반해 마셔 수체水遞라는 말이 생겼다. 차가 주육독酒肉毒을 푸는 데 효능이 있음을 언급한 글이 있다.

해설

우리나라 차의 우수한 점을 높이 평가한 내용이다. 뒤에 초의가「동다송」에서 바로 이 부분을 인용해『동다기』란 책의 존재를 처음으로 세상에 알렸다. 이덕리의「기다」가 바로『동다기』임을 확인할 수 있게 된 것도 이 단락 덕분이다.

이덕리는 우리나라에서 나는 차도 빛깔과 향, 기운과 맛 등 모든 면에서 중국차보다 조금도 덜하지 않다고 주장했다. 그는 여기서 한 걸음 더 나아가, 우리 차는 맛과 약용을 겸하고 있어 맛으로 마시는 차와 약용으로 마시는 차를 구분하는 중국보다 오히려 더 낫

다고까지 말했다. 차에 벽이 있었던 이덕유나 육우가 지금 세상에
나와서 우리나라 차 맛을 보게 된다면 반드시 자기 말에 동의할 것
이라고 하여, 우리나라에서 나는 차의 품질에 대한 자부를 보였다.

　본문 중 육안차와 몽산차 운운한 대목은 『동의보감』에 나온다.
이덕리가 참고한 차 이론서의 독서 범위를 가늠할 수 있다.

7 차의 여러 효능

계해년(1743, 영조 19) 봄에 내가 상고당에 들렀다가 요양遼陽의 사
인士人 임任 아무개가 부쳐온 차를 마셨다. 잎이 작고 창槍이 없었으
니, 생각건대 손초孫樵가 말한 우렛소리를 들으며 딴 것인가 싶다.
당시는 한창 봄날이어서 뜨락에 꽃이 아직 시들지 않았다. 주인은
자리를 펴고 소나무 아래서 손님을 접대했다. 곁에 차 화로를 놓아
두었는데 차화로와 탕관은 모두 해묵은 골동품 그릇이었다. 각자
한 잔씩을 다 마셨다. 그때 마침 감기를 앓는 늙은 하인이 있었다.
주인이 몇 잔을 마실 것을 명하며 말했다. "이것이 감기를 낫게 할
수 있다." 벌써 40여 년 전의 일이다.

　그 뒤 배에 실은 차가 들어오자, 사람들은 또 설사를 치료하는
약제로 여겼다. 지금 내가 딴 것은 겨울철 여름철 감기에 두루 시
험해봤을 뿐 아니라, 식체食滯나 주육독, 흉복통胸腹痛에까지 모두 효
험이 있었다. 설사병 걸린 자가 소변이 막혀 지리려 하는 데 효과
가 있다. 차가 소변이 내려가는 길을 순조롭게 해주기 때문이다. 학

질 걸린 사람이 두통 없이 잠시 후 문득 병이 나으니 이는 차가 머리와 눈을 맑게 해주기 때문이다. 마지막으로 염병을 앓는 자도 이제 막 하루 이틀 아팠을 때 뜨겁게 몇 잔을 마시면 병이 마침내 멈춘다. 염병을 앓은 지 오래되었는데도 땀을 내지 못한 자는 마셨다 하면 그 즉시 땀이 난다. 이는 고금의 사람이 논하지 않았던 것으로 내가 몸소 징험한 바이다.

余於癸亥春, 過尙古堂, 飮遼陽士人任某所寄茶, 而葉小無槍, 想是孫樵所謂聞雷而採者也. 時方春月, 庭花未謝. 主人設席, 松下相待. 傍置茶爐, 爐罐皆古董彝器. 各盡一杯. 適有老傔患感者, 主人命飮數盃, 曰: "是可以療感氣." 距今四十餘年.

其後舶茶之來, 人又以爲泄痢之當劑. 今余所採者, 非但遍試寒暑感氣, 食滯酒肉毒胷腹痛皆效. 泄痢者尿澁欲成淋者之有效, 則以其利水道故也. 痎瘧者之無頭疼, 有時截愈. 則以其淸頭目故也. 寂後病瘧者, 初痛一二日, 熱啜數椀, 而病遂已. 病瘧日久, 不得發汗者, 飮輒得汗, 則古今人之所未論. 而余所親驗者也.

교감

1 '想是孫樵所謂聞雷而採者也'가 법진본에는 '想是樵所謂聞雷而采者也'로 되어 '孫'자가 빠지고 '採'를 '采'로 썼다.

2 '時方春月'이 법진본에는 '時方春三月'로 한 글자가 추가되었다.

3 '松下相待'를 법진본에서는 '松下相對'라고 했다.

4 '距今四十餘年'을 법진본에서는 '去今四十餘年'이라 했다.

5 '主人命飮數杯'가 백운동본에는 '主人命飮數盃'로 되어 있다.

6 '其後舶茶之來'가 법진본에는 '其後舶茶來'로 한 글자가 빠졌다.

7 '人又以爲'가 법진본에는 '人又以'로 되어 있고 백운동본에는 '人又以爲'로 나온다.

8 '今余所採者'를 법진본에서는 '今余所采者'로 적었다.

9 '非但遍試'를 법진본에서는 '非但徧試'로 잘못 썼다.

10 '泄痢者尿澁'을 법진본에서는 '泄痢澁'으로 적어 두 글자가 빠졌다.

11 '痰瘧者'를 법진본에서는 '疾瘧者'로 잘못 썼다.

12 '初痛一二日'이 법진본에는 '初一二日'로 되어 있어 한 글자가 누락되었다.

주석

상고당尙古堂 조선 후기의 유명한 골동품 수장가였던 김광수의 당호. 그는 이조판서를 지낸 김동필의 둘째 아들로 사마시에 합격했으나 과거 공부를 그만두고 골동품 수집으로 일생을 보낸 인물이다. 집 안은 고서화와 진귀한 그릇들로 가득했는데 모두 천하의 명품이었다. 이덕수가 지은 「상고당김씨전尙古堂金氏傳」이 남아 있고, 본인이 쓴 「자명自銘」이 규장각한국학연구원에 소장된 『상고서첩尙古書帖』에 친필로 전한다. 김경미, 「탐닉과 몰두에의 자부―상고당 김광수」, 『문헌과해석』 통권 18호(문헌과해석사, 2002년 봄호), 164~178면에 관련 내용이 자세히 실려 있다. 상고당 김광수에 대해서는 앞쪽에서 이미 자세히 살폈다.

손초가 말한…… 손초孫樵가 초형부焦刑部에게 차를 보내면서 "이들은 모두 우렛소리를 들으며 따서 물에 절 올리고 타서 만든 것입니다"라고 한 데서 나온 말. 앞서 만감후를 설명하면서 다뤘다. 이른 봄에 첫 잎을 따서 만든 차란 의미다.

<u>해설</u>

이 단락에서는 차가 지닌 여러 효능에 대해 말했다. 그가 들렀다는 상고당은 당시 골동품 수장가로 유명했던 김광수의 당호다. 김광수는 골동품 수집에 벽이 있어 상당한 재산을 다 털어넣어 골동품을 구입하는 데 쓰는 바람에 나중에는 몹시 가난해졌던 인물이다. 그의 골동품 수집에 얽힌 여러 이야기가 문헌에 전해진다.

이덕리가 상고당에 들러 처음 차를 맛본 것은 1743년이다. 1725년생이니 이덕리가 19세 때의 일이다. 차를 실은 표류선은 1762년에 전라도 섬 지역에 도착했고, 이덕리는 1776년에 진도로 귀양 왔다. 위 글에서 이덕리는 자신이 상고당에서 차를 마신 후 40여 년이 흘렀다고 적었다. 이로써 이 글이 1783년에서 1785년 여름에 쓴 것임을 알 수 있다. 이덕리가 책 여러 곳에서 표류선에서 흘러나온 차에 관해 말하는 것으로 보아 그는 19세 때 상고당에서 처음 차를 마신 후 차에 대해 깊은 인상을 지니고 있다가 진도로 귀양 오기 전 서울에서 이미 표류선에서 흘러나온 차를 구해 마셔봤던 듯하다.

차의 일반적인 효능에 대해 허준은 『동의보감』에서 이렇게 적었다. "차는 정신을 안정시켜주고 소화를 돕는다. 머리와 눈을 맑게 하고, 소변이 잘 나오게 한다. 소갈증을 멈춰주며, 잠을 적게 한다.

또 뜸질하다 데인 독을 풀어준다."

이 글에서 적고 있는 차의 효능은 이렇다. 첫째, 감기에 신통한 효험이 있다. 몇 잔만 마시면 웬만한 감기는 뚝 떨어진다. 둘째, 설사병에 효과가 있다. 셋째, 식체나 주육독, 흉복통에 두루 효과가 있다. 차가 체하고 막힌 것을 뚫어주기 때문이다. 넷째, 학질도 금세 낫게 해준다. 차는 머리와 눈을 맑게 하는 약효가 있어서다. 다섯째, 염병도 걸린 지 얼마 안 된 경우는 즉시 낫고, 오래되었는데 땀을 내지 못했을 때는 뜨거운 차를 마시면 바로 땀이 난다.

특별히 주목되는 것은 이 글에서 이덕리가 자신이 직접 찻잎을 따서 차를 만들었다고 적은 사실이다. 그는 이런저런 다서茶書를 읽어 이론으로만 안 것이 아니라, 직접 차를 만들어 각종 증상에 시험해봤다. 그가 처음 차를 접한 것은 위에서 봤듯 19세 때 상고당 김광수의 집에서였다. 이후 그는 표류선에서 흘러나온 차를 마시게 되면서 차에 대해 본격적인 관심을 갖게 된 듯하다. 훗날 그는 진도에 귀양 와서 예전에 마셨던 차가 자기 주변에 자생하는 식물과 같은 것임을 알았고, 이후 다서를 구해 연구하면서 직접 차를 만들게 되었던 듯하다. 그는 이 과정에서 이 글에서 말하고 있는 차 무역에 관한 구상을 구체화할 수 있었다.

명나라 고원경顧元慶이 지은 『다보茶譜』에 「차효茶效」라는 항목이 있다. 그 내용은 이렇다. "사람이 좋은 차를 마시면 능히 갈증을 멈추게 하고 음식을 소화시키며, 가래를 없애주고 잠을 적게 한다. 수도水道를 순하게 하고 눈이 밝아져서 사고를 증진시킨다. 번잡함을 덜어주고 기름기를 제거해준다. 사람은 진실로 하루라도 차가 없을 수 없다." 고원경이 적고 있는 차의 여러 효능은 위에서 이덕리가 적은 내용과도 상통한다.

8 냉차의 해독

내가 지난번 막걸리를 몇 잔 마신 뒤 곁에 냉차가 있는 것을 보고 반잔을 벌컥 마시고 잠들었더니 목에 바로 가래가 끓어올랐다. 10여 일을 뱉어내고서야 겨우 나았다. 그래서 식은 차는 도리어 가래를 끓게 할 수 있다는 주장을 더욱 믿게 되었다. 듣자니 표류인이 왔을 때 병 속에서 따라내어 손님에게 권했다고 하니 어찌 식은 것이 아니겠는가? 또 들으니 중국어 역관 서종망徐宗望이 애저구이를 먹을 때 한 손에 작은 차호茶壺를 든 채로 먹으면서 또 마셨다고 하니 이것은 반드시 냉차였을 것이다. 내 생각에 뜨거운 것을 먹은 뒤에는 찬 것이 또한 문제가 되지 않는 모양이다.

余頃於飮濁酒數杯後, 見傍有冷茶, 漫飮半杯入睡. 喉痰卽盛, 唾出十餘日始瘳. 益信冷則反能聚痰之說. 聞漂人之來到也, 於餠中瀉出勸客, 豈非冷者耶. 又聞北譯徐宗望之食兒猪炙也, 一手持小壺, 且唶且飮, 是必冷茶也. 想熱食之後, 冷亦不能作祟也.

교감

1 '余頃於飮濁酒'가 법진본에는 '余傾濁酒'로 되어 있다.

'余頃於飮濁酒數杯後'가 백운동본과 법진본에는 '余頃於飮濁酒

296

數盃後'로 되어 있다.

2 '喉痰卽盛'이 법진본에는 '痰卽盛'으로 喉 자가 빠졌다.

3 '聞漂人之來到也'가 법진본에는 '聞漂人來到也'로 되어 있어 '之'자가 누락되었다.

4 '於缾中'이 법진본에는 '於瓶中'으로 되어 있다.

5 '是必冷茶也'가 법진본에는 '必是冷茶也'로 순서가 뒤바뀌어 있다.

6 '想熱食之後'가 법진본에는 '想食熱之後'로 되어 있다.

7 '冷亦不能作祟也'가 법진본에는 '冷亦不能作祟'로 '也'가 빠져 있고, '빌미'라는 의미의 '祟(수)'는 '上' 아래 '示'를 쓴 글자로 잘못 썼다.

주석

서종망徐宗望 중국인 역관의 이름인 듯하나, 구체적인 행적은 알 수 없다. 『승정원일기』에 무관으로 덕천군수 등을 역임한 서종망 이 나오나 동일인인지 여부는 분명하지 않다.

해설

냉차, 즉 식은 차의 해독에 대해 말한 내용이다. 냉차를 마셨더 니 바로 가래가 끓어오르더라며 자신이 직접 체험한 내용을 소개 했다. 한편 표류선에서 차를 팔던 사람이 병에서 차를 따라 손님에 게 권하더라는 전문傳聞을 통해 중국 사람들은 냉차도 그냥 마시는 듯하다고 했다. 또 중국어 역관 서종망이 애저구이를 먹으면서 한 손에 찻주전자를 들고 고기를 먹으며 연신 차를 마시더라는 이야기를 적어 더운 음식을 먹은 뒤에는 냉차를 마셔도 다른 탈이 나지 않는 모양이라고 했다. 차호_{茶壺}를 들고 직접 따라 마셨다고 해서 차게 식었다고 생각한 것은 차 마시는 방식이 달랐던 데서 온 착각이었을 수 있다.

2 차는 잠을 적게 한다

차는 능히 사람의 잠을 적게 한다. 혹 밤새도록 눈을 붙일 수 없게 한다. 책 읽는 사람이나 부지런히 길쌈하는 사람이 차를 마시면 한 가지 도움이 될 만하다. 참선하는 자 또한 이것이 적어서는 안 된다. [뒤에 개고한 조항과 함께 참조해서 볼 것.]

茶能使人少睡. 或終夜不得交睫. 讀書者, 勤於紡績者, 飮之可爲一助. 禪定者亦不可少是. [與下改稿條參看.]

교감

1 '使人少睡'를 법진본에서는 '使人小睡'로 잘못 썼다.

2 '勤於紡績者'를 법진본에서는 '勤紡績者'로 적어 한 글자를 누락했다.

3 '可爲一助'를 법진본에서는 '可謂一助'로 썼다.

4 '亦不可少是'를 법진본에서는 '亦不可小是'로 썼다.

5 '與下改稿條參看'은 의암본 『강심만록』에만 보인다. 뒷부분 「다

조」 항목과 내용이 중복되므로 이렇게 적었다.

해설

차의 각성 효과에 대해 말했다. 차를 마시면 잠이 잘 오지 않는
다. 밤잠을 줄여야 하는 글 읽는 선비와 길쌈하는 아낙, 수행하는
승려들은 차를 많이 마시는 것이 좋다는 내용이다.

차의 별명 중에 '불야후不夜侯'가 있다. 호교胡嶠의 시 「음다飮茶」에
"함초롬 젖은 싹은 옛 성이 여감씨餘甘氏요, 잠 깨우니 마땅히 불야
후로 봉하리라沾芽舊姓餘甘氏, 破睡當封不夜侯"라고 했다. 불야후란 차가
밤에 잠이 오지 않게 하는 것을 두고 붙인 이름이다.

10 대숲차의 효험

차는 산 중에 돌이 많은 곳에서 많이 난다. 들으니 영남 지방은 집
둘레에 대숲이 곳곳에 있다고 한다. 대숲 사이에서 나는 차는 특히
나 효험이 있다. 또한 계절이 늦은 뒤에도 딸 수 있는데, 해를 보지
않았기 때문이다.

茶之生, 多在山中多石處. 聞嶺南則家邊竹林, 處處有之. 竹間之茶, 尤有效.
亦可於節晚後採得, 以其不見日故也.

교감

1 '節晚後採'가 법진본에는 '節晚後采'로 되어 있다.

차가 돌 많은 곳에서 나고 특히 대숲에서 나는 차는 약효가 뛰어남을 말한 단락이다. 차는 돌밭에서 나는 것을 상품으로 친다. 대숲차는 따로 죽로차竹露茶라 한다. 대숲에는 햇볕이 잘 들지 못하므로 대숲 아래서 자라는 차는 잎이 늦게까지 쇠지 않는다. 또 대숲의 이슬을 받아 자라므로 특별히 더 효험이 있다. 게다가 대나무 뿌리는 옆으로 뻗어가는데 차나무의 뿌리는 직근直根으로 곧장 아래쪽을 향해 내려간다. 대나무와 차나무는 이래저래 서로에게 아주 좋은 작용을 한다.

명나라 웅명우熊明遇가 쓴 「나개차기羅岕茶記」에는 이렇게 적혀 있다. "평지에서 생산되는 차는 흙 기운을 많이 받는 까닭에 그 바탕이 탁하다. 나개차는 높은 산에서 생산되므로 바람과 이슬의 맑고 텅 빈 기운만 받아서 아낄 만하다."

11 8말의 작설을 달여 차고를 만든 동복현감

동복同福은 작은 고을이다. 지난번에 들으니 한 수령이 여덟 말의 작설을 따 이것을 써서 차고茶膏로 달이게 했다고 한다. 대저 여덟 말의 작설을 차가 되기를 기다려 땄다면 차 수천 근을 만들 수 있었을 것이다. 또 여덟 말을 따는 수고로움이라면 족히 수천 근을 쪄서 말리는 일을 감당하기에 충분하다. 그 많고 적음과 어렵고 쉬움의 차이가 까마득하다. 그런데도 이를 써서 나라에 이롭게 하지 않으니 어찌 애석하지 않겠는가?

同福小邑也. 頃聞一守令採八斗雀舌, 用以煎膏. 夫八斗雀舌, 待其成茶而採
之, 則可爲數千斤. 又八斗採掇之勞, 足當數千斤蒸焙之役. 其多少難易懸絕,
而不得用以利國, 則豈不惜哉.

교감

이 한 소절은 법진본에는 온전히 누락되고 없다.

주석

동복同福　동복은 백제의 두부지현豆夫支縣으로 통일신라 경덕왕
때 동복으로 개명했다. 한때 곡성군谷城郡의 속현으로 있었다. 현
재는 화순군 동복면이다.

해설

　　동복현감의 일화를 적은 단락이다. 그는 백성을 동원해 여덟 말
이나 되는 작설차 새움을 따오게 해서 이것을 졸여 차고로 만들게
했다. 이덕리는 동복현감의 무지한 행동을 탄식했다. 여덟 말의 찻
잎을 시기에 맞춰 채취했더라면 몇천 근의 차가 되었을 테고, 여덟
말의 여린 찻잎을 달여 차고를 만드는 노력이면 몇천 근의 차를 쪄
서 말릴 수 있었으리라는 것이다. 여덟 말의 찻잎으로 고작 한 움큼
의 차고를 만들고 말지, 아니면 몇천 근의 차로 만들지의 차이를 생
각한다면 참으로 어리석기 짝이 없는 일이라는 것이다. 더욱이 이
것을 외국에 내다 팔면 나라에 크나큰 이익이 생긴다는 점에 생각

이 미치니 우리나라 사람들의 차에 대한 무지는 실로 안타깝기 짝이 없다는 얘기다.

12 차를 따는 시기

차는 비 온 뒤에 따는 것이 좋다. 잎이 여리고 깨끗하기 때문이다. 소동파의 시에 이렇게 말했다. "보슬비 넉넉할 제 차 농사꾼 기뻐하네."

茶之採, 宜於雨餘, 以其嫩淨故也. 坡詩云: "細雨足時茶戶喜."

교감

1 '茶之採'를 법진본에서는 '茶之宋'로 썼다.

주석

소동파 시 소동파의 「신성도중新城道中」 2수 중 제2수의 제5구다. 시의 전문은 이렇다.

나의 이번 여행길 신세도 유유해라	身世悠悠我此行
시냇가서 고삐 놓고 냇물 소리 듣누나.	溪邊委轡聽溪聲
못난 재목 숲 뒤지는 도끼 볼까 겁을 내고	散材畏見搜林斧
지친 말은 후퇴하란 징소리만 생각하네.	疲馬思聞卷旆鉦
보슬비 넉넉할 제 차 농사꾼 기뻐하고	細雨足時茶戶喜
어지런 산 깊은 곳엔 장궁長宮만 해맑구나.	亂山深處長宮淸

| 인간세상 갈림길은 많기도 많아서 | 人間岐路知多少 |
| 시험 삼아 뽕밭 향해 농사일을 물어보네. | 試向桑田問耦耕 |

해설

찻잎 채취 시기에 대해 말했다. 절기로 치면 봄비가 많이 내리는 곡우를 전후한 시기가 가장 좋다. 채취는 비가 갠 뒤에 따는 것이 가장 좋다. 찻잎이 보드랍고 깨끗하기 때문이다. 『다신전茶神傳』에서는 밤새 구름이 없고 이슬이 많은 날 새벽에 따는 것이 가장 좋다고 했다.

송나라 때 조여려趙汝礪는 『북원별록北苑別錄』의 「채다採茶」조에서 이렇게 적었다. "차를 채취하는 법은 모름지기 이른 새벽에 하여 해를 보게 해서는 안 된다. 새벽에는 밤이슬이 아직 마르지 않아 찻잎이 살지고 촉촉하다. 해를 보게 되면 양기陽氣에 빼앗기는 바가 되어 기름진 싹이 안으로 소모되므로, 물에 넣어도 선명하지 않게 된다. 때문에 날마다 늘 5경(오전 4시경)에 북을 두드려 무리를 모은다."

13 차의 이익

『문헌통고文獻通考』를 살펴보니 차를 딸 때는 고을 태수가 직접 스스로 산에 들어가 백성 중에 늙고 어린 남녀를 시켜 온 산을 뒤져 찾아 찻잎을 따서 가려 쪄서 말린다. 처음 딴 것을 우선으로 해서 훌륭한 것은 공차貢茶, 즉 공물로 바치는 차로 만들고, 그다음은 관차

官茶, 곧 관부에서 쓰는 차로 하며, 그 나머지는 백성이 직접 가질 수 있도록 허락했다. 대개 차의 이익이 몹시 큰지라 국가와 관련 있음이 이와 같다.

按文獻通考, 採茶之時, 縣官親自入山, 使民之老幼男女, 遍山搜求, 採掇蒸焙. 先以首採, 而精者爲貢茶, 其次爲官茶, 餘則許民自取. 蓋茶利甚大, 有關國家如此.

교감

1 '採茶'가 법진본에는 '采茶'로 되어 있다.

2 '採茶之時'가 법진본에는 '采茶之時'로 되어 있다.

3 '遍山搜求'가 법진본에는 '徧山披求'로 되어 있다.

4 '採掇'을 법진본에는 '采綴'로 잘못 썼다.

5 '首採'가 법진본에는 '首采'로 되어 있다.

주석

『문헌통고文獻通考』 중국 송말末末, 원초元初의 학자 마단림馬端臨이 1319년에 간행한 저술로 348권의 방대한 분량이다. 중국 역대의 경제 제도에 대해 정리한 책으로 차와 관련된 내용이 많이 실려 있다. 전부田賦·전폐錢幣·호구戶口·직역職役·정각征榷·시적市糴·토공土貢·국용國用 등 모두 24개 항목으로 이루어져 있다.

해설

차가 국가 경제와 깊은 관련이 있음을 강조한 내용이다. 마단림의 『문헌통고』에는 매년 찻잎 따는 시절이 오면 고을 수령이 백성을 이끌고 산에 들어가 온산을 뒤져 찻잎을 채취하게 하는 내용이 보인다. 찻잎을 채취해오면 바로 쪄서 말리는 작업에 들어간다. 차는 등급에 따라 공차貢茶와 관차官茶로 구분되고, 등급에 들지 못하는 것은 백성이 가져다가 먹을 수 있도록 했다. 공차는 나라에 공물로 바치는 차다. 관차는 관가에서 공용으로 쓰는 차다. 국가에서 이렇듯 제도적으로 차를 관리하는 것은 차 생산을 통해 얻는 국가적 이익이 막대하기 때문이다. 송나라 때 매요신梅堯臣의 시 「시회당時會堂」 첫 두 구절에도 "금년에도 태수께서 차를 따러 오시니, 비 내리는 천문千門에 불을 금함 풀렸네今年太守采茶來, 驟雨千門禁火開"라고 한 것이 있다.

14 황차와 아차

차서茶書에 또 편갑片甲이란 것이 있으니 이른 봄에 딴 황차다. 차 파는 배가 오자 온 나라 사람들이 황차라고 일컬었다. 하지만 창鎗과 기旗가 이미 자라 결코 이른 봄에 딴 것이 아니었다. 당시 표류해온 사람들이 과연 그 이름을 이처럼 전했는지는 모르겠다. 흑산도에서 온 사람이 있었는데, 그의 말이 정유년(1777, 정조 1) 겨울에 바다로 표류해온 사람이 아차兒茶 나무를 가리켜 황차라 하더라고 했다. 아차란 것[세속에서는 아구차兒求茶라 한다]은 서울 지방에서 이른바 황매黃梅라고 하는 것이다. 황매는 꽃이 노랗고 진달래보다 먼저 핀다. 잎은 삼각형으로 산山자 같고 모양은 세 가닥 잎이 달렸다. 모두 생강 맛이 난다. 산골 사람들이 산에 들어가면 쌈을 싸서 배불리 먹는다. 각 고을에서는 그 여린 가지를 따서 달이고 삶아 손님을 대접한다. 그 가지를 두 줌쯤 꺾어 주재료로 삼아 약과 함께 달여 마시면 감기나 상한傷寒 및 이름 모를 질병으로 여러 날 된 것도 땀이 나면서 신통한 효과가 틀림없이 있다. 어찌 또한 일종의 별다른 차이겠는가?

茶書又有片甲者, 早春黃茶. 而舶茶之來, 擧國稱以黃茶. 然其槍旗已長, 決非早春採者. 未知當時漂來人, 果傳其名如此否也. 有自黑山來者, 言丁酉冬漂海人指兒茶樹, 謂之黃茶云. 而兒茶者[俗爲兒求茶], 圻內所謂黃梅也. 黃梅花黃, 先杜鵑發. 葉有三角如山字, 形有三筋莖葉. 皆帶薑味. 峽人之入山也, 包餉以食. 各邑取其嫩枝煎烹, 以待使客. 且其枝截取, 二握爲主材. 和茶藥煎服, 則感氣傷寒及無名之疾, 彌留數日者, 無不發汗神效. 豈亦一種別茶耶.

교감

1 '茶書又有'가 『강심만록』과 『강심』에는 '茶書文有'로 되어 있다. 법진본에 따른다. 원본을 보면 백운동본 또한 처음에는 '又'로 썼다가 뒤에 '文'으로 덧칠해 고쳤다.

2 '槍枝已長'은 백운동본에도 '槍枝已長'으로 되어 있지만, 법진본에는 '槍旗已長'으로 되어 있는데, 문리상 창기가 맞다. 전체 글에서 유독 이 단락만 두 곳에서 법진본이 맞게 되어 있다.

3 '早春採者'는 법진본에서는 '早春采者'라 했다.

4 '果傳其名如此否也'를 법진본에서는 '果得傳名如此否'라고 썼다.

5 법진본에는 '而兒茶者'의 '而'자가 빠졌다.

6 '俗爲兒求茶'는 법진본에는 2행 협서로 적혀 있고 백운동본과 의암본에는 누락되고 없다.

7 '而兒茶者'는 법진본에는 '而'자가 빠지고, 백운동본과 의암본에 없는 '俗爲兒求茶'가 2행 협서로 적혀 있다.

8 '和藥煎服'이 백운동본에는 '和茶煎服'으로, 법진본에는 '如藥煎服'으로 되어 있다.

주석

편갑片甲 이른 봄의 노란 첫 싹이 마치 갑옷의 비늘처럼 서로 포개져 있는 모양을 가리키는 말. 모문석毛文錫의 『다보茶譜』에 "편갑이란 이른 봄 노란 싹이 갑옷 비늘처럼 서로 감싸고 있는 것이다. 선익蟬翼이란 잎이 보드랍고 얇기가 매미 날개 같은 것이다. 모두 산차散茶 중 최상급의 것이다片甲者, 卽是早春黃茶. 芽葉相抱, 如片甲也. 蟬翼者, 其葉嫩薄, 如蟬翼也. 皆散茶之最上也"라고 했다.

황차黃茶 찻잎을 반발효시켜 만든 차로 다탕이 황색을 띤다. 근대 이후로는 찻잎의 크기에 따라 황아차黃芽茶와 황소차黃小茶, 황대차黃大茶 등으로도 구분한다. 황대차의 경우 일창삼기나 일창사기까지도 재료로 쓴다. 앞서 표류선에서 팔던 황차가 바로 황대차에 해당된다.

아차수兒茶樹 생강나무를 가리킨다. 서울 경기 지역에서는 황매黃梅라 했다는데 오늘날 관상목으로 심는 장미과에 속하는 황매화

307

와는 다르다. 꽃은 산수유와 비슷해서 혼동하기 쉬우나 생강나무는 둥치가 매끈한 데 반해 산수유는 둥치의 껍질이 매끈하지 않다. 무엇보다 잎이 또렷한 3개의 맥을 따라 산山자 모양으로 갈라진 손바닥 형태다. 모양이 삼각형이고 세 가닥 줄기 잎이며 생강 맛을 띠었다는 설명에서 아차수 또는 황매란 식물은 틀림없는 생강나무다. 생강나무는 강원도에서는 동백나무로도 부른다. 일본에서는 단향매檀香梅라 한다. 열매로는 기름을 짜서 머릿기름으로도 쓴다. 김유정의 단편소설「동백」의 나무는 붉은 꽃을 피우는 동백나무가 아닌 바로 생강나무다. 식용으로도 사랑받았고 대용차로도 쓰였다.

해설

모문석의 『다보』에서 편갑을 이른 봄 첫 노란 싹을 따서 만든 황차라 한 설명이 표류선에서 흘러나온 황차와 맞지 않는 점을 의아하게 여겨서 쓴 글이다. 원래 편갑은 갑옷의 비늘 조각 하나처럼 길쭉하게 타원형으로 된 상태의 어린 첫 잎으로 만든 차를 가리킨다. 이를 달리 조춘황차早春黃茶라고 부른다. 그런데 표류선에서 팔던 차를 온 나라 사람들이 황차黃茶라 하는데 이덕리 자신이 직접 그 찻잎을 보니 이미 창槍과 기旗가 자랄 대로 자라 퍼진 상태여서 이른 봄에 딴 차는 아니었다. 이덕리는 이를 바탕으로 황차란 이름이 당시 표류선의 상인이 직접 전한 게 아니라 차를 우렸을 때 빛깔이 누런빛을 띤 것을 보고 우리나라 사람이 멋대로 부른 이름일 거라고 생각한 듯하다.

한편 1777년 겨울에 흑산도로 표류해온 중국 사람이 흑산도 산중의 아차수, 즉 생강나무를 보더니 황차라 했다는 전언을 적었다. 아차는 세속에서 아구차兒求茶라고도 한다면서 이것은 진달래에 앞서 피는 노란 꽃의 황매로 잎새가 세 가닥으로 뻗어 산山자 형태를 띤다고 적었다. 생강 맛이 나고 산골 사람들이 쌈을 싸서 먹고, 여린 잎을 달여 손님 접대용 차로 내기도 한다. 또 약재와 함께 달여 복용하면 감기나 상한증에 특효가 있음을 말했다. 그러면서 이 생강나무는 차의 종류는 아닌 것으로 봤다.

이덕리는 『다보』에 나오는 편갑의 개념과 중국 사람들이 말하는 황차의 개념이 서로 혼동되는 것을 보고 이상하게 여겨 이 단락을 썼다. 또 다른 중국 표류민이 생강나무를 보고 황차라고 말했다는 전문까지 함께 적어 황차의 개념을 두고 당시 상당한 혼선이 빚어졌음을 보였다. 아차와 황차는 엄연히 다른 것이므로 이 둘을 혼동할 것은 없다고 결론지었다. 다만 황차에 대한 이덕리의 이해는 다소 부족한 점이 있는 듯하다.

소결

앞의 10여 조목은 모두 차에 관한 일을 떠오르는 대로 적은 것이다. 하지만 국가에 보탬이 되고 민생을 넉넉하게 하는 큰 이로움에는 미치지 못했다. 바야흐로 본론으로 들어가려 한다.

右十數條, 皆漫錄茶事. 而未及其裨國家裕生民之大利. 今方挽入正事云.

백운동본에는 위 본문 끝에 "이하 10조목은 지금 흩어져서 적을 겨를이 없다以下十條, 今散帙, 不暇錄"는 내용이 추가되어 있다. 의암본에는 이 첨언이 없다. 이 부분은 애초에 백운동본을 필사할 당시 이덕리가 남긴 언급이다. 의암본은 백운동본을 다시 필사하면서 어지러운 편차를 바로잡았으므로 이 부분에 대한 언급이 빠졌다.

해설

이제까지 「다설」 5조목과 「다사」 14조목을 읽었다. 법진본은 위 제14칙까지만 수록하고 뒷부분 「다조」의 내용은 싣지 않았다. 이덕리는 본문을 마무리 지으면서 한 글자 내려서 이것으로 글이 끝나는 것이 아니라 이제부터 본격적인 논의로 들어간다는 취지를 밝혔다. 백운동본에만 나오는 첨언은 필사자인 이시헌의 추기가 아닌 이덕리 자신의 글이다. 그 아래 이어지는 핵심 내용에 해당되는 10조목의 글이 따로 흩어져 있어서 아직 적지 못했다는 뜻이다. 이 말은 앞서 이미 말했듯 『강심』 끝부분에 7조목에 걸쳐 수록한 「다조」가 「기다」를 필사할 때 이덕리 자신도 그 내용의 소재를 몰랐다는 의미인데, 이는 이덕리의 차에 관한 저술이 정돈되어 일관된 체계를 갖추지 못한 난고 상태였음을 알려준다.

이제까지 읽은 내용은 이덕리의 설명에 따르면 본격적인 차 무역 주장을 펼치기에 앞서 차에 대한 전반적인 소개와 아울러 차에 대한 우리나라 사람들의 열악한 인식 수준을 높이기 위한 도입 단락 또는 서설 수준의 내용이었다는 것이다. 다시 말해 이덕리의

「기다」는 차에 관해 개황적 소개를 한 「다설」과 차의 효용 및 당시 차에 대한 잘못된 인식을 다룬 「다사」 부분, 국가와 민생에 큰 도움을 줄 수 있는 차 무역 정책 방안을 구체적으로 제안한 「다조」의 세 부분으로 따로 집필되었고, 떨어져 흩어진 상태로 정돈되지 않은 채 보관되어 있었다. 법진본이 「다조」 부분만 누락시킨 것에서도 이 점은 분명하게 확인된다.

「다조茶條」 7조

「다조」는 모두 7개 항목으로 이루어져 있다. 『강심』에서는 차의 유용성에 대해 쓴 「기다」와 담배의 폐해를 말한 「기연다記烟茶」를 나란히 싣고 이어 여러 편의 사부를 수록한 후 책의 맨 끝부분에 「다조」를 수록했다. 앞서 「기다」를 쓸 당시 원고를 찾지 못해 미처 적지 못했다고 썼던 그대로 당시에는 못 찾았던 원고를 나중에 되찾아 이를 끝부분에 수록한 사정을 알 수 있다. 백운동본에는 제목 바로 아래에 역시 작은 글자로 "마땅히 위의 차에 관한 글 아래에 두어야 한다當在上茶說下"고 적어놓았다. 이 「다조」가 원래는 앞에 수록한 「기다」 아래에 잇대어 놓여야 한다는 뜻이다.

다만 여기서 이덕리가 『상두지』에서 '다설茶說'이라는 명칭을 쓰는 바람에 어떤 연구자는 이 글의 제목을 「기다」나 『동다기』가 아닌 「다설」이라 해야 한다고 주장하기도 했다. 이하 이어지는 내용은 서두에서 밝힌 차 무역 구상의 내용을 처음 차 제조 단계에서 판매에 이르기까지 구체적으로 설명한 것이다.

1 보고와 준비

주사籌司에서는 시기에 앞서 호남과 영남의 여러 고을에 공문을 보내, 차가 있는지 없는지를 보고하게 한다. 차가 있는 고을은 수령으로 하여금 가난한 자 가운데 집 없는 자와, 집이 있더라도 식구가 10명을 채우지 못하는 자 및 군역을 중첩해서 바치는 자를 조사해서 대기하게 한다.

籌司前期, 馳關湖嶺列邑, 使開報有茶無茶, 而有茶之邑, 則使守令査出貧人之無結卜, 及有結卜而不滿十員以下者, 及疊納軍役者, 以待之.

교감

1 '及一家疊納軍役者'가 백운동본에는 '及疊納軍役者'로 되어 있다.

주석

주사籌司 비변사備邊司의 별칭. 비국備局이라고도 한다. 조선시대에 변경 문제를 포함하여 국내의 일반 행정 전반을 관장하던 중앙 관청이다.

치관馳關 행정 단위에서 단위로 보내는 공문서인 관문關文을 보내다.

개보開報 개열정보開列呈報의 줄임말. 공개적으로 보고를 올리게 하다.

결복結ㅏ 전지田地에 매기는 세금을 말함. 결부結負와 같다.

해설

이덕리는 「다조」에서 국가가 차를 전매하는 전체 과정을 차례대로 설명했다. 첫 항목은 준비 단계에 대한 설명을 담았다. 이 과업의 주무 관청은 비변사다. 우선 비변사는 호남과 영남의 각 고을에 공문을 보내 그 고을에 차나무가 있는지 없는지를 조사해 보고하게 한다. 없는 고을은 해당 사항이 없고, 차나무가 있는 고을이라면 해당 고을의 사또는 가난해 땅이 없어 토지세를 못 내는 사람과 세금을 내더라도 식구 수가 10인 이하인 사람, 또는 한집에서 군역을 여럿 바치는 사람을 추려내 장차 있을 차 공출에 활용 인력으로 차출할 수 있게끔 준비시킨다.

이 세 계층은 말하자면 가난해서 세금을 낼 수 없거나 내더라도 형편에 비해 이미 과중한 부담을 안고 있는 사람들이다. 차의 채취는 농사철이 시작되기 전인 농한기에 이루어지고 산야에 자생하는 차나무에서 채취하는 것인지라 별도의 비용도 발생하지 않는다. 따라서 이들 영세한 백성에게 채취의 우선권을 주어서 그들로 하여금 자신들에게 할당되는 세금을 차로 대신하게 하는 혜택을 줄 수 있다. 이들 가난한 백성은 농한기의 노동력만 제공해서 세금을 납부할 수 있게 되고, 국가는 국가대로 엄청난 수익을 창출할 수 있는 차 생산 공정을 이들의 유휴 노동력을 활용해 이룰 수 있으니 그야말로 누이 좋고 매부 좋은 윈윈 사업이 아닐 수 없다.

2 인력 동원과 채취 및 보상 방법

───────

주사籌司에서는 시기에 앞서 낭청첩郎廳帖 100여 장을 내서 서울의 약국에 있는 사람 중에 일처리 잘하는 이를 가려 뽑는다. 곡우가 지나기를 기다려 역부役夫와 말, 초료草料 등을 지급하여 차가 나는 고을로 이들을 나누어 보내 자세히 살피게 한다. 차를 따야 할 때를 잘 살펴서 본읍에서 심사하여 기록해둔 가난한 백성을 이끌고 산으로 들어가 찻잎을 채취해 고른다. 찻잎을 찌고 말리는 방법을 가르쳐주되 힘써 기계를 가지런히 정돈케 한다. 말리는 그릇은 구리로 만든 체가 가장 좋다. 그 나머지는 마땅히 대나무 발簾로 쓴다. 여러 절에서는 말리는 일을 도울 때 밥 소쿠리에 담가 기름기를 밥에 스미게 한 뒤 부뚜막에 두면 부뚜막 하나에서 하루 10근을 덖을 수 있다.

　찻잎은 아주 좋은 것만 가려내어 알맞게 찌고 덖되 근량을 넘치게 하면 안 된다. 통틀어 계산하여 한 근의 차를 돈 50문으로 쳐서 보상해준다. 첫해에는 5000냥으로 한정해서 1만 근의 차를 취한다. 일본 종이를 사와서 포장하여 도회지로 나누어 보낸다. 관용 배로 서북개시로 보내는데, 또한 낭청 가운데 한 사람이 압해관押解官이 되어 창고에 봉납하고, 인하여 수고를 보상하는 은전을 베푼다.

籌司前期, 出郎廳帖百餘張, 揀選京城藥局人精幹者, 待穀雨後, 給夫馬草料,

315

分送于茶邑. 詳探茶所, 審候茶時, 率本邑査錄之貧民, 入山採掇, 敎以蒸焙
之法, 務令器械整齊. [焙器銅篩第一, 其餘當用竹簾. 而諸寺焙佐, 飯竹筒浸
去, 油氣入飯後竈中, 則可一竈一日焙十斤.] 揀擇精美, 蒸焙得宜, 斤兩母濫,
通計一斤茶, 價錢五十文. 初年則梢五千兩. 取萬斤茶, 貿倭紙作貼, 分送于
都會. 官舟送于西北開市處, 亦須郞廳中一人押解納庫, 仍爲償勞之典.

교감

1 '其餘當用竹簾'이 백운동본에는 '其餘當用簾'으로 되어 있다.

2 '飯竹筒浸去'가 백운동본에는 '飯筒浸去'로 되어 있다.

주석

낭청첩郞廳帖 낭청郞廳은 비변랑備邊郞이라고도 하는 비변사의 관
직이다. 정원은 12명으로 종6품의 관리다. 낭청첩은 낭청의 이름
으로 발행된 공문서를 말한다.

압해관押解官 재물을 운송하는 일을 감독하고 관련된 문제를 처리
하는 담당 관리.

초료草料 꼴 또는 여물. 마소의 사료를 말함.

해설

차 채취에 따른 인력 동원 계획과 작업 진행 과정, 그리고 이들
에 대한 금전적 보상 문제 등에 대해 구체적으로 설명한 내용이다.
비변사는 낭청첩을 발부해서 서울의 각급 약국에서 차에 대해 잘
아는 사람을 차출한다. 국가는 이들에게 말과 마부, 그리고 말에게

먹일 사료 값을 지급해 앞서 조사해둔 차가 생산되는 고을로 파견한다. 이들은 해당 지역으로 가서 지역별로 미리 차출해둔 가난한 백성을 이끌고 산에 들어가 찻잎을 채취한다. 이들은 찻잎 채취뿐 아니라 차를 쪄서 말리는 과정도 직접 담당하게 한다. 그러자면 서울에서 내려간 약국 사람들이 이들의 교육까지 책임져야 한다.

찻잎을 쪄서 말리려면 다른 무엇보다 필요한 도구를 갖추지 않으면 안 된다. 가장 좋은 것은 구리로 만든 체인데, 이것을 구하기 힘들면 대나무 발로 대신할 수 있다. 그도 마땅치 않으면 밥 담는 대그릇을 써도 괜찮다. 대신 그릇에 기름기가 남아 있으면 차 맛을 변하게 하므로 사용하기 전에 물에 담갔다가 밥을 담아 부뚜막에 두어 대나무의 기름기를 제거해야 한다. 이렇게 하면 부뚜막 하나에서 하루에 열 근의 차를 말릴 수 있다. 찻잎은 상품만 골라서 더하지도 덜하지도 않게 알맞게 쪄서 말려야 한다. 욕심을 내서 적정 분량 이상 작업을 하면 품질이 떨어지므로 이를 금지시킨다.

이렇게 해서 차가 만들어지면 품질 검사를 거쳐 한 근에 50문씩 쳐서 구입한다. 첫해에는 돈 5000냥을 풀어 1만 근의 차를 구입한다. 가난한 백성은 그저 노는 농한기에 야생에서 나는 차를 채취하여 찌고 말리는 노동력만 제공해서 돈을 벌 수 있으니 좋고 국가는 광범위한 지역에서 한꺼번에 차를 채취해서 다량의 차를 생산할 수 있어 좋다. 그야말로 누이 좋고 매부 좋은 일이 아닐 수 없다.

구입한 차는 고급스런 일본 종이에 포장해서 지역별로 큰 도시로 나눠 보낸다. 그러면 지역마다 각처에서 보내온 차를 수합해 관선官船에 실어 서북 개시처開市處로 보낸다. 이 일을 전담할 낭청 1인을 별도로 두어 생산된 차를 운반해 창고에 보관하게 한다. 이들에게는 수고를 위로하는 상여금을 준다.

3 차의 가격과 예상 수익

———

예전에 배에서 팔던 차를 보니 겉면에 찍어서 써 붙인 가격이 은 2전이었고, 첩에 든 차는 1냥 무게였다. 하물며 압록강 서쪽은 연경과의 거리가 수천 리나 된다. 두만강 북쪽은 심양과의 거리가 또 수천 리다. 한 첩에 2전이면 가격이 너무 저렴해서 우습게 보일까 염려될 정도다. 하지만 한 첩에 2전씩 값으로 친다 해도 1만 근의 차 값은 은으로 3만2000냥에 해당되고 돈으로는 9만6000냥이 된다. 해마다 늘려서 100만 근을 딴다면 비용으로 쓰는 돈 50만 냥이 국가 경비가 되어 조금이나마 백성의 힘을 덜어줄 것이니 어찌 큰 이익이 아니겠는가?

曾見舶茶, 貼面印寫價銀二戔. 而貼中之茶, 乃一兩也. 況鴨江以西, 去燕京數千里, 豆滿江北, 去瀋陽又數千里. 則一貼二戔, 恐以太廉見輕. 然第以一貼二戔論價, 則萬斤茶價, 銀當爲三萬二千兩. 爲錢九萬六千兩. 年年加採百萬斤, 費錢五十萬, 爲國家經費, 而少紓民力, 則豈非大利也.

교감

1 '貼面印寫價銀二戔'이 백운동본에는 '帖面印寫價銀二戔'으로 되어 있다.

318

2 '豆江以北'이 백운동본에는 '豆滿江北'으로 되어 있다.

해설

이제 차의 적정 판매 가격과 차 판매로 예상되는 수익 규모를 따져보기로 한다. 본문 중에 은 3만2000냥을 돈으로 치면 9만6000냥이 된다고 했으니, 당시 은과 화폐의 환산 가치가 1 대 3이었음을 알 수 있다. 은 1냥은 당시 화폐 가치로 환산할 때 3냥, 즉 동전 300닢가량이었다. 당시 중국 표류선에서 팔던 차는 은 2전의 가격표가 붙었고 한 첩에는 1냥 무게의 차가 들어 있었다. 포장 단위를 첩貼이라 했으니 종이 포장임을 알 수 있다.

만약 중국의 남쪽 상선이 수천 리 떨어진 연경이나 심양까지 차를 운반해서 판다면 유통 마진을 포함해 실질 판매 가격은 이보다 훨씬 더 비싸지는 것이 당연하다. 그러니 우리가 만든 차의 가격을 중국 상선의 판매가인 한 첩에 은 2전씩을 그대로 붙인다 해도 오히려 북방 사람들이 품질을 의심할 정도의 싼 가격이 될 것이다.

글에 무게 단위와 화폐 단위의 양兩이 뒤섞여 있어 문맥을 혼동하기 쉽다. 무게 단위로 1냥은 보통 37.5그램이고 1근은 그 16배인 600그램이다. 차 1만 근은 16만 냥의 무게에 해당된다. 16만 냥의 차는 6000킬로그램의 무게. 차 1냥의 가격이 은 2전이라 할 때 16만 냥의 차는 은 3만2000냥의 가격에 해당된다. 화폐 단위로는 1 대 3이라 9만6000냥의 큰 금액이 된다. 차를 채취해서 공납한 빈민들에게 국가가 앞서 1근당 50문의 보상금을 주기로 했으니 국가가 1만 근의 차 생산에 직접 지급한 비용은 고작 5000냥이다. 여기에 포장과 운송 경비, 관리 인원 인건비와 창고 비용 등 물류비와 인건비를 1만 냥으로 잡더라도 예상 수입 9만6000냥 중 적어도 8만 냥이상이 고스란히 국가 수익으로 남는 알찬 장사다.

해마다 생산량을 늘려서 그 100배인 100만 근의 차를 채취한다면 생산자에게 돌아가는 비용이 50만 냥으로 늘어나 이 돈이 가난한 백성에게 풀린다면 생계 안정에 큰 도움이 될 것이다. 그뿐인가. 국가가 이로 인해 창출할 수 있는 이익은 순수익금만 800만 냥을 웃돌게 된다.

더욱이 이는 중국 무역선의 차 값대로 받았을 때의 계산이고 보면 그들이 북방 민족에게 직접 판매하는 비용은 은 2전이 아니라 그 몇 배의 가격일 것이다. 그렇다면 은 2전의 두 배만 받아도 100만 근을 생산하게 될 때 800만 냥의 국가 수입이 발생하게 되는 것이다. 그야말로 국가 경제의 기반을 바꿔놓을 획기적인 기획이 아니겠는가?

4 차 무역이 기회가 되는 이유

의논하는 자들은 저들 중국이 만약 우리나라에 차가 있는 것을 알게 되면 반드시 공물로 차를 바칠 것을 요구할 테니 후대에 두고두고 폐단을 열게 될 것을 염려한다. 하지만 이는 어리석은 백성이 고을 관리가 날마다 잡아오라고 닦달하는 것이 두려워 고기가 있는 연못을 메워 미나리를 심는 것과 무엇이 다르겠는가? 이제 만약 수

백 근의 차를 실어다주어 천하로 하여금 우리나라에도 차가 있다
는 것을 환히 알게 한다면, 연나라 남쪽과 조나라 북쪽의 장사꾼들
이 온통 수레를 삐걱대고 말을 달려 책문을 넘어 동쪽으로 몰려들
것이다. 앞서 1만 근의 차로 한정했던 것은 진실로 먼 지역의 이목
이 닿지 않고 한 모퉁이의 재화가 미처 모이지 않을까 걱정되고 물
건이 정체될 염려가 있기 때문이었다. 만약 장사를 해서 재고가 쌓
이지 않게 한다면, 비록 100만 근이라도 너끈히 마련할 수 있을 것
이다. 숭양崇陽의 종자를 또한 장차 뽑지 않고도 더욱 무성해질 것
이니, 이는 실로 쉬 얻을 수 없는 기회인 셈이다. 어찌 이 때문에 걱
정하겠는가?

議者必謂彼中若知我國有茶, 則必徵貢茶, 恐開弊於無窮. 而此與愚民畏縣
官之日採, 塡魚池而種芹者, 何異? 今若輸與數百千斤, 使天下昭然知東國之
有茶, 則燕南趙北之商, 擧將轔轔駒駒, 踰柵門而東矣. 向欲以萬斤茶爲限者,
誠恐遠地之耳目不長, 一隅之財貨未集, 有滯貨之患故也. 若使有售無滯, 雖
百萬斤, 可以優辦, 而崇陽之種, 亦將不拔而益滋, 此實不易得之機也. 何可
以此爲阻.

교감

1 '今若輸與數百千斤'이 백운동본에는 '今若輸與數百斤'으로 되어
  있다.
2 '何可以此爲阻'가 백운동본에는 '何可以此爲限也'로 되어 있다.

321

주석

숭양지종崇陽之種　송나라 때 충정공忠定公 장영張咏(945~1015)이 숭양현령이 되었는데 그곳 백성이 차 만드는 일을 하여 먹고살았다. 공이 "차는 이문이 많지만 관가에서 장차 이를 가져갈 것이니 일찌감치 다른 것을 기르느니만 못하다"고 하여 차를 뽑아버리고 뽕나무를 심게 했다. 백성이 이를 아주 괴롭게 여겼다. 뒤에 차를 국가에서 전매하게 되자 다른 고을 사람들은 모두 직업을 잃었지만 숭양 땅의 뽕나무는 이미 크게 자라 한 해에 북쪽으로 가져다 파는 비단이 100만 필이나 되었다. 송나라 진사도陳師道의 『후산총담後山叢談』에 나오는 이야기로, 『속다경』에도 수록되어 있다. 여기서는 우리나라의 경우 설령 차를 국가에서 전매하더라도 백성은 자기 생업이 따로 있으므로 실업하는 일은 없게 될 것이라는 뜻으로 말했다.

해설

차 무역으로 인해 혹시 야기될 수 있는 문제에 대한 대비책을 논의했다. 만약 우리나라에서 차가 생산되는 것을 알면 이에 대한 중국의 공물 요구가 거세져서 오히려 긁어 부스럼이 되지 않겠느냐는 우려는 충분히 할 만하다. 하지만 이는 구더기 무서워 장을 못 담그겠다는 것이나 다를 바 없다.

처음부터 너무 많은 양의 차를 풀면 혹 소문이 나지 않은 상태여서 재고가 남을 수 있고, 자체의 유통망도 정리되지 않아 생산에 차질을 빚을 우려가 크다. 이렇게 되면 재화가 발이 묶여 부정적 인식

322

이 싹틀 소지가 있다. 그러므로 처음에는 1만 근 정도의 작은 양으로 시작해 점차 늘려 100만 근까지 확장시켜나간다면 예전 송나라 때 장영이 숭양 땅의 차 재배 백성에게 차를 뽑고 뽕나무를 심게 한 것처럼 하지 않더라도 문제없이 안정적으로 큰 수익을 낼 수 있으리라는 주장이다. 이처럼 좋은 기회를 스스로 박찬다면 얼마나 안타까운 일인가?

5 차시의 운영 방법

기왕 차시茶市를 연다면 모름지기 따로 감시어사監市御史와 경역관京譯官과 압해관押解官 등을 따로 뽑아야 한다. 수행인에 이르러서도 모두 일을 주관하는 자를 임명해야지 전처럼 단지 용만龍灣 사람만 시장에 오게끔 허락해서는 안 된다. 대개 난하灤河의 풍속이 교활한 데다 진실로 개 같아서 저들에게 실정이 알려지면 믿을 수 없는 점이 있기 때문이다. 또 차시가 파한 뒤에는 상급賞給을 더욱 낮게 주어서 마치 자기 일을 보듯 하게 한 뒤라야 바야흐로 오래 행하여도 폐단이 없다. 좋은 미끼 아래 반드시 죽는 고기가 있다고 하는 것은 바로 이를 두고 하는 말이다.

旣開茶市, 則須別擇監市御史京譯官押解官之屬, 至於隨行人, 皆以幹事者差定, 不可如前只許灣人赴市. 蓋灤俗黠苟狗態, 輸情于彼人, 有不可信者故也. 且茶市罷後, 優加賞給, 使視作己事然後, 方可久行無弊. 香餌之下, 必有死魚云者, 政謂是也.

1 백운동본의 '灣人赴市'를 의암본에서는 '㵎人赴市'로 고쳤다. 백
　운동본에 따른다.

주석

만인灣人 용만龍灣 사람. 용만은 의주義州의 옛 이름이다.

난속㵎俗 난하 지방의 풍속. 북방 오랑캐를 지칭하는 말이다.

향기로운 먹이 아래…… 좋은 미끼가 있으면 물고기가 저 죽는 줄
모르고 달려든다는 뜻으로, 이익을 보장해주면 제 몸을 사리지
않고 나라를 위해 일할 것이라는 의미로 썼다.

해설

　차시를 운영하는 구체적인 방법을 제시한 단락이다. 서북개시에
차시를 개장하면 국가에서는 이곳에 시장을 감독하는 감시어사를
파견하고, 중국 상인과의 원활한 소통을 위해 경역관을 파송하며
창고 관리 등 제반 업무를 처리하는 압해관을 따로 보낸다. 이들을
수행하여 실무를 담당할 인력도 정식 임명 절차를 거친다. 시장에
는 예전처럼 용만, 즉 의주 상인만 올 수 있게 해서는 안 된다. 무역
의 채널이 고정될 경우 교활한 북방 오랑캐가 우리 쪽의 허실을 파
악해 중간에 농간을 부릴 수 있기 때문이다.

　어디까지나 국가에서 임명한 사람들이 제반사를 주관케 해서 이
들이 자기 일처럼 열심히 하게 하고 일이 끝난 뒤에는 성과에 따른
보상 방안도 마련하는 것이 좋다. 이렇게 한다면 책임을 맡은 사람

들은 더 많은 이익을 내기 위해 더욱 열심히 할 테고, 차츰 시스템이 안정되면 큰 문제없이 시장을 통제해서 효율적인 운영이 가능해질 것이다.

6 수익금의 활용 방안

검소하던 우리나라에 만약 갑작스레 평상의 세금 외에 수백만 냥이 생긴다면 무슨 일이든 못 하겠는가? 다만 재용財用이 넉넉해지면 여기저기서 마구 빼앗아갈 단서가 많아지게 마련이다. 상하가 마음을 합쳐 본전과 잡비[잡비란 종이 값과 뱃삯 따위를 말한다]와 수고한 사람에게 주는 상여금 외에는 한 푼도 다른 데 가져다 쓸 수 없게 해야 한다. 비록 쓰는 바가 서로 관련은 없지만 단지 서변 西邊에 성읍城邑과 연못 및 길가를 쌓고 정비하는 데만 사용한다. 좌우 5리 안에 사는 백성에게는 토지세의 절반을 감면해주어 그들로 하여금 성관城館을 쌓고 도랑을 파는 데 힘을 쏟게 하여 천 리의 길을 고치실나 대롱처럼 끊임없이 이어지게 하고, 길가의 봇도랑을 촘촘한 그물처럼 연결시킨다. 금년에 못다한 것은 내년에 이어 시행한다. 또 서쪽 변방에서 재주와 힘을 갖춘 인재를 모집하여 둔성屯城에 데려다가 날마다 활쏘기를 익히게 한다. 둔성 하나마다 수백 명을 두어 포를 쏘아 합격한 자는 특별히 상금을 내리고 처자와 함께 생활할 수 있게 한다. 이렇게 한다면 평상시에도 수만 명의 막강한 군대를 보유하게 되는 셈이 되니, 어찌 도적을 막고 이웃 나라에 위엄을 보이기에 충분하지 않겠는가?

以我國之素儉, 若暴得數百萬於常稅之外, 則何事不可做. 但財用旣優, 則撓奪多端. 若上下齊心, 而於本錢雜費[雜費紙價船價之屬], 償勞之外, 不許遷動一毫. 雖所需無得相關, 只用於西邊修築城邑池及路傍, 左右五里, 減田租之半, 俾專力築城館開溝洫, 使千里之路, 如繭管之窄, 使路傍之溝, 如地網之密. 今年未盡者, 明年繼行. 又募西邊材力之士, 取以於屯城, 日日習射. 聽一屯城 置數百人, 射砲中格者, 優數償賽, 使可以畜妻子, 則是常時有數萬莫強之兵, 豈不足以禦暴客而威鄰國哉.

교감

1 협서夾書 '雜費紙價船價之屬'이 백운동본에는 본문 안에 '紙價船價之屬'으로 되어 있다.

2 '俾專力於築城館開溝洫'이 백운동본에는 '俾專力築城館開溝洫'로 되어 있다.

3 '取以於屯城, 日日習射'를 백운동본에서는 '取以於屯城之日, 習射'라 했다.

주석

견관지착繭管之窄 고치실이나 대롱이 길게 이어지는 것처럼 길이 실핏줄같이 곳곳까지 끊이지 않고 이어짐.

지망지밀地網之密 외적을 방어하기 위해 참호와 도랑을 그물처럼 촘촘하게 팜. 송나라 조언위趙彦衛의 『운록만초雲麓漫鈔』에 "땅에 종횡으로 참호를 파서 물길을 끌어와 잇대는 것을 지망이라 한

326

다即其地為壕塹縱橫, 引水縷行, 名曰地網"고 했다.

해설

차 무역으로 벌어들인 수익금은 어떻게 쓸 것인가? 이덕리가 가장 역점을 두고 있는 부분이 바로 이 대목이다. 그는 국가에 생각지 않은 재원이 마련되면 지체 없이 중국과 맞닿은 서쪽 변경에 성읍城邑을 고쳐 짓고, 건물을 세우고 도랑을 파서 변경에서 서울까지 그물망이나 실핏줄처럼 도로망과 수로망을 구축해야 한다고 주장했다. 그러고는 변경 군사들을 지원해서 군사 훈련을 시키고, 우수한 병사들은 아예 가족까지 이주해서 함께 살 수 있도록 지원해준다면 비상 체제가 아닌 상시 가동 체제를 갖춘 수만의 막강한 군대를 보유할 수 있게 되는 것이니 국가의 위엄을 바로 세울 수 있으리라는 것이다.

이덕리는 그의 이러한 구상을 『상두지』라는 별도의 저술에서 세세히 입안하여 구체적인 방안으로 제출했다. 국방 문제는 워낙 비용이 많이 드는 일인데 차 무역이 이런 제반 비용 문제를 일거에 해결할 수 있는 묘책일 뿐 아니라 국가 경쟁력 강화에도 관건이 되는 국가 기획 프로젝트로 파악한 것이다.

7 잠을 적게 하는 차의 효능

차는 능히 잠을 적게 하므로 혹 밤새 눈을 붙이지 못하게 한다. 새

벽부터 밤까지 공무에 있거나, 혼정신성昏定晨省하며 어버이를 봉양
하는 사람에게는 모두 필요한 것이다. 닭이 울자마자 물레에 앉는
여자나 한묵翰墨의 장막 아래서 학업에 힘 쏟는 선비도 모두 이것이
적어서는 안 된다. 만약 열심히 돌아보지 않고 쉬지 않고 밤을 새우
는 군자라면 즉시 받들어 받아들여야 할 것이다. [이 단락은 앞쪽
의 '소수少睡'로 시작되는 조목을 개고한 것이다.]

茶能使人少睡, 或終夜不能交睫. 夙夜在公, 晨昏趨庭者, 咸其所需, 而鷄鳴
入機之女, 墨帳勤業之士, 俱不可少. 是若夫厭厭無歸, 頷頷罔夜之君子, 則
有不暇奉聞焉. [此段卽上少睡條改稿也.]

교감

1 협서夾書 '此段卽上少睡條改稿也'는 백운동본에는 없다.

해설

잠을 자지 않고 부지런히 일해야 하는 사람에게 차가 더없이 중
요한 물건임을 강조했다. 앞서 「다사」 제9조에서 "차는 능히 사람
의 잠을 적게 한다. 혹 밤새도록 눈을 붙일 수 없게 한다. 책 읽는
사람이나 부지런히 길쌈하는 사람이 차를 마시면 한 가지 도움이
될 만하다. 참선하는 자 또한 이것이 적어서는 안 된다茶能使人少睡. 或
終夜不得交睫. 讀書者, 勤於紡績者, 飮之可爲一助. 禪定者亦不可少是"고 한 대목이
있어 이 글과 대동소이하다. 사실 전체 글은 바로 위의 단락에서 다
끝난 셈인데, 이 단락은 군더더기처럼 다시 앞서의 이야기를 되풀
이했다. 이는 「다조」가 온전히 정제된 상태가 아닌 난고 상태였음

을 다시 한번 보여준다.

백운동본 필사자 후기

———

'강심江心'의 의미는 자세하지 않다. 이 한 책에 적힌 사辭와 문과 시는 바로 이덕리가 옥주沃州의 유배지에서 지은 것이다.

江心之義未詳. 此一冊所錄辭文及詩, 乃李德履沃州謫中所作.

주석

옥주沃州 전남 진도의 옛 이름이다.

해설

이 마지막 한 줄은 백운동본에서 이시헌이 필사를 마치면서 적은 글이다. 「기다」는 『강심江心』에 수록되었지만 강심이 무슨 뜻으로 쓴 표현인지는 알 수가 없다고 했다. 그리고 이 책에 수록된 사辭와 문文과 시詩가 모두 이덕리가 옥주, 즉 진도에 귀양 살 당시에 적소에서 지은 글임을 밝혔다. 이 대목으로 인해 비로소 『상두지』와 「기다」의 실제 저자가 이덕리임이 밝혀졌으니 실로 귀한 기록이다. 의암본에는 이 대목이 삭제되었다.

끝나지 않은 이야기

어둠 속에서 걸어 나온 실학자

세상일은 예기치 않은 우연에 의해 이끌린다. 다산 친필을 보겠다고 내려간 강진 답사에서 만난 『강심』이란 필사본 책자 한 권이 200년 넘게 묻혀 있던 실학자 이덕리를 불러냈다. 그는 자신의 저술에서 자기 존재를 철저히 숨겼다. 이 때문에 그의 저술은 모두 다산의 것으로 와전되어 전해졌고, 이름은 족보에서도 찾을 수 없게 되었다. 묘소조차 실전된 채 긴 세월이 흘렀다. 나는 처음 그를 동명의 다른 사람과 착각했고, 후손은 선대가 남긴 업적 자체를 모르고 있었다. 이런 귀환도 있는가 싶게 그가 마침내 망각의 긴 잠에서 깨어났다.

초서로 어지럽게 쓰인 책 속에서 200년간 다산의 저술로 잘못 알려진 『동다기』를 찾았을 때 나는 차에 대해 아무것도 모르는 문외한이었다. 그와 그의 저술을 설명하기 위해 시작한 차 공부가 그 사이에 『새로 쓰는 조선의 차 문화』를 낳고, 『부풍향차보』와 그 밖의 차 문헌 발굴로 이어졌다. 그의 야심찬 국방 기획을 담은 『상두지』의 실물을 찾아냈고, 난마처럼 얽힌 이덕리의 생애 자취들을 그런대로 복원해냈다. 『상두지』는 다산의 국방서인 『아방비어고我邦備禦考』에 중요한 콘텐츠로 포함되어 있었다. 덕분에 역시 실전되었던 『아방비어고』에 대해 정리하느라 더 많은 시간을 더 보내야 했다.

『상두지』와 『동다기』는 이덕리가 꿈꾼 부국강병의 방책을 담은 자매편 저술이다. 그의 시문이 담긴 『강심』에서는 유배객의 낮게 깔린 신음 소리가 들린다. 그의 생각은 시원스러웠고, 제시한 내용은 구체적이며 실현 가능한 것이었다. 임금에게 자신의 구상을 내보여, 그것으로 고통스러웠던 유배객의 삶과 맞바꾸려 했던 걸까?

그의 저술은 그저 유배지의 흙벽 방에서 귀뚜라미 울음소리를 들으며, 허구의 상상을 펼친 것이 아니었다. 그는 국가를 위한 자신의 구상을 구체화하기 위해 많은 정보를 모았고, 자신의 정혈精血을 온통 쏟아 이를 체계화했다. 하지만 그의 『동다기』는 초의의 『동다송』의 각주 속에 한 단락 인용되어 겨우 살아남았고, 그마저도 다산의 것으로 오인되었다. 『상두지』는 다산이 그의 저술에서 세 번씩이나 이름을 밝혀 인용했음에도 불구하고, 역시 다산의 저작으로 혼동되어 『여유당전서보유』에 버젓이 수록되기까지 했다.

『강심』에 실린 사부辭賦와 과시科詩는 중국 역대의 불우한 영웅들을 차례로 호명하여 그들 위에 작가 자신을 투사하고 있었다. 이덕리 또한 다산이 강진에서 그랬던 것처럼 진도 유배지에서 생계를 위해 생도들을 모아 서당을 열었을 것이다. 그가 남긴 과시가 그 사실을 알려준다. 하지만 그가 이 저술들을 완성했던 진도의 통정리에는 그의 자취가 흔적도 없고 그 흔한 표석 하나 서 있지 않다. 이 책의 출간을 계기로 진도에서 그를 기억하는 표석이라도 하나 섰으면 하는 바람이다.

막상 뚜껑을 열자 그는 몸집이 큰 거인이었다. 이런 거인이 이렇게 완벽하게 지워질 수 있다는 것이 믿기지 않을 정도였다. 나는 애초에 그를 다른 사람으로 오인해 잘못 소개한 원죄가 있어서, 작업 과정이 더 간절했다. 이제 이 정도라도 그의 진면목을 정리해 보여줄 수 있게 되어 다행스러우면서도 여전히 면구스럽다.

국방의 큰 그림과 차 무역의 포부

이덕리의 『상두지』는 국가 방위 시스템을 전면적으로 새롭게 장착하자는 주장이었다. 현장 실무 경험이 전혀 없던 그가 유배지의 골방에 처박혀서 이처럼 가지런한 국방 기획서를 제출한 것은 놀라운 일이다. 그는 이를 위해 국방과 차 관련 책자들을 수소문해 모아야 했을 것이다. 이 작업이 절망 속에서도 그를 살아남게 했다. 이런 몰두조차 없었다면 그는 진작에 스스로 무너지고 말았을지도 모르겠다.

국방 기획은 엄청난 재원 마련이 필수다. 계획을 제시하고 나서, 그 실현 가능성을 높이기 위한 방책으로 제시한 것이 바로 『동다기』가 적고 있는 차 무역 구상이다. 이덕리의『동다기』는 우리 차 문화사에서 대단히 뜨거운 쟁점 중 하나다. 초의의『동다송』외에 이렇다 할 차 이론서가 없던 터에, 이 책을 통해 실전되었던 그의 저술이 다시 시민권을 얻어 온전한 면모를 드러낼 수 있게 되었다.

다산은 「각다고榷茶考」에서 차의 국가 전매에 대한 역대의 내력을 정리했다. 하지만 이덕리처럼 생산부터 판매까지, 그것도 국제 무역을 통한 국부 창출의 구체적인 매뉴얼로 만들어 제시한 경우는 앞에도 없었고, 그 뒤로도 없었던 단 한 번의 일이다. 조선 초 세종 대와 중기 선조, 그리고 구한말 고종 때까지도 중국 사람들은 조선 사람들이 차를 생산해서 중국에 내다 팔지 않는 이유를 궁금해했다. 이덕리가 중간에 그 구체적인 방법과 절차까지 제안했어도, 그의『동다기』는 아무도 귀 기울이지 않은 채 강진 백운동 골짝의 다락방 안에서 200년 가까운 세월을 묵혀 있었다.

고려 멸망 이후 조선은 은성殷盛했던 옛 차 문화의 기억을 까맣게 잊었다. 차는 배탈이나 설사가 났을 때 먹는 상비약 정도로만 알았다.『부풍향차보』가 나오고, 유배객 다산이 강진과 해남 지역에 차 문화를 다시 일으켜, 이를 초의가 받아『동다송』을 짓고, 다산 제법의 초의 떡차를 추사와 같은 경화사족층에게 퍼뜨려 조선의 차 문화가 다시 새아침을 맞았다.『부풍향차보』와 다산 초의 사이에 이덕리의 선성先聲이 있었다. 그의 목소리는 힘이 있고, 그의 로드맵은 단계별로 매우 분명하고 실현 가능한 것이었다.

버려진 차 문화에서 국부 창출의 힘 넘치는 자원을 찾아낸 그의 기획은 실로 장대했다. 나라는 그를 버렸고 세상은 그를 잊었지만,

그는 자신을 버리고 잊은 그 나라와 세상을 위해 역발상이 전혀 새로운 마스터플랜을 제안했다. 그는 보답을 바랐던 걸까? 아니면 이를 통해 명예가 회복되는 복권을 꿈꿨을까? 책의 초고를 완성했을 때 그는 이미 70객이었다. 차에 대한 특별한 기억을 바탕으로, 주변에 널린 차나무를 땔감으로밖에 안 보는 무신경과 몰안목에 대한 안타까움을 담아 『동다기』를 지었다.

이덕리는 자신의 저술로 자신의 존재 가치를 증명하고자 했다. 내 이번 생은 이렇게 살다 간다. 하지만 유배지의 골방에서 미친 사람처럼 저술에 몰입했던 한 사내의 열정을 기억해다오. 그의 심경은 이런 것이 아니었을까?

차에 대한 그의 이해는 오늘날의 관점에서 보면 때로 부정확하고 부족해 보인다. 그는 한때 직접 차를 만들기도 했던 듯한데, 그 구체적인 내용은 알기 어렵다. 그의 국방 기획은 잘 짜였지만 막상 현장에 적용했더라면 실전적인 문제점이 적지 않았을 것이다. 하지만 이전까지 아무도 생각해보지 못했던 방법으로 전혀 새로운 개혁의 구상을 제안했던 그의 선각자적 면모는 18세기 실학사의 한 모서리를 차지하기에 충분하고도 남음이 있다.

그의 제안은 그저 꿈이었을까?

이덕리가 『동다기』에서 차 무역에 대한 제안을 제출한 130여 년 뒤의 일이다. 1925년 일본인 본초학자 나가오 만조仲尾萬三는 강진 대구면의 청자 도요지를 둘러보고 있었다. 답사를 마치고 인근 민가에 유숙하게 된 그는 답사지와 오는 길의 산기슭에 차나무가 자생하는 것을 봤다. "이곳에서도 차를 마십니까?" 지나가는 말로 물었는데 마신다는 대답이 돌아왔다. 그러면서 그들이 내온 차는 놀랍게도 돈차錢茶로 불리던 작은 크기의 떡차였다.

그 떡차를 보고 나가오 만조는 정말이지 크게 놀랐다. 1000년간 실전된 줄로만 알았던 당나라 육우 시대 떡차 제법의 원형이 조선에 그대로 남아 있었던 것이다. 이 의외의 발견에 그는 흥분했고, 일본으로 돌아가 조선에서 발견한 당대唐代 단차團茶의 존재를 알렸다. 그는 직접 단차를 조선에서 들은 제법 그대로 재현해서 동호인들과 나눠 마시는 시음회까지 열었다.

차라면 워낙 호들갑스러운 일본인들이 이 소식에 열광했고, 이후 조선의 떡차에 일인 학자들의 관심이 한번에 쏠렸다. 당시 육우의 『다경』을 번역하고 있던 모로오카 다모쓰諸岡存는 조선의 떡차를 직접 보려고 일부러 조선을 찾았고, 당시 전라도 지역에서 산림청 주사로 있으면서 역시 조선 떡차에 관심이 높았던 이에이리 가쓰오家入一雄와 의기투합해서 전남 지역 차 산지를 답사해, 그 결과를 『조선의 차와 선』(1940)이라는 기념비적 저술로 남겼다.

일인들은 조선 떡차에서 독특한 풍미와 함께 상업화의 가능성을 읽었다. 1940년 대동아전쟁 당시 일본인들은 보성 차밭에서 4만 개의 떡차를 생산해 몽골 전장에 보급품으로 납품했다. 휴대와 보관이 간편하고 풍미가 독특한 조선 떡차가 최초로 국외에 수출된 것이다. 당시 이덕리가 『동다기』에서 쓴 차 무역 제안을 전혀 모르던 상태에서도, 일인들은 바로 조선 떡차가 지닌 잠재적 부가 가치를 알아보고 즉각 행동에 옮겼다. 이덕리가 그렇게 외쳤어도 아무도 거들떠보지 않던 조선 떡차가 화려하게 부활했다. 비록 일인들에 의해 단 한 차례에 그친 수출이었지만, 이 일은 이덕리가 꾸었던 그 꿈이 얼마나 시대를 앞서간 것이었는지를 잘 보여준다. 만약 이덕리의 『동다기』가 일제강점기에 소개되었다면, 이 책의 위상은 초의의 『동다송』을 훨씬 상회하는 열광적 지지를 받았을 것이 틀림없다.

한 사람이 때와 만나 그 이름이 환히 드러났다가 사후에 흔적 없이 사라지기도 하고, 오랜 세월 완전히 잊혔다가 화려하게 부활하기도 한다. 이 사이에는 보이지 않는 운명의 힘이 존재할 터이지만, 얼마간의 감개가 없을 수 없다. 이덕리는 아무 죄 없이 형의 상소문 한 장으로 온 집안이 하루아침에 멸문의 화를 입었다. 그의 꿈도 야심찬 기획도 진도 통정리 민가의 흙벽 속에 묻어야만 했다. 아까운 자식들은 함경도로 경상도로 전라도로 뿔뿔이 흩어져 노비의 삶을 살았다. 그러고는 세상에서 완전히 잊혔다.

아침이 결코 오지 않을 것 같던 흙먼지 풀풀 날리던 토방에서 통곡을 삼키고 신음하듯 적어나간 그의 저술을 곡절 끝에 세상에 처음 선보인다. 그에게 미안하고, 그에게 고맙다.

[첨부]

후손의 요청에 따라 이덕리와 이덕사의 묘갈명을 지었다. 이 지면을 빌려 함께 소개한다.

처사 전의이공 덕리(덕위)묘갈명處士全義李公德履(德威)墓碣銘

인생에 시비是非와 이해利害의 두 저울이 있으니, 어느 기준을 따르느냐로 궁달비태窮達否泰가 갈린다. 정심직절正心直節이 오롯할진대 출처훼예出處毀譽야 어이 마음에 두랴. 공의 본관은 전의全義요 휘諱는 덕리德履라, 초명은 덕위德威, 자字가 이중而重이다. 가전충효家傳忠孝 세수인경世守仁敬의 잠영후예簪纓後裔로 오대조五代祖는 증영의정贈領議政 지범공志范公 휘수준諱壽俊이요, 육대조六代祖는 북병사北兵使를 지낸 청강공淸江公 휘제신諱濟臣이시다. 1725년一七二五年 영조英祖 을사乙巳에 부父 정택徵澤과 모母 여산 송씨礪山宋氏 사이에 3남三男으로 태어났다. 당대에 문명文名이 거나하여 윤광심尹光心의 병세집並世集에 시문이 실렸다. 1776년一七七六年 4월四月 정조대왕正祖大王 즉위초卽位初에 중씨仲氏 간당공澗堂公 덕사德師가 천경지의天經地義의 정위正位를 바루고자 올린 사도세자思悼世子 복권소復權疏가 시휘時諱에 저촉되어 차마 말 못 할 지경을 당하매, 일문一門이 참혹한 화를 입었다. 덕리공德履公은 진도珍島로 유배되고, 3자三子도 원방遠方에 부처付處되었다. 공은 진도珍島 통정리桶井里 적소謫所에서 국방國防의 웅지雄志를 담은 상두지桑土志와 시문집 강심江心을 저술했다. 상두지는 다산茶山의 아방비어고我邦備禦考에 전편이 수록되었고, 강심 중中 기다記茶는 차 무역茶貿易을 통해 부국강병富國强兵의 전망을 편 경륜문자經綸文字로, 초의선사草衣禪師가 동다송東茶頌에서 높여 기린 차 문화사茶文化史의 금자탑金字塔이다. 죄인의 처지로 야인野人에 칭탁稱託한지라 공의 저술은 다산의 것으로 오인되어 이름과 함께 잊혀 지워졌다. 1795년一七九五年 영암靈巖으로 이배移配되어 이태 뒤인 1797년一七九七年 73세七十三歲의 나이로 배천순형背天徇兄의 기구崎嶇한 삶을 뉘였다. 아들은 형배馨培, 승배昇培, 경배絅培, 항배恒培 4남四男을 두었으나 둘째 승배는 덕용德容에게 입계入系되었다. 형배의 2자二子 민회敏會가 청송靑松 땅으로 숨어들어 이제껏 혈맥을 이어왔다. 서세逝世 200년二百年 만인 1996년一九九六年에 후손이 족보의 기록을 좇아 지범공묘소志范公墓所 계하좌측階下左側의 묘墓에 입표봉제立標奉祭 해오던 중, 2013년二〇一三年 10월十月 이장移葬을 위해 파묘破墓한즉 덕사공德師公의 초취初娶인 반남 박씨潘南朴氏의 묘墓임이 밝혀져 실색失色했고, 후손後孫 종준鍾濬의 증언으로 무몰중蕪沒中의 실묘失墓를 다시 찾아 분원제기盆院祭器 하나 놓인 공의 허광虛壙을 확인하여 같은 날 이곳 서종면西宗面 수입리水入里 고동산하古同山下 종산宗山에 덕사공德師公과 함께 나란히 모셨다. 공의 일편단령一片丹靈이 남아 있다면 어떻다 할 것인가? 한 시대의 영준英俊이 잡초 속에 흙으로 묻혀 있다가 때를 만나서야 그 이름과 저술이 다시금 환히 드러났고, 우리는 잊혀진 실학자實學者 한 사람을 다시 기억할 수 있게 되었으니, 세도오륭世道汚隆과 현회소장顯晦消長의 감개感慨가 없을 수 없다. 명銘한다.

청강공淸江公 크신 기우氣宇 한 세상을 울리었고
지범공志范公 깊은 효성孝誠 일문一門 우뚝 세우셨네.

간기間氣를 타고 나서 병세문명竝世文名 높았더니

낙백실혼落魄失魂 원도부처遠島付處 도화蹈禍도 매서워라

토벽土壁의 실솔성蟋蟀聲에 이십성상二十星霜 다 녹이어

상두지桑土志와 강심기다江心記茶 구국경륜救國經綸 대문자라.

비어고備禦考에 수록되고 동다송東茶頌이 기렸어도

진토고골塵土枯骨 한 줌 흙이 무삼 앎이 있을 손가.

천도필환天道必還이어니 남은 원망怨望 있으랴만

아! 님아 넋 남았다면 웃고 굽어보소서.

2018년二〇一八年 신춘新春

한양대학교漢陽大學校 교수敎授 정민鄭珉 삼가 짓다

전의이씨 간당공 덕사 묘갈명全義李氏潤堂公德師墓碣銘

공의 휘諱는 덕사德師요 자字는 선세善世, 호號가 간당潤堂이니 전의 이씨全義李氏 혁세잠영奕世簪纓의 후예다. 청강공淸江公의 6세손六世孫으로 1721년一七二一年 경종景宗 신축辛丑에 부父 징택徵澤과 모母 여산 송씨礪山宋氏와의 사이에 2남二男으로 태어났다. 천자天資가 상량爽涼하여 문성文聲이 욱욱郁郁터니, 아우 덕리공德履公과 함께 형제문장으로 윤광심尹光心의 병세집並世集에 이름이 나란하다. 1768년一七六八年에 정시문과庭試文科에 급제했으나 부친父親의 직함職銜을 오서誤書했다 하여 출방黜放되었다가 영의정 김치인金致仁의 상언上言으로 바로잡혀 다시 홍패사화紅牌賜花하는 영예榮譽가 있었다. 입시하자 상上께서 친년親年을 물으시고 회혼례回婚禮의 예물을 하사하시며, 시권試券을 직접 읽게 하고 글이 좋다는 청찬을 내리시니 인신人臣의 광영光榮이 더할 나위가 없었다. 이후 경기좌도京畿左道 어사御使, 동부승지同副承旨, 부제학副提學 등의 직임을 거쳤다. 영조英祖 승하昇遐 직후인 1776년一七七六年 정조대왕正祖大王께옵서 즉위 당일卽位當日의 윤음綸音에서 스스로 사도세자思悼世子의 아들임을 공언公言하시고, 당시의 일을 바로잡으실 뜻을 비추심에, 공이 모사역혈冒死瀝血의 충정衷情으로 선대왕先大王의 지자지인止慈止仁하신 본의本意를 드러내고 성효聖孝를 빛내시라는 상소上疏를 감언敢言했다. 이에 조야朝野가 들끓어 시세時勢의 강포強暴 속에 부도不道의 죄罪를 물어 단충丹衷의 우분憂憤이 흙탕 속에 짓밟혀 자취 없이 되고 마니, 당시의 군자들이 세도世道를 위해 슬퍼했다. 공의 나이 54세五十四歲 때 일이다. 1864년一八六四年 고종高宗 갑자甲子에 마침내 신원복관伸冤復官되었다. 초취初娶는 반남 박씨潘南朴氏로 슬하에 자식이 없고, 후배後配 남양 홍씨南陽洪氏와의 사이에 아들 일배日培와 길득吉得, 박사원朴師瑗에게 시집간 딸 하나를 두었다. 부자父子가 함께 형사刑死하고 부인과 어린 아들은 절해고도絶海孤島에 노비로 끌려간 뒤 자취가 끊겼다. 뒤에 덕리德履의 4남三男 항배恒培의 자子 정회貞會를 입계入系하여 뒤를 이었다. 묘소墓所는 가평加平 야미곡倻美谷 외록外麓에 모셔져 있었고, 삼회리三會里 거주 덕용德容에게 입계入系한 승배昇培의 후손 창세昌世 종현鍾顯 인호寅浩 삼대가 수호하였던 것을 후손 원세元世 영세永世, 인세仁世 등이 찾아와 표석表石을 세워 제사지내오다가, 2013년二〇一三年 10월十月에 지범공파화수회志范公派花樹會의 중의衆議로 이곳 고동산하古同山下 종산宗山에 유택幽宅을 모셔와 형제분이 나란히 눕게 되었다. 명銘한다.

대의大義를 능히 펼쳐 선왕본의先王本意 비추시고
난신패역亂臣悖逆 바로잡아 성효聖孝를 밝히소서.
천경지의天經地義 단 하루라도 폐할 수가 없나니.

억색심흉抑塞心胸 가득 안고 혈루병류血淚迸流 감언敢言타가
지원지통至冤至痛 품은 채로 불인지경不忍之境 어인 말가.
차라리 옥쇄玉碎할망정 함묵지죄含嘿之罪 범할까?

341

역사의 일월日月에는 백년이 하루란다.

분토墳土 위 달이 떠서 붉은 마음 비출 제면

외롭고 그 고단한 넋에 남은 유감遺憾 없으리.

2018년二〇一八年 신춘新春

한양대학교漢陽大學校 교수敎授 정민鄭珉 삼가 짓다

부록

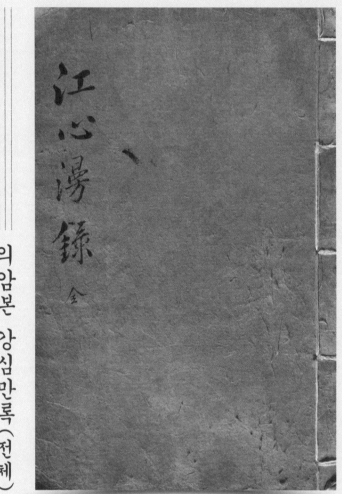

江心湯錄 全

의암본 강심만록(전체)

江心漫錄

席嶺辭

席嶺東望壽州如樂山北來而衛衛水南下而環環岸陂陀而為塢花翁藝而作關擁余馬兮勿驅心眷顧芳傳傳豈重來芳無期曰余留佳婦兮於其間劃石路芳巉岏使江流芳潺湲遲春日之藹藹來汝珮方珊珊何斯詐之大謬遣民生之極艱擲如在於天南曰海波之漫漫挾雙子芳出都忽相失芳雲端暮以昏芳晨以別念汝生芳辛以酸瞻明月芳太息步列星芳盤桓會心目於十方其何夜之能闐星有女

芳月有娥照汝襟芳潜潜天何昇而不察聖何做之

或瘵方春天之雨露豻霈澤之渙瀾規新築以屯字

葺舊宇於斯干集親愛於環堵時破涕而為歡撫汝

背芳絮語低汝面芳承顏儀別羽芳翩躚抱幼莞芳

斑斕提汲甕芳前澗擷嘉蔬芳後山明松荆而衆穑

饁晨耕而壺箪憂吾之憂芳憂無終極樂汝之樂芳

樂不可剛無以往者之巍巍不信来者之般般豈人

生芳長別溯天道芳必還

女不遇賦

昔董仲舒司馬遷皆有士不遇賦士之懷才不試

346

者之所為也予才不及古人又遇人之艱難不敢踵

作者之意乃作女不遇賦

三綱之始五倫之央胖合悲歡億變靡常雄不守雌

剛不包柔不遇之歎恒在女流速夫天地氣漓陰陽

不齊多畸少偶理尤罕睽歷或年命相駁賢愚不班

怨嘉錯置離奇多端又或女而不婦如士未試詩衰

斯飢易著不字凡若此頻指不勝擬大則邦國無祿

小則室家失宜非女之不遇家國之悲古之別離世

稱英皇迹遠江湘涙涤藂篁而其辭芋宮芳慶雲友

薰琴芳在牀己獨享芳高明亦咸躋於期順遇莫大

烏悲不幾時孌妻陶婦德耀少君媲德偕隱令聞彌
尊貪也非億就樂如彼非不遇倫令姑舍是爰有爰
風之首闚睢之亂大小柏舟同名異貫碩人頎頎來
嬪于衛淇竹猗猗徽音未沬綠衣黃裳終風且曀送
仲氏芳南郊瞻燕燕芳攬涕不遇者三衛祚其替倢
好淑靈詩傳家辭輦獻箴頠史鏡圖皇天之不祚
漢芳滔禍水芳滅火退汛掃於長樂婦道芳遠禍
至若詠雪遞情林下風氣岢庭寶樹先嫠巾幗天壤
之間逢此王卽倚青綾西誰語恨五斗之卽當豫章
之妹毀璧是徵清芳淑善陽春芳玉氷生不得於

姑嫜死不免於水火歸來芳逍遙執手者芳問過淑
真英英珠生於蚌豈作合於庸奴展為媛於大邦結
至思於蘭芳痛皮褒之佻巧寂寥何言黯黯而殀若
夫谷風習習之什白兔㲉㲉之章廢蓼歌契活當年
青陵臺得意不忘城崩杞婦之哭雨洗東海之冤令
女生而自殘蘭芝死而遺芬玉田之大小踵義實家
之姊妹競爽俱能使人倫增重簡縞激響茲猶為不
遇之幸下有明妃琵琶仲姬胡笳李勢之妹訴怨悽
閒黃裳之艷吐詞靜嘉雖容迂而才邁而志婾而節
瑕豈非不遇之尤不幸者乎若乃幽后襄姊異代一

值酬金斗以磨笄隱血嘗之塗地曹白華之可怨寧戌
申而無刺巨女喬而赴焰悵無面於漢兵集姬驅而
沈淵痛背天而徇兄君子猶悲其遇而哀其情焉至
於休屠關氏教子遺聲隆祐太后隻手扶社遇於不
過又其變者及夫　有明之季尤有甚焉　光皇在
儲籌選遺賢劉娥妙才崇極而顛惋于宋鑒之素貴
眩於　神考之拘攣揮椎毀齒沒身閫裏返上清之
侍童乳不霑於赤子詩云窈窕淑女君子好逑又云
窈窕淑女寤寐求之　明之將喪豈迨休哉楊城之崩
積屍百萬士女蒼黃滿城哀恨婉彼閨女鳴梭自若

暗邀同志誓不身辱水火繩刃七死乃獲長沙女子
隻身登城揮戈向賊隱然一敵將愧鬚眉豈予能成
力盡身殲終不污蔑向使被堅執銳者皆如長沙之
英一堞之不可破況京師萬雄之城紆青拖紫者皆
如楊城之確百死之不足辦況望風而迎敵褕翟而
主壺者如劉娥之此老奴將炳幾燭奸之有餘何紅
九之能售而要典之敢誣又有叔芳困債項嫂裕家
而捨田而雖肋撤闕藻德之罪通天媒山信傳劉髲
投緯而軌鋏西鼠拱畫江士英之臍堪燃剡彼斗南
宿堂海內所視座主孫高陽門生瞿式耜韮韲韲乎其

為節義之府也皆哲乎其知輕重之權也末乃甸匐
於氈裘之長假息於犬羊之天平生掃地青史難鑄
始冷落於長樂卒辭顏於斷臂非被緇誦唄之可懺
詎編詩修史之庸誘于斯時也又有霞冠珠珮會稽
婦之勸夫起義王貌錦袍秦士司之見尼投命火安
亭而風反溺瓜步而波騰是皆見而知之非特聞而
詠之者也曾謂河岳間氣東林偉人而不得與釋女
幼婦爭口氣於溝瀆鋒刃之間方將奉中幗於懿公
藏巖廊之拙態種戟鬟於若人吐閨閤之餘懥鋪七
襄之大手建鍊石之雄規滌腥穢於神州返漢官之

威儀時不可以驟得要此意之不忒生不丁時非女
也獨世之不遇兹焉論篤女史氏為之解曰時則有
鄧太妙出塞諸作見之者悲李文蘭榛子坪詩壁人
也懇躓清蕙之遺塵雖曰庶幾踵嬌琰之前轍亦恐
不免則虞山之濡忍不決殆周全柳如是晚節而然
者歟然則如是之遇虞山之不遇也歟

百丈竹賦

唐貞元五年番禺有海戶避役於羅浮山深入至第
十三嶺遇巨竹百千萬竿連亘巖谷竹圍二十一
尺有三十九節節長二丈陸子羽圖而記之曰天

下視聽之外經籍未錄不合有而有者不知其極

又崑崙貞立帝竹一節爲船又南方有箬竹長百

丈圓二丈五六尺厚八九寸又雲夢竹一節爲船

出扶南篠竹一名太極長百丈南方以爲船由是

論之百丈之竹在在有之特中國所罕故人未之

信耳

夢余遊於羅浮登十三之崇嶺超炎陬而淑郵標朱

鳥之靈境拔玉笋而插天潤金碧而飆炳上削平而

沃衍環石梁而爲之屏神皐覆盂於中央清泉宛曲

而裕領乘莽渺而瀕眺見一碧於萬頃弭余節而委

隳陷蕊舊而靡所躋青玕翠瑚列擎天之巨柱久乃
辭其為竹或離立而相讓或駢植而閎昵圜而量之
五五其尺仰而度之蓋得三十有九節翻攲旖旎之大
葉垂百丈之翠幬柱柱層疊而包裹懸綠越而游絲
纛傾蜜漿而沃心肺乃今知鳳凰之所食而其露之
所滴蔭之所滋靈芽神卉叢生歲歉無非一寸九節
之珠品三極五葉之尊屬攬之則已疾嗅之則錬魄
歷九州而擇里捨此君而焉適於是飛輪鉅而鑿八
窻偃雲梯而通交道上有成樓方下有見牀工倕咋
指而自怊馴涵人而為之使課育鼅而報酉卯排一

355

樓而一霞輪胸眺而未了一上芳一下衆莫知芳余
所為鋪雲霞於下界挂星河於低枝眺西塔之朝晃
辨媚燈之宵嬉恓窅夢於偃仰住与免之跳躑撒風
蕩而竹海韻咸池之廣樂惟余心之慘悽羌不可以
獨醒余瓮以竹而為命天亦祿余以綠醺知兩美之
必合盞於是乎養性靈撝七達於豪中待吾友而居
停餘萬青之並割余有稽乎郢筒命修羅而運業力
來酒星而議閬中收天地之精英將以入吾之喉嚨
既而西涼萬石之蒲萄漢宮百末之良醞瑞露釀之
出嵩岳榴花汁之來頻遽洞庭之春色欲漲枸樓之

仙漿逾遠換骨仙李之禁方玉膏瀛洲之秘開咸無
脛而自臻若灘遝之同河白陸按方而分剗麻姑剪
瓜而搜和集甕宮之大成注無底之碧匜羅登登然
洞洞然蓋半日而俊乃至齋烏芑以鳳尾之新簹纒
用玉井之藕絲回消息於半夜沸萬竅而同吹東風
至綠波游芬香南國熙而乃截筒為盃劈筒為船
亮莫尚于精禋聿告成於昊天自鶬自引日醉陶然
我友庆止瞪目無言或指囷而分酣或溯流而均釃
咜石棠之攦危懑陵篠之影薄日墓一竿少却萬斛
知大酒之不偶詎舳政之或槊非忠孝而曷飲素富

貴者無分劈六鰲而串千牛蔦蠙桃而佾肴核錐我
盃之百及圓或遺於洧滴玉女疲於縆汲青童老於
進酌庄嚴嶽伯以七寶灌愁城於九却玉色脫而黦
顏䫶玄髮茸而素絲危爨馨德而升閱羣仙為之承
癲回道人修剌而上謁李謫仙求充於下席佳人來
芳不來悵參橫而月落蒭巾者誰手持㧧鎣自言在
世惟酒不足徑造竹所手腳騰騰䫼穴規匜張口而
承挂長川於圓通匯歸塘於紫海一吸十竹攢眉何
在乃頹然而醉浩然而歌歌曰竹芳竹芳惟吾之師
微爾有酒吾誰與歸仰竹而醉登竹而眠無懷氏之

民嶽葛天氏之民嶽

蟋蟀賦

余以丙申四月　恩配沃州居城外桶井里尹家
土壁龜坼塵埃滿室每夜惟聞蟋蟀鳴於壁間當
秋而不加多經冬而不加少始知南北時物之異
焉三年移住井西李家其聲亦猶夫在尹家時也
詩之草蟲章曰喓喓草蟲趯趯阜螽七月篇曰五
月斯螽動股六月莎雞振羽七月在野八月在宇
九月在戶十月蟋蟀入我床下朱子解之曰蓋一
物而隨時變化者也今於是觀之何嘗變化之有

而在野在床之異貳余天下之窮者也無晝無夜

長與壁蟲相伴幽吟哀號若相和爲不可謂無所

遇若其哺啜須人衣褐隨時則反羨夫蟋蟀之不

食不衣無身外之累者也況余平生有詩文之娛弊

帚千金卷帙頗多間又作詞賦東陽申亞亮奕世

詞宗文市金秤謂余賦高出東交選每傳誦於朋

知故亞亮之所誦熟於余之所自誦自經滄桑舉

入於湖舟之火一字不留而亞亮前又歿矣時或

思繹畧可補綴然自念六代文籍蕩然無餘先父兄稀

世之作皆無別本無以記憶而收拾則何可以一

縷之獨存而搖毫捉紙自為傅後之計我以此心
摧志頹塌然若死灰之逢溺無復煖氣又安能如
蟋蟀之自鳴自止自樂其樂者我弟相守之久不
可無贈故聊作一賦以見志焉堯革無華文焰不
起若使亞亮見者必以為李將軍屏處之後猿臂
雖振腰簪不副矣

覽蚊喙之羣品莫蟋蟀之瑣微無文章以耀體之羽
翼之翮飛不飲啄其亦已善變化為麻幾夫何數年
之遲遲一受形而不遷離披度床之塵帙顛倒倚墻
之空機得廣宮於濡需若道勝而日肥祀將祇於户

蛸代屢壇於幔蛾廓獨潛而靜處漫不知其是非曰
下海而沈彩月昇嶺而耀輝露微微而灑簷風淒淒
而入幃乃命侶而切切聲相應於四壁抽繹車於喉
嚨弄串珠於肝肺卟八音而金繁諧五聲而高激肆
秋士之慮聰咸驚心而動魄詩騷遠而尚矣諸揚此
於近昔一聲怨一聲思盧寠悔敦厚之則也淬一劍
割千絲李潤甫劌心之作也伊余昧之貿貿尚績貂
而對膽居湫慶隘媿鳴蟬之相笑者耶室暗燈殘羡
飛螢之自照者耶其聲呴將反哺而不及致其誠者
耶其聲促將急難而不及遂其情者耶寬頸拆翼有

離鷟別鵠之思者耶栖抱離懷有巴猿桓禽之悲者
耶無其悁蒼蠅之點玉長白駒之嚙肌者耶抑或憐
蟪蛄之春秋哀蟊蠋之伏屍者耶非善鳴之能事㫖
為其一咪而异奏雜寒城之更鼓和雨簷之殘溜工
宣嘶而導涇出乎機而入機寡婦起而啜泣放子為
之累啼矧旅人之命畸騃眾感而曰我歸既歎逝而
傷離又憂讒而畏讒中高厚而踢踏身之餘者幾希
歌不情而哭不敢淚淼渟而內醉腹坎如而求食體
乍泉而思褚瞽不死其寔為費天下之已鉅哀吾生
之長勤羡彼物之無累嘗無營而無欲孰汝求而汝

岐歟鯤鵬之舊圖襲鸑鷟之餘智蒙灰塵而逾潔廖

黯黮而益粹無言語之可慮故長號而極意雖曰未

于聞也吾必謂之學矣自余竄于荒陬已南參之六

嘗親鳥言與蛟俗違行宇西克堂方候矢于羽野斷

歸夢於桑鄉蝴猶思於照壁鷗無望於衡陽鵬何為

于承塵龜何為乎楮床亮莫近而耐久吾與爾而行藏

假爾鳴其亦足聊矢言而成章

　　　土九偈

陰陽未判太極混圓渾沌一鑒儵忽擊權女媧鍊石

彼儋不鎬搏黃為人濛濛沙塵炎帝何食黃帝何德

下逮陶唐三級兀然禹稷棄耕是始不閑擊壤之謠

實傷其巔甘其稼穡貪其堂隍于焉居處于焉樂康

爭奈紛紜野淺玄黃五行汨陳爰倫攸敘木火金水

從茲不寧非仁非義信於何麗不春不夏寄何時

遍地區肮蟻垤蜂房黃祗夜泣困于披搶萬象森羅

填星不芒爰究爰度收垠還樣河濱蔫材天老與規

勿揣而剡勿廉而劌水飛火凝陶甄勿施遊轉掌內

俟焉成質矻而不硜圓乃不窒天地一卵日月雙實

典形昭著豈曰無稽渾補色舍不辭推擠凝重端厚

終莫之睽拋之過頂接之在膝一高一低萬魚可察

一往一來烏兔跋躞可以窮年可以永日周程授受
纍纍五圖理一而已逾多而遠亮夫自樂宜憀解難
是二弄者尚隔一案豈如我圖上下俱徹理寓於形
名不離實範圍天下而不求譽塊然退藏乃合厥初
老氏言用貴當其虛是之為虛四方上下可思量否
如其用也請舉一斑推其餘者冬夜栗烈夏日赫赫
嚴颸裂坤螭炎鑠石鑪灰埋煖泉沈凌一握黃毬
功欲融宸兆乎拳心達于泥宮一線之製百脉通
汗體起栗栗膚淅汗磨瘕碾瘧霧消雲散蘇合清心
無此二貫德此叔度鄙吝立繇蜣螂所轉僵則不殊

軻媽所彈利相斤銖用其無用斯用之大封凾塞盂

久矣其蓁世之用爾頭角崢嶸為龍祈雨沾彼羣生

世之捨爾助尻骹軼為牛入海永無消息

屈三閭自怨　詠古詩

皆有操羲子吁嗟虞夏沒虞夏多哲輔君臣志願畢

嗟子苦生晚榛苓世又忽庚寅是何日孟陬是何月

靈均自善祝正則徒誰質邑犬吠累日蜀日與越雪

攀世皆裸程羣笑冠而韡美人貌綽約邀我開瓊閨

浮雲倏已薮天路轉虬駝來湘潭曲蘭蓀手自頹

巫咸勉遠逝于何求靈匹漁父笑獨醒我囧齁糟歡

荷衣莫我復蕙帶莫我紉荷蕙豈不香恐浣我素質

逝將爲若德波魚過瞥瞥

世降遇之難云爾

賈大夫吊古　史記本傳以爲盛世無人方莫我知之語作交吊之西此則尤致意

君臣雖義合夫婦若天造西歧毓聖德洽陽孚窈窕

風期有暗親響臻必先兆生逢有道主自倚不世標

經綸稍羅剔肝膽畢傾倒悠悠三代後寂寞想軒昊

君心思重毗時議盧右僚朝厠九卿議蓦涉長沙道

屈氏所沈淵雲濤接浩渺絶岸驕猿於古廟蔭蘿蔦

荒哉楚襄王方爲雲雨儡儘力貞臣擴誓言讒邦好

我非夫子儔胡為亦江表主量迥不同身命兩苟娩

椒蘭楚國良絳灌漢廷老我實夫子儔宜爾薦頻藻

湖南清絕地誰晚西誰早百年有斯遊庶幾憂思攄

不知斯而已此意荷賞晚

　魯仲連蹈海_{魯仲連之子展喜為齊術}

余生束海隅日月最先照家有周公禮世守柳下傲

彷徨明堂墟想見羣璧燎何物柏鬣國自言勻天覗

炯塵漲三川風雨迷九廟魯酒今不薄邯鄲將無噍

雖無墨翟帶敝辭重跡吊晉鄙坐嚄唶李同徒輕剔

梁客奉使揩自矜天下妙悵梁固所甘帝秦乃其要

我豈高士亦此言胡為到管仲不可起卒有果善料
玉立平原堂高歌望海嶠湆湇滄滇水歸路不盈眺
陽侯與海若不讀西戎詔袖去春秋策永與魚龍哺
鮑焦儘從容申徒乃同調我足自有蹈我舌豈謾捭

孔子順寢家

唐虞家天下仲尼家萬古泛泛寰宇間何處非吾土
顯晦龜蒙下是亦此辰所欝然絃歌鄉無以文慮府
放之彌六合卷之在戶牖秦火燒萬國虐炎燥天宇
嗷嗷六國黥父生而毋乳芰去換爵級未充溪壑取
此邦昔一治宇內將廣魯桓文禰却羞三五拭目覩

370

是知季桓子罪浮商君伍傳家厄父輙昔天桓雖斧

此去二十載經殘士亦瘦吾寧亟于家庶可報吾祖

慮速高士次聞訛隱東豈無忌賢公子日夕甘醇酤

士各有其志吾道兰農園请宵仰東壁不盡兰角吐

宋玉悲秋

一胸復一朓一曛復一昕日月依辰至四時各平分

如何懷悢士多憂而少怖披襟蘭臺風縱目巫山雲

巫山阮杳綿蘭臺亦氣盒身遊楚宮中神馳大江濆

有美荷禂子獨立天南垠瓊琚韻鏘鏘蘭蕙振奇芬

塞耳蓀不聰擁臭蓀不聞人方役人役未劾三事勤

曼曼夜已長沈潦天無氛涼颷振南岳鷙鳥已不群

惜哉中肌膚蕭索砥骨筋娟娟瀟湘岸坎壈百憂殷

脩門望已絕虎豹迅猰狑魂魄日離散橋形如遭焚

孰能下巫陽誰與問靈氛九抬思筮子九辨思悟君

淹留遂無成歲暮欲何云

　　枚乘觀濤

朝徵閶門白暮賞睢園翠鄒馬聊追逐暉雨且遊戲

灟灟蓬池水昌足盪胸次時維八月望蕭然雲物閟

命駕欲有往廣陵吾所志從車轂百乘齊足又匀駟

遠出列樽俎近岸施網罤率明月從東出銚汞萬頃泊

四座靜不喧美人休傳鮓銀山忽東蹙雪宮俄西蹎

吸地而震天疑神復疑鬼梁楚白皚皚千里延一視

五十六萬人齊聲哭楚羲毫光遍塵界身雲迷十地

罡風轉兜率千佛空中墜水帷驚瑟縮海若失黿鼉

方當吾喪我矣瞬援物類天地有呼吸一日必再至

夷夏與賢那消長乃如此既得騁壯觀又以臉亂治

歸語楚太子霍然屏藥餌

　　李將軍論相

短衣獵南山暮歸藍田里牽子拂裘雪從騎拖蒼兕

釃酒煖流霞割炙方未已柴門聞犬吠窮巷足音喜

褐裘出門者海內知名士引客自西階呼湯洗泥滓
三杯扼猿臂拒戶步跐弛太白殊未出天星橫壁壘
子豈名下鹿吾非技止是結髮事戎虜名高此郡子
當時丈夫志一取單于耳腰間大黃間夜夜天狼擬
秋高北平石日暗燕山矢身經百戰老血淤黃沙紫
剝木獄吏貴韠金裨將侈平生不論相自異文皇視
通來天幸人骨法復何似跳蕩瀚海立歸來甲第起
隆渥日爲新莫府中天通才名四十年堪愧飛將李
吾命豈終窮天意邈難恃驃然我行間白首群校耻
坑降昔何心陰責無乃此匣劍時自磨威弧夜不弛

終當一奮翼垂名耀青史

太史公訟寃

昔在童丱日早抱不羈志世德承韋氏遺託東觀記
齊魯挹禮俗甌越攄奇思得盡天下觀復窮千古事
遄來閱世態有如覽花蒔衛霍俄騰驤田竇互榮悴
哀哀桃李蹊萬睫映一淚尚愛飛將孫能不家聲隆
殉國即素蓄得士古無此雖無盂酒歡寧忽國士視
龍荒虜騎哭武壘月捷至天子撤食朝羣公奉賀觴
功名忽逄地勝敗屈伸臂遙憐解甲人詎真尚活意
悠悠萬里途炳炳兩心偵主上方屏營微身厠廷議

阮欲寬主憂又以弘友誼區區貳師犖何嘗胸內寞

雷霆靂時震縲紲俄然被朝為閨閤臣莫為蠶室刑

瞻天但圓戶牆地惟獄吏近愧周亞夫嘔血對不置

遠慚燕趙士捐身一劍利名山有宿債石室與金櫃

中宵撫腹笥未忍奇寶棄寮廊二千年彌蜕而我驥

濟濟清朝士何限龢黎黎身名兩潸然不腐亦何異

隱忍就幽陰毀遺寧完畀嗟哉住少卿多言增我喟

梁伯鸞登高

富乃貧之役巧為拙所勞人貴擇其豪所以士自高

姁姁布至德四海溢金膏矯矯棠與由不顧為蘡谷

方今廊廟材盈庭皆俊髦自笑漢陰老焉知有桔槔
携家欲有適東吳隔雲濤束裝意萬里登高首更搔
秋風起素漣白波揚鷺翮雙闕排雲上膏血此間熬
遙遙想土階杳杳聽雲璈㳅淪三代民凱能以手撈
既養亦須教聖哲必兩遺崔蒲陋絆灌刀筆局蕭曹
哀哉洛陽少㳅涕繼長號終然皇漢治難與虞夏遨
獨善非為身遠人增忉忉天下雖廣大有時不易毛
雙鴻八寥廓窅窅誰能傃
　嚴子陵還山
昔我遊學海同隊少凡鱗頗恠褱漢奝旌生奇偉人

亂離朋友散風塵消息新漸臺戲巨兇鄘南荅民神

爭言中興帝日角映青春從君馬上得理我澤中綸

上流不得意下磯移竿頻紫衣者誰子自稱劉家臣

拂我青氳裘上君文駟輪行行到洛陽積蘇排翠旻

歘然舊情悰發發新冠巾影顧田舍卽昔歡金吾塵

帝座是何星令我足不伸諫議是何官要我加簪紳

不如我山中起居一往真千里有命駕我行則不貧

盤盡可以返我歸靴敢嗔雲山故依然魚鳥日來親

兒進舊杷耒婦酌新釀醇為問皇帝貴何如業居民

郢有道私慟

378

豫章可烘煤隋珠可支砥惟有高賢人不可齒劍鏵

明堂要梁棟維西有穹林瓊臺要侈觀海岳來奇琛

高賢不世出人云世随沈由來鑄賢地古無未聞今

鸑鷟充庖厨唎啾皆凡禽麒驎骨已霜鴛鳥空凌夌

未效貴夫子西行諾不侵無心度遠公自耻漏黨禁

支厦真名言獨識徐孺心

孔太中退閒

漢運屬陽九皇道劇紛挐妖狐假虎威封豕食長蛇

君弱擁虛器臣強倒鏌鋣李郭死已久名義今屬那

華王甘蓤養荀陳泪同波迤迤三代後惟我獨名家

七日誅少正聖訓在娛邪吾今若袖手無謂莫我何

桓文義以責朋友道相呵彼方誇絕寶吾則指其瑕

彼方諱蔽背吾又抉其痴鬼窟方屬胏魁窀穸潛磨牙

投閒閒不得無憂憂始賒無力正乾坤有酒盈巨羅

醉引虎賁士愁憶漁陽撾扶顚尚有祝江漢堂裏斜

陳思王演梵 子建若為魏嗣終不蹩躠故操所以傳芣芣也漢亡歎脈蹉泣及贈

白馬王彪詩可見篤好人倫震

漢祚或邁毀魏德寧追姬堯舜如可效武皇先行之

咄哉華與王誤人以濟私蓺脈謂我狂悲泣謂我癡

十年五遷封盧名實相羈弰參商隔天末音徽阻歲時

若是西謂樂安用侯王爲不如西園日飛蓋相追隨

徐陳推大雅應劉讓藻思多生綺語盡夙世慧種遺

龍門積水落一柱露孤砥寂寞魚山夜昭森星斗垂

衆城香黯黯羹地花披遙天一泓聲非竹亦非絲

虞廷宣簫韶洞庭異咸池至響自律呂妙音無咸慈

海潮驚枚叟天籟喪子綦應知諸天侶悯我迷路歧

要從聞根悟故遣聲音師犁然若有當演來不費思

稽手萬里風憂忻從此辭

謝太傅聽箏

華屋
之詩

畫角第
二聲爲
君難爲
臣難于
連

兩造羊
曇轍西
州門誦
子建生
存

381

秋氣日冷冷秋懷日寥寥絲竹以調憂憂來不相饒

白雲東山來遙遙如有嘲今朝內屋會皇恩特見招

昭容舞紫袖黃衣奏雲璈音律入耳繁四座樂陶陶

侯侯桓將軍中蓮抱檀槽酒酣命樂奴清歌過雲高

高歌子建詩永言蒼姬朝讌讌下白屋乳謂周公驕

一朝被流言居東憂思惱赤舄自几几鵲音日嘵嘵

俯仰若有神推却指法調胡然我懋添公然我涕挑

越席方一吁將鬢已萬條使君知不凡公子真善謠

君臣難又難世事朝復朝華屋且生時盡角咽清宵

從渠八斗富待君三弄豪古來風期合邈矣燮與咎

篤公在師中安樂絕譽蕢聖朝已休休賢王胡呶呶

淮淝風塵靜山陰碁局鞱當年洛生詠老矣不復料

終不效虜中失節為劉刁

　　孟元帥新令

元戎下令曰嗟我三軍士諸君士大夫忠孝填骨髓

我有言敷心爾其聽側耳岂我東京末有臣章蔡氏

誤君仍覆國王室遭焚燬兩聖止巡狩千古痛無此

王子三十人為夷虜驅使六宮諸妃嬪為夷虜姬妓

泥馬南渡後草莽荊棘被時惟岳鄂王獨懷共戴恥

忠義凜秋霜勇智古無此出師鶩中原虜騎紛披靡

將回五國駕痛飲黃龍鏟一德之大臣偏感虜恩被
深媿難辣書驚心重寶從金牌去旁午月捷來未已
叅政暮下挫獄吏朝報死至今栖霞樹無枝不止指
百年甘事譬而今伸義理士舞胡血淼馬嘶胡腸履
大軍凱歌還駐旃丞相里玄甲昔戍山黃腸今宛爾
揮我開山夼奸魂驚已虨鳴我別頰椎含珠敢復侈
金虜窖中米舳艫淮泗纖今朝虞翊竈炎徒倍增止
論升乃兒女飯斗始男子八陣與六花圓闞各依疊
與兩別作廚丞相候吻是須學老庯頗一飯三遺矢
莫學麻衣師鏗然忍十罟旣甘犬豕役宜待以犬豕

努力盡放穢莫令勞仰舐燥於渠頻飽泄於渠甘羨

先登莫忽忽前心後背視令罷軍聲懽千壘響棘乜

　文丞相題廟

我生在南方何由見故都故都汴水傍百年文憲區

事業韓范富文亦歐曾蘇此來撫遺蹟能不增悕吁

而我所寄托反於異代紆寒鴉噪夕陽古木八蒼梧

翼翼者雙廟唐之二大夫提挈數萬眾橫遮江淮途

百戰嬰孤城夫死吞羯胡雷風發鼙令天地助喑嗚

生能王室衛死亦民彝扶賀蘭生已腐南八殘猶呼

休休仰許猊虯虯見張鬚嗟予何為者際時獨崎嶇

援日已沈烏射隼仍亡於崖海縱壁觀五坡吊妻孥

迢車日百里吉水何處乎腦子藥力弱未足了丈夫

終須睨虜刀斷送這頭顱天壤與共弊君贏我豈輸

嚼穿齦有血迸洒淚無珠轟轟各一塲烈烈宜并驅

悠悠沂宋道日日幾征徒千秋無此過聊欲薦一壺

李白泉閣歌古木蠢入蒼梧雲則又是一蒼梧非舜兩荂

阮步兵回車

此車行不得行不得此車前臨不測澗後偪山巖巖

叢棘欝栈栈路狹而斜沈醉車上人前綏授則那

噫吁嘻戎儽爾言其然耶胡然戎聲放胡然戎涕沱

一哭雲為停再哭水涌波三哭天蒼黃四哭地吁嗟
五哭又六哭廣漠揚風沙七哭又八哭猿鳥寂不譁
九哭變為嘯十哭變為歌昔我歸此車將以馳四遐
仁義為輪與禮樂為鑾和執策出門堂戚戚書馬家
徘徊廣武城龍旆紛拏歸來蓬池上枚馬跡已賒
膹摧廣陵絕涙洒黃壚過晨駕欲有往我思元非他
祈山白羽扇杳杳隔岷嵋我豈縛足雀掣線還故柯
時晦乃良謨熟醉是生涯蘇門聞清嘯半嶺意如何

以窮途之哭謂以不得往
祈山則無乃太丁寧耶

記烟茶

烟茶出於倭國或言倭國女子之夫有病瘵者女子

常頭身死而瘵夫病後果塜上生草其夫取其葉吸

烟而病良已故曰淡泊鬼亦曰瘵破塊我國謂之南

靈草又直謂之南草

溪谷漫筆記烟茶利害而害居多然溪谷最嗜之故

仙源曽奏　長陵曰殿下以張某謂有可取然臣戒

其毋吸烟茶而終不能斷此其無可取之一端也蓋

溪谷於仙源為女婿而每受其戒欲斷未能故著之

於筆也世傳備邊司廳中横烟竹自溪谷始云

烟茶之行不過數百年遍於天下中國及倭奴皆細

剉蒸乾祛其毒氣獨我國人取其液氣津津者為珍

味甚者不切而吞烟惟恐其不辛辣也他國則吸烟

之久只如飲盃酒之頃或烟盞傍開小窍中火現

則止我國以遲延久吸為味灰爐而後已其耗氣妨

事為尤甚

余謂烟茶耗真氣咎一也催眼昏咎二也烟氣薰滌衣

物咎三也烟液點污衣服書册咎四也火種恒不離

身易致踈失小則燃衣燒席大則燒屋燎原咎五也

口中常啣長枚故齒牙早傷或有刺喉穴齙之患咎

六也為其所求者小而無饜故上下老少親踈男女

相求不已或至取悔媒奸害七也居家者不以爐炭
為事則呼火不置行役者火具茶匜恒作一累害八
也一吸一嗅長傲帶慢非他飲食之比故開少輩逃
席之習啟下流犯上之漸害九也惟其為物常為口
手之役臨事則掣左礙右酬酢則間前斷後既失執
敬之義又忽容端之箴害十也

客曰烟茶之害果如子言烟茶之不可無者又有幾
震旅窗雨夜悄無伴侶寢睡不著口淡喉燥撥爐而
良朋在座喻筒而華泉自涌其不可無者一也談詰
未蘇鼻息乍調侍者困軃燈火明滅既唇吻於有事

辛吟呻之自忘其不可無者二也終宴之餘酒盡茶

渴甘濃肥膩留滯牙舌牙根齒縫何煩桃鐵舌本清

淨捷於雪桃其不可無者三也賓之初逞主客闊跈

寒暄才畢瞪目相對一以爲接風之地一以爲望空

之資其不可無者四也政府籌司僚屬滿座惙經國

之無策惘具瞻之屬已弄竹則或疑乎運籌合烟則

有類乎洗思其不可無者五也送愛邊城別義南浦

日既銜芳魂銷夢屢咽芳神愈高山轉石其降氣之

快也鈰孔走輪其攄懣之速也其不可無者六也句

成而未琢篇長而未圓操觚力倦支頤無俚聊持如

意藻思泉湧乍吐奇芬綺語雲興其不可無者七也
炎天揮鋤赭汗滴土暑雨插秧泥塗及腹敲石裰底
颼烟笠蓑息勞忘咨以苦為樂其不可無者八也山
家客到盃酒難辨剉一葉其縱薄視虞欵而猶賢其
不可無者九也寺涸店厨炎蒸雨淋穢氣騰上塞鼻
無棄其不可無者十也若夫飢者使之飽飽者使之
消寒者使之熱熱者使之涼則雖是耽之者之說而
亦不無其理然今不必索言至於鄙屋單丁卓錐無
地公徭私債了當沒策攜耒入山燒畬破塊子擔蟹
邠葉抽鳳尾五穀未秀此已入市据兩擔斤得錢最

多賈戴之倫莫之與京畿嘖補欠施施而歸妻孥有
欣欣之色暴吏失虘喝之威不稼不穡畢歲饘粥此
其為利於種之者也下邑貧商缺少貨本買貴乏錢
貿賤惜力匪賤匪貴爰有葉貨鎮三之產甲于西南
截草之櫃半于京肆揣級論價辨色識味少有則馱
載囊空則擔挑亦糊口巧能潤屋此其為利於行
商者也游閒之徒憚于遠役截路邀津登壠而望奔
機如兔出戕戒膠一日之間通滯屢變高低其手抽
添入神耳目不給則更結夥計拾零湊碴尚堪一醉
時來運通或有奇羨此其為利於坐賈者也阮有十

不可無且有此三大利錐有十害恐未可去也

余曰子所謂不可無者吾亦不敢埋沒他若所謂三

大利實則是三大害也吾向也未及而幸子言之及

此吾不可以不卞也夫獅子之搏象也用全力弄九

也亦用全力未有不用全力而能致其有者也今使

攜未入山者破數畝土種一斗粟致其培根剔芽之

力於耘草去莠則不患稼之不茂也致其削莖蜎葉

之力於築塢納禾則不患穚之不時也賣人所直何

如我食我力賣人以烟何如患人以食此其為害於

種之者也使赴虐之商致其汗牛顇肩之勞於輸致

穀物則昌化之米將陸續而不陳矣使列肆之賈致
其柿葉分莖之巧於揣摩圭撮菜蔬之甄將日炊
而不塵矣此之不為西惟彼之務市上堆積半是毒
臭若塵囊裹贏餘無過零金碎鐵數日之間飄為樓
烟歸之太空是豈神農日中為市之初意哉此其為
害於行商坐賈者也惟此三大害此前十害為甚西
子以為大利豈不謬耶今我東三百六十州大邑過
之小邑不及而要之一日之間一邑之內舍筒噴烟
者不下萬人所吸可費一文錢則積計三百六十日
可為一千二百六十萬兩夫一千二百六十萬兩為

一國歉歲賑財而有餘矣使當恒年可供齊民衣食

之半若能禁斷則是年年分俵一千二百六十萬兩

於三百六十州之人其饒於國而裕於民豈曰少哉

況生穀之道均輸之利又在此外者乎

客曰子之言烟茶之害果無餘蘊然大禹惡旨酒而

不能禁　先王禁酒而不能終者以利害相半而嗜

之者多故也今姑置酒勿論黃魯直詠茶詞形容茶、

味者極矣一斛珠則云夜闌似覺歸仙闕走馬章臺

踏碎滿街月阮卽歸則云絳紗籠下躍金鞍歸時人

倚欄品令則云恰如燈下故人萬里歸來對影口中

不言心下快活省人之於所嗜偏著有如是則雖父
兄之於子弟難期其必施況嗜烟茶者有甚於此哉
幸我國朝家法禁中不用烟茶而滿朝公卿無不
嗜過溪谷則誰肯為一國千萬之資捨自己一時快
活乎然而禁之之法當如何而可
余曰禁烟茶此禁酒甚易易今年施令明年施禁而
令之年首春取其種而焚之於通衢大道禁之年首
春飲其未盡之葉焚之禁造筒之工夏秋分送差官
行視深山窮谷塢圃藩籬之間種者眼重刑不告者
受次刑萊灣開市處先期移咨使不得齎痰入境行

之一年可忘其習二年可忘其味烟茶之難斷習與味而已習與味俱忘而後可

記茶

布帛菽粟土地之所生而自有常數者也不在於官必在於民少取則國用不足多取則民生倒懸金銀珠玉山澤之所産而孕於厥初有減而無增者也觀於秦漢之賞賜黃金率以百千斤為粲至於宋明之際白金以兩計古今之貧富於斯可見矣今若有非布帛菽粟之為民所天金銀珠玉之為國所富而得於荒原隙地自開自落之閒草木可以裨國家而裕

民生則何可以事在財利而莫之言也

茶者南方之嘉木也花於秋而芽之嫩者曰
雀舌鳥嘴其老者曰茗蔎檟荈著於神農列於周官
降自魏晉浸盛歷唐至宋人巧漸臻天下之味莫尚
焉而天下亦無不飲茶之國此虜最遠於茶鄉嗜茶
者無如此虜以其長時餕肉背熱不堪故也由是宋
之撫遼夏明之撫三關皆用是以為餌

我東産茶之邑遍於湖嶺載輿地勝覽攷事撮要等
書者特其百十之一也東俗雖用雀舌入藥舉不知
茶與雀舌本是一物故曾未有採茶飲茶者或好事

者寧買來燕市而不知近取諸國中庚辰舶茶之來
一國始識茶面十年爛用皆之已久亦不知採用則
茶之於束人其亦沒緊要之物不足為有無明矣錐
盡物取之無權利之嫌舟輸西北開市慶以之換銀
則朱提鍾燭可以軼川流而配地部矣以之換馬則
冀北之駿良駃騠可以充外閑而溢郊牧矣以之換
錦段則西蜀之織成綺羅可以祛士女而變施幟矣
國用稍優而民力自舒更不消言而向所云得於荒
原隙地自開自落之閑草木而可以裨國家裕生民者
殆非過言

夫生財之道疏其源而導其流則天下之財如水趨
下而我為之壅培其根而遏其流則天下之財若木
斯茁而我為之蠹是以膏土膏沃周勤稼穡而興海
濱斥鹵齊勸女工而饒越用詐然之策而霸秦洫涇
水之濁而強故知物無恒產制物者在於人國無常
賦富國者亦由於人人惟在明君賢相推而行之變而
通之而司馬遷謂桑弘羊不加賦於民國用足則固
謬矣至若管仲九合諸侯一匡天下則亦豈不以九
府之法哉
中國之茶生於越絕萬里之外然猶取以為富國飲

戎之奇貨我東則產於笆籬皆此而視若土炭無用
之物並與其名而忘之故作茶訖一篇條列茶事于
左方以為當局者建白措施之地云爾
一茶有雨前雨後之名雨前者雀舌是已雨後者即
茗蒦也茶之為物早芽而晚茁故穀雨時茶葉未
長須至小滿茁大蓋自朦後至雨前自
雨後至芒種皆可採取或以葉之大小為真贗之
別者豈九方相馬之倫也
一茶有一槍一旗之稱槍即枝而旗即葉也若謂一
葉之外不堪採則荊州玉泉寺茶以大如掌為稀

奇之物凡草木之始生一葉大於一葉漸成其大
豈有一葉頓長如掌者乎且見舶茶莖有數寸長
葉有四五連綴者葢一槍者謂初茁一枝一旗者
謂一枝之葉也此後枝上生枝則始不堪用矣
一茶有苦口師晚甘侯之號又有以天下之甘者無
如茶謂之甘草茶之苦則夫人皆能言之茶之甘
則意謂嗜之者之說近因採取遍常諸葉獨茶葉
以舌舐之有若淡蜜水漬過者始信古人命物之
意非苟然也茶是冬青十月間液氣方盛將以禦
冬故葉面之甘尤顯然意欲於此時採取煎膏不

拘雨前雨後而未果然煎膏實東人之臆料硬做
者味苦只堪藥用云論我國兩造最鹵莽
一古人云墨色須黑茶色須白色之白者蓋謂餅茶
之入香藥造成者月兔龍鳳團之屬是也宋之諸
賢所賦皆餅茶而玉川七椀則乃葉茶葉茶之功
效已大餅茶不過以味香為勝且前丁後蔡以此
招譏則不必求其法而造成者也
一茶之味黃魯直咏茶詞可謂盡之矣餅茶以香藥
成合後用碾輪研末入湯另是一味似非葉茶之
此然玉川子兩腋習習生清風則亦何嘗用香藥

助味我唐人亦有用薑鹽者坡公所哂而向時一

貴家宴席用薑和茶而進一座讚頌不容口真兩

謂鄉態沃蜜者也正堪撥去吳中守陸子羽祠堂

一茶之效或疑東茶不及越産以余觀之色香味

少無差異茶書云陸安茶以味勝蒙山茶以藥用

勝東茶蓋兼之矣若有李贄皇陸子羽其人則必

以余言爲然

一余於癸亥春過尚古堂飲遠陽士人任某所寄茶而

葉小無槍想是孫樵所謂聞雷而採者也時方春

月庭花未謝主人設席松下相待傍置茶爐爐罐

皆古董彝器各盡一杯適有老僕患感者主人命
飲數杯曰是可以療感氣距今四十餘年其後舶
茶之來人又以為泄痢之當劑今余所採者非但
遍試寒暑感氣食滯酒肉毒肯腹痛皆効泄痢者
尿澁欲成淋者之有效則以其利水道故也痰瘧
者之無頭疼有時截愈則以其清頭目故也寂後
病瘧者初痛一二日熱啜數梳而病遂已病瘧日
久不得蕆汗者飲輒得汗則古今人之所未論而
余所親驗者也

一余頃於飲濁酒數杯後見傍有冷茶漫飲半杯入

睡喉痰即感噎出十餘日始瘥蓋信冷則反能聚
痰之說聞漂人之來到也於餅中瀉出勸客豈非
冷者耶又聞北譯徐宗望之食兒猪豕也一手持
小壺且啗且飲是必冷茶也想熱食之後冷亦不
能作祟也

一茶能使人少睡或終夜不得交睫讀書者勤於紡
　績者飲之可為一助禪定者亦不可少是　典下改稿
　　　　　　　　　　　　　　　　　　　　余秦者

一茶之生多在山中多石處間嶺南則家邊竹林處
　處有之竹間之茶尤有效亦可於節晚後採得以
　其不見日故也

一同福小邑也頃聞一守令採八斗雀舌用以煎膏

夫八斗雀舌待其成茶而採之則可為數千斤又

八斗採摘之勞足當數千斤蒸焙之役其多少難

易懸絶而不得用以利國則豈不惜哉

一茶之採宜於雨餘以其嫩淨故也坡詩云細雨足

時茶戶喜

一按文獻通攷採茶之時縣官親自入山使民之老

幼男女遍山搜求採摘蒸焙先以首採而精者為

貢茶其次為官茶餘則許民自取蓋茶利甚大有

關國家如此

一茶書文有毛甲者早春黃茶而舶茶之來舉國稱
以黃茶然其槍枝已長決非早春採者未知當時
漂來人果傳其名如此否也有自黑山來者言丁
酉冬漂海人指兒茶樹謂之黃茶云而兒茶者近
內所謂黃梅也黃梅花黃先杜鵑葰葉有三角如
山字形有三筋莖葉皆帶薑味峽人之入山也包
飯以食各邑取其嫩枝煎烹以待使客且其枝截
取二握爲主材和藥煎眼則感氣傷寒及無名之
疾彌當數日者無不靈汗神效豈亦一種別茶耶
右十數條皆漫錄茶事而未及其裨國家裕民生之

大利今方揽入正事云

一籌司前期馳闕湖嶺列邑使開報有茶無茶而有

茶之邑則使守令查出貧人之無結卜及有結卜

而不滿十貧以下者及一家疊納軍役者以待之

一籌司前期出即廳帖百餘張揀選京城藥召人精

幹者待穀雨後俗夫馬草料分送于茶邑詳探茶

所審候茶時率本邑查錄之貧民八山採摘教以

蒸焙之法務令器械整齊 焙兜銅篩蒻葦一其餘當
用竹薰西誥寺焙佐飯

揀擇精羙蒸焙得宜斤 竹筍浸去胂氣入飯後甑
中則可一竈一日焙十斤

兩毋漫通計一斤茶償錢五十交初年則捐五千

兩取萬斤茶貿倭紙作貼分送于都會官毋送于
西北開市處亦須即應中一人押解納庫仍為償
勞之典

一曾見舶茶貼面印壓價銀二戔而貼中之茶乃一
兩也況鴨江以西去燕京數千里豆江以北去瀋
陽又數千里則一貼二戔恐以太廉見輕然第以
一貼二戔論價則萬斤茶價銀當為三萬二千兩
為錢九萬六千兩年加採百萬斤費錢五十萬
為國家經費而少紓民力則豈非大利也

一議者必謂彼中若知我國有茶則必徵貢茶恐開

獎於無窮而此與愚民畏縣官之日誅填魚池而

種芥者何異今若翰與數百千斤使天下昭然知

東國之有茶則燕南趙北之商舉將輳輳昀昀諭

枫門而東矣向欲以萬斤茶為限者誠恐遠地之

耳目不長一隅之財貨未集有滯貨之患故也若

使有售無滯雖百萬斤可以優辦而崇陽之種亦

將不技而益滋此實不易得之機也何可以此為

阻

一阮開茶市則須別擇監市御史京譯官押解官之

屬至於隨行人皆以幹事者差定不可如前只許

濼人赴市蓋濼俗微茍狗態輸情于彼人有不可

信者故也且茶市罷後優加賞給使視作己事然

後方可久行無弊香餌之下必有死魚云者政謂

是也

一以我國之素儉若暴得數百萬於常稅之外則何

事不可做但財用既優則撓奪多端若上下齊心

西枳本錢雜費（雜費舩價之屬）賞勞之外不許遷動一

毫雖所需無得相關只用於西邊修築城池及路

傍左右五里減田租之半俾專力於築城館開溝

洫使千里之路如繭管之窄使路傍之溝如地網

之密今年未盡者明年繼行又募西邊材力之士
取以於屯城日日習射聽一屯城置數百人射砲
中格者優加賞資使可以畜妻子則是常時有數
萬莫強之兵豈不足以禦暴客而威鄰國哉
一茶能使人必睡或終夜不能交睫凡夜在公晨昏
趨庭者咸其所需而鷄鳴入機之女墨帳勤業之
士俱不可少是若夫厭厭無歸頷頷間夜之君子
則有不暇奉聞焉　此段卻上少
　　　　　　　　睡条改稿也

江心虛 目掇袭

薛賦
雜記
古詩

백운동본 『강심』 「기다」 부분

尖如我圓
上下俱徹　理寓於形　範圍天下　堀步退藏　名不雖宗　而不応誉　乃合厥神

兀比言用　是々乃虛　可思量焉
齊凶其虛　罗万上下　如其用也　諸拳一班　推其雄なる

冬在栗烈　嚴颷裂神　鑪灰埋煖　一煗芳烯
夏日赫々　燭炎銷石　檻泉沈凌　功欲融塞

兆年拳心　一綫之制字　汗腺起雲　廬瘀瘊瘻
達于涯涘　百脈齊通　梟膺渊汗　霧消雲散

蘊含清心　德比救廃　恍恍恫惝
孚此二貫　郓者立穌　便則不殊　駒馬逃彈

用其言用　封迺塞逾　世之用庸　利相片銖
斯用之大　久矢其葉　居乾新雨　治從摩生

世之捨庸　為牛入海　頹角悴瘁
助厸散皶　永气消息

註筌
帯常蔽菜土地之所生而自育　常数々也不在
於官山在於民少取則　困用禾之多禾則民生
十

倒懸金銀珠玉山澤之以產而孕於厥初育
城而至壞之也觀於棗漆之蕃殖黃金率以百
千斤為樂至於宋明之際白金以兩計古今
之貧富於斯見矣今天下非帝常故寡
之為民沙天全銀珠玉之多因沙富而浮
於荒原隙地自開自落之閒草木可以禪
國家而裕民生則何可以事在朋刊而莫之
言也

茶出南方之赤木也花於秋而芽於冬芽之
嫩者曰雀舌鳥嘴其老曰茗蔎檟莽蕪著
於神農列於周官隋自魏晉浸盛歷唐
至宋人乃鬬鱳天下之味莫尚焉而天下亦
至不飲茶之國小霅最遠於茗鄉而啜茶之
字如小霅以其長時傲閒自起若堪阱也由
是宋之權遼夏以之權三閒皆用是以為餅。

土

我東產茶之邑通於湖嶺戴粵地膝覽故事
攝要苓書之特其百什之一也東俗雖用雀舌
刀茶舉未知茶與雀舌本是一物故曾未有
探茶飲茶之字賢未甚而不
知近耶諸園中房辰船茶之來一園此諸茶
面十年燗用告立己名之物不足以有者此言
於東人其亦濕緊要之物不足以採用則茶之
於為物耶之言榷利之婉母鞍更水用命命言
沙之撥銀於朱捏鍾燭可以轍川流而配地
部言沙四之撥馬於某小之駿良駔驥可以完分
閩四溢都牧言沙之撥錦綺沙西蜀之緻氓綵
羅可以祿去而變旎帳夫閒用絹優而民力目
紓更不消言則於荒原隙地自用目
落之閒草木而可以弼國家裕民生之殖賑過言
夫生財之道疏其源而導其流於天下之財如水趄
是以水趄。

下而我處之輕惰其根而逐其間以天下之財

筭本郡萬而執為之藪是以廻土膏沃國勤

綿備而興海濱水國齊魯女工而饒用訴

於之第而洎秦漢水之濁而強形勅物志

恒產制物云在能人因之常賦富國之本由是

大唯在以其賢相推而人之炎而通之而日

馬邊謂秦孤羊不加賦形民國用之以國課

矣至家管仲九合諸侯一逆天下乎亦之不

以九府之法救

中國之茶生於越絕萬里之外於稻耽以為

富國際我之奇貨我東以產於苞雛惜花

而視茶土炭年用之物善繕其名而志之也

作茶說之富茶茶事于左方以為國周古

速自搭語之地云白

一茶有兩齒兩俊之名兩齒左省吾是已兩俊左

十二

即若謨也茶之花物早芽而晚茶枝藪而時茶

葉丰長濶至山滿芝種方能茶大蓋自晚後至

兩若自兩後至芝種皆之採取來以葉之大小為

真歷之別之生九方相馬之偷也

一茶有一槙一廄以絲槍即枝而強即葉也寫之

一茶之外不堪採取勤即云求奇處以大小掌為

茶大之物元草末之始生一葉大形一葉渻成

其大之一葉頼長以掌之來且見的茶茎有

數寸長葉有甲五速假之蓋一槙之一槙者

一廄之一枝之葉也此後枝之生枝于始不堪

一廄之訂一枝之葉也此後枝之生枝于始不堪

用夫

一茶有苦口師晚甘候之錦又省以天下之甘於甘

山茶溢之甘草茶之茗乎夫人省能言之茶甘

則言訓嚼之茗之説近因採耶通霉詐葉糊

茶葉以甘纜之腎若淡霞水漬過此始信古

人命物之害非菌蛾也茶是養胃氣十百回波氣

方盛將代儂念故按葉面之甘在頤味果然如此

時採取黃膚用拘雨前而後而未果然如盛於此

膏鹽藥人之膳粥硬粥之味苦吳糖蔴用云俱
香茶膚的以別諸　因勿造景樹茶

一古人云墨色湏黑茶色湏白盞記餅茶
之功效已大餅茶不過以味香為腴且苟丁後
茶以此招讃而不如求其法而造成也此
諸賢泒賦浩餅茶而因苑羅圖之蒂是也宋之
又八香蔴造成古月兔難羅圖之蒂是也宋之
一茶之味茂魯直咏茶詩可訂老之矣餅茶以者
蔴成合後用溪輪研末入湯易是一味似非
葉茶之泚於玉川子兩腕習一生情思不亦約若
一茶之味蔴助味都虜人家賓用薑葢去坡去約者
用香蔴助味都虜人家賓用薑葢去坡去約吭
兩閏時一昔家宴席用蜜和茶而進一座讚

成淋去之吞敷不以甚和水道坳地痰癘去之云

一茶之效乎疑惠茶无及越產以奪觀之色香氣
味少之薑黑茶嘉去陸安茶以味濃藩山茶以
蔴用膝東盞萬之矢芳脊李賢皇陸子泒
芳人乎此茶言最於

一金乾發炙友春過尚古雷飲遠陽去人任其泒等
茶而葉小去槇想是孫樵記聞雷而採去
也時方春自庭花朱謝主人設席松下相待
傾置茶煙之罐於古童藥筥去一杯適情
先儂慈感去主人乃飲都盂是可以療感
氣距今單餘年其後啜茶之未人飲石池
病之刎割今金泒採去排促逼诮寒暑感旦

食席酒阅毒膏腹痛甚劾治痢去瘀涉欲

頌石客口真泒記鄉態泒蜜去也云惜撰去其年

守陸子羽羽茗

瘰癧者時戳食則以苦清頸目故也寒後病

瘰者初痛二日熱瘧瘶挽而病遂已病瘧

日久不瘳煑汁之飲輒瘳汗出古今人言均

未論而余親驗之也

一余頃形飲酒頗苦後見僧者冷茶漫

必半盂而睡喉痰即感噫名十餘日始瘥

益信此於反成瘧噫聚之說聞渓人之來到迪

求齡中消失勸密煑一手持小薑且嚼且

後宗坐之食凡物煑之可飲

飲是此法茶也想熱食之後泣去亦不能作

祟也

一茶能使人少睡尤便夜不浄交睡讀書

勤形仿績之飲之可為一助禅定去亦不可

少晨

一茶之生多在半多石壁間鏡尚家逆竹

林霓之者之奔閒之茶九者故亦可於節晚後

採得以芽石見日敱也

一圓楠小苞也喝閒一序之採小畦雀舌用以黃膚

夫年者爭得其既茶動採之方為敱千斤

又年採擷之勞之必敱千斤蒸焙之役甚多

少難易懸絶而名得用以利園因出此不惜耶

一茶之採宜枝而好以其嫩凈枝也坡詩云細雨

之時茶戶喜

一按文者后甲之早春茶芽而始茶之嫩焙先以首採而

克幼男女通山搜扭採擷蒸焙先以首採而

精之為貢茶其汚多瘡餘以許我自即

蓋茶者甚大者閒呀宕家必此

一茶高文者后甲之早春茶芽而始茶之來

舉閒稱以黃茶於其糖枝已長渎州非早春

採之韋知少時渓韋人果得其名必此者也

西者自黑山來去言丁菌廔渓海人指兒茶楠

420

詔之荼荃云而見荃云聽聞議黃梅也荛

梅花荭先杜鵑菝葜荷三角山山那省

三筋莖荃皆第蕫陳尖入之入山如色饱以

食各邑郥其嫩枝蕋靡以得俟庚且其

枝裁郥二搖為之樹和荼茝脤則感氣

傷寒及与名之疾瘄岁毂日左卓不茇

汗神效此第一種別荼茅

右十數朵皆漫錄荼事而未及其禪圖

宗裕生氏之大和今方搃会事

寿今敬帜石瞰錄

八十七

一筹司前期驰闽湘贩到色使闻报有茶
宇茶而有茶之色州失守令查出贾人之
军结卜及有核卜而不满十页以下去及罚他
军役及必待之

一筹司前期而前雇帖石余张拣遣岳
城莴局人精幹在待敷而取份失鸟率粉
送于茶色辞探茶令密候茶时率市色
查俻之贫民入山拣摘敷以茑焙之滙务
力列尝九大利也

令无城督弃烧究俐解第一钕伏喃习篇
饭肉唐中刻竹一拣择精美药药焙渭宜行而世溢
逢一曰焙十行焙究俐解第一钕伏喃习篇
迪许了斤茶债钱五十文钠年刘楮五千两敷苇
行茶贾俻纸价帖分送于都与官舟送于西
北闻市受之源卸敷中人押解细系俻为偿

一尝见舫茶帖而印唱偿银二变而贴中之茶
坊之费

乃一两也设鸭江以西亨遯东崇千里互满
江北方潘阳文崧千里刘以太重
见轻狂茅以一贴二变论偿刘苇斤茶偿银
荷为三苇二子两石钱九弟六千两至加拣
百萦斤茑俻五十苇石园宕经费而少行民
力列崀九大利也

一滅去不谓彼中若与我国有茶刘必徵责
茶忌闻幹杅计专富而比与愚民晏縣官之日
探填晝池而徍苹去行弈合茶糈与毎百万
使天下眈形知东园之有茶刘茑南趋此
商举時辑路之瑜柳口而两矢而额以美内
茶苇限去诚忌遯地三月日不长一隔之财货
車集隋有沸货之虑敝地采使有唐贡攀
杜百第斤可以俵派而堂隋之种二将不
版合在洲此廣不昌得之楮也行可以比也

『다경』 중 「기다」 부분

記茶　全義李著

驗良方用蠟茶二戔湯点七分八麻油一規敲和服須臾腹痛大下即止△大便下血△

生冷或咳煎炙過度△積熱腸間使脾胃受傷嘗衛氣虛或受風邪或傷食粗不漿大便下痢清血臍腹痛裏急後重及酒毒糟腸轉△茶煎五令今年五年△

切下血並咾治之用細茶半斤眼腰痛難此一存性每服二戔米飲下日二眼△良△一人病此一方士△

湖茶以頓服△畤一方白△揉醋二合和勻服茶一兩煎濃汁△

新鞋盛茶令滿任意食盡开成一鞋如此三度白不喫也男用女鞋△風疾顛疾△

一盞眼良久乃探吐一戔煎水調乾葛末一戔服之即女△痰常霍乱煩悶△茶末探吐一戔煎水調乾葛末一戔服之即女△

定咳嗽△不能卧好茶末一兩塼蚤一兩末咳嗽△小盞臨卧漆占服△

上氣喘急△茶分為末蜜丸梧子大每服七丸新汲水下咳嗽喘胸骨不拘大小児用糯米汁

少許磨茶3滴入臭中令吸入口眼之口咳竹筒小傾速出如線不過二三次絕根△頭眼鳴膋状如煮蛙名大白蟷以茶為末吹入鼻中取效△

布帛菽粟土地之所生而自有常數者也不在於官

必在於民必取則國用不足多取則民生倒懸金銀

珠玉山澤之所産而孕於厥初有減而無增者也觀

於秦漢賞賜黃金率以百斤爲數至於宋明之

際白金以兩計古今之貧富於斯見矣今有非布帛

菽粟之為民所天金銀珠玉之為國所富得於荒圉

隙地自開自落之間草木可以禪國家裕民生則何

可以事在財利而莫之言也

茶者南方之嘉木也花於秋而芽於冬芽之嫩者曰

雀舌鳥觜其老者曰茗諔莽著於神農列於

周官降自魏晉浸盛歷唐至宋人巧漸臻天下之

味莫尚焉而天下亦無不飲茶之國北虜最遠於茶

鄉嗜茶者無如北虜以其長時饐肉背熱不堪故

由是宋之撫遠夏明之撫三關皆以是而為之爾

我東産茶之邑遍於湖嶺載 中國之茶生於

越絕島萬里之外然猶取而冨國禦戎之貨我東

則産於笆籬階而 視若土灰無用之物并與其名而

忘之作茶說一篇條列茶事于左以為當局者建

白措施之云甬 〳〵

一茶有雨前雨後之名雨前者崔舌是已雨後者即

茗蔎也茶之為物早芽而晚茁故穀雨時茶葉未

長須至小滿芒種方能茁大蓋自朦後至雨前自雨

後至芒種皆可採取或以葉之大小為真贋之別者

豈九方相馬之偏也

一茶有一槍一旗之稱槍則枝而旗則葉也若謂一

葉之外不堪採則荆州玉泉寺茶以大如掌為稀

奇之物此草木之始生一葉大於一葉漸成其大豈

有一葉頓長如掌乎且見舶茶莖有數寸長葉

有四五連綴者盖一槍者謂初齿一槍一旗者謂一

枝之菜也此後枝上生枝則始不堪用矣

一蕊有芑口師晚甘候之號又有以天下甘者無如茶謂甘

草茶之苦則夫人皆能言之茶之甘則謂嗜之者之說

遇者始信古人命物之意非苟狱也茶是冬青十月

近因采取徧嘗諸菜獨茶以舌舐之有苦淡蜜水清

間液氣方盛将以禦冬故菜面之甘尤　然意欲此

時采取煎膏不拘兩前雨後而未果然煎膏實東

人之臆料硬做者味苦只堪藥用矣

一古人云墨色須黑茶色須白色者蓋謂餅茶
之八香藥造成者月兔龍鳳團之屬是也宋之諸
賢所賦餅茶而玉川七椀則乃葉茶葉茶之功效
己大餅茶不過以味香為勝且前丁後蔡以此招譏
則不必求其法而造成者也
一茶之味黃魯直詠茶詞可謂盡之美餅茶以香
藥合成後用渠輪研末入湯号是一味似非葉茶之比然
玉泉子雨腋習習生清風則何嘗用香藥助味哉唐
人亦有用薑鹽者坡公所哂而何時一貫家宴席用
蜜和茶而進一席讚頌不容口真所謂鄉態沃蜜
者也正堪撥去吳中守陸子羽祠堂

一茶之效或疑東茶不及越産以余觀之色香氣味

少無差異茶書云陸安茶以味勝東茶蓋氣之矣

若有李贊皇陸子羽其人則必以余言為然

一余於癸亥春過尚古堂飲遼陽士人任某所寄

茶而葉小無槍想是礁所謂聞雷而采者也時方

春三月庭花未謝主人設席松下相對傍置茶爐

罐皆古董彝器各盡一杯適有老僧患感者主

人命飲數杯曰是可以療感氣去令四十餘年其

後舶茶末人交以泄痢之當劑令余所采者非但徧

試寒暑感氣食滯酒肉毒胷腹痛皆效泄痢澁

欲成淋者之有效則以其利水道故此疾瘧者之無

頭疼有時截愈則以其清頭目故也最後病癘

者初一二日熱啜數椀而病遂已病瘥日久而不得

發汗者飲輒得汗則古今人之所未論而余所親

驗者也

一余傾濁酒數盃後見傍有冷茶漫飲半盃八睡

痰即盛嗽尖十餘日始瘥益信冷則反能聚痰之

說聞湖人來到也於瓶中瀉出勸客豈非冷者

耶又聞北譯徐宗垕之食兒猪炙也一手持小

壺且啜且飲必是冷茶也想食熱之後冷亦不能

作崇

一茶能使人小睡或終夜不得交睫讀書者勤紡

績者飲之可謂一助禪定者亦不可小是

一茶之生多在山中多石廄聞嶺南則家遵竹林

慶、有之竹間之茶尤有效亦可於卽晚後采

得以其不見日故也

一茶之采宜於雨餘以其嫩淨故也坡詩云細雨足

時茶戶喜〇按文獻通巧采茶之時縣官親自

入山使民之老幼男女徧山披求棄緻蒸焙先以首采而

精者為貢茶其次為官茶餘則許民自取盖茶利

甚大有關國家如此一

一茶書又有片甲者早春黃茶而舶茶之末峯國

稱以黃茶然其槍旗己長決非早春永者末知

當時漂來人果得傳名如此否有自黑山來者言

丁酉冬漂海人捨兒茶樹謂之黃茶云兜茶者謂俗

兒求茶 圻內圻謂黃梅也黃梅花黃先柱鶡發葉有

三角如山字形有三觔莖葉皆帝薑味陜人之入山

也包而食各邑取其嫩枝煎烹以待客且其枝

截取二握爲主材如藥煎脈則感氣傷寒及無名

之疾彌留數日者無不發汗神效豈亦一種別茶

耶

採茶論

抄出 萬寶全書

採茶之候貴及其時太早則香不全遲則神散以

穀雨前五日爲上後五日次之再五日又次之茶非

芘莩字紫者爲上而皺者次之團葉者次之光而

之誤

如篠葉者最下徹夜無雲浥露采者爲上日中

采者次之陰雨下不宜采產谷中者爲上竹林

下者次之爛石中者又次之黃砂中者又次之

잊혀진 실학자 이덕리와 동다기
ⓒ 정민

초판인쇄 2018년 11월 9일
초판발행 2018년 11월 19일

지은이 정민
펴낸이 강성민
편집장 이은혜
마케팅 이숙재 정현민 김도윤 안남영
홍보 김희숙 김상만 이천희
독자모니터링 황치영

펴낸곳 (주)글항아리 | 출판등록 2009년 1월 19일 제406-2009-000002호

주소 10881 경기도 파주시 회동길 210
전자우편 bookpot@hanmail.net
전화번호 031-955-8891(마케팅) 031-955-1936(편집부)
팩스 031-955-2557

ISBN 978-89-6735-556-2 03900

글항아리는 (주)문학동네의 계열사입니다.

이 도서의 국립중앙도서관 출판예정도서목록(CIP)은 서지정보유통지원시스템 홈페이지(http://seoji.
nl.go.kr)와 국가자료종합목록시스템(http://www.nl.go.kr/kolisnet)에서 이용하실 수 있습니다.
(CIP제어번호 : CIP2018032363)